Möhle

Albertus Magnus

Zugänge zum Denken des Mittelalters

Herausgegeben von Mechthild Dreyer
Band 7

Hannes Möhle

Albertus Magnus

Aschendorff Verlag

Umschlagabbildung:
Tabula Peutingeriana
Kartenabschnitt der Kopie einer
römischen Straßenkarte, 12. Jahrhundert

Printed in Germany

ISSN 1612-2860
ISBN 978-3-402-15675-9

Inhaltsverzeichnis

1 Lebenswelt und Biographie[1]

Albert der Große, wie er seit der Mitte des 14. Jhs. genannt wird,[2] oder Albert von Köln, wie ihn nicht nur Dante,[3] sondern auch bereits seine Zeitgenossen nennen[4] – und wie er sich selbst entsprechend seinem später verfassten Testament wohl verstanden haben mag –,[5] wirkt in einer Lebenswelt, die für die Verhältnisse des Mittelalters außergewöhnlich groß, ereignis- und spannungsreich ist. Geographisch bewegt sich Albert in einem Raum, der vermutlich vom nordöstlichen Riga über Prag und Budapest bis Süditalien reicht und sich im Westen über Paris, Brügge und Utrecht erstreckt. In ökonomischer Hinsicht ist seine Lebenszeit einerseits von einem umfassenden wirtschaftlichen Aufschwung geprägt, der sich in allen Bereichen niederschlägt und auch kirchliche Ämter mit zum Teil erheblichen Einkünften versieht. Dies erzeugt andererseits aber auch verstärkt spirituelle Abkehrreaktionen, die zu umfassenden Buß- und Demutsbewegungen führen und als Hintergrund für die zunehmende Welle alternativer Lebens- und Glaubensformen zu begreifen sind, die von kirchlicher Seite als häretische Bedrohung verstanden werden. Nicht zuletzt die

1 Für die umfangreiche Unterstützung, die ich während der Fertigstellung des Buches erhalten haben, danke ich ganz herzlich Marc-Aeilko Aris, Maria Burger, Silvia Donati, Mechthild Dreyer, Monika Geyer, Manfred Groten, Jan Hilgers, Wolfgang Horak, Sven Lichtmann, Isabelle Mandrella, Ruth Meyer und Gert Schönfeld.

2 Der Namenszusatz „Magnus" ist erstmals 1343 sicher belegt. Zu Lebenszeiten ist allerdings bereits die Bezeichnung als *philosophus* bzw. *praedicator magnus* bezeugt. Vgl. Grabmann, Der Einfluss Alberts, 336–337; Layer, Namen und Ehrennamen Alberts des Großen.

3 Dante, Divina Commedia, Paradiso X, 97–99, 796.

4 Die Bezeichnung Albertus Coloniensis verwendet Siger von Brabant in seinen Schriften zwischen 1271 und 1273. Vgl. Siger de Brabant, Impossibilia III, 82,5.

5 In Alberts Testament aus dem Jahr 1278 heißt es u.a.: „Weil nun die Brüder aus dem Kölner Haus, bei denen ich die meiste Zeit meines Lebens geblieben bin und gelehrt habe, sich um mich durch viele Wohltaten und Dienste verschiedener Art verdient gemacht haben, so dass ich gerechterweise ihre Zuneigung und ihre Pflichttreue gleichermaßen mit besonderem Dank und besonderer Gunst erwidern muss, wähle ich deshalb bei ihnen mein Begräbnis." Anzulewicz, Testatment, 172. Vgl. unten Kap. 10.1.

Infragestellung christlicher Ideale durch den zunehmenden Wohlstand des Klerus trägt so zu einer um sich greifenden Armutsbewegung bei. Politisch und institutionell ist die Welt Alberts durch die Entstehung der Städte und das Aufblühen der damit verbundenen Lebensformen, durch die Gründung der Bettelorden mit deren die Armut betonenden Selbstverständnis sowie durch die sich neu etablierenden Universitäten und die Professionalisierung anderer Bildungsstätten bestimmt.

Geistesgeschichtlich markant ist für diese Lebenswelt in besonderer Weise das Aufeinandertreffen des Christentums mit einer sich neu formierenden Wissenskultur. Anders als der byzantinische Osten, der auf eine gewisse Kontinuität mit der Antike zurückblicken kann, erlebt der lateinische Westen eine sich schrittweise vollziehende Wiederentdeckung von antiken Kulturgütern, die über Jahrhunderte nur bruchstückhaft bekannt waren. Viele von den Texten, die man entweder jetzt erst in lateinischer Übersetzung kennenlernt oder deren Rezeption zumindest jetzt erst beginnt, lassen sich nicht ohne Weiteres dem bisherigen Wissen zuschlagen und den tradierten Überzeugungen einverleiben. Will man das Neue nicht einfach ignorieren, ist eine tiefgreifende Auseinandersetzung notwendig, die auch eine Neujustierung bisher nicht-hinterfragter Überzeugungen einschließt. Die aus dieser Konstellation resultierende Verschiebung des Wissenshorizontes zeichnet sich sowohl durch den enormen Zuwachs der Inhalte als auch durch die sich vielfältig differenzierenden Erkenntnismethoden und die sich daraus ergebenden Geltungsansprüche aus. Diese neue Form des Wissens speist sich aus arabisch-islamischen und jüdischen Quellen und erfährt über die bereits vorhandenen platonisch-neuplatonischen Prägungen hinaus ihre größte Herausforderung durch eine aufgrund der neuen Quellenlage möglich gewordenen Auseinandersetzung mit dem Werk des heidnischen Philosophen Aristoteles.

Albert ist nicht nur Teil dieser Lebenswelt, er beobachtet und beschreibt sie, reflektiert viele ihrer Besonderheiten und gestaltet sie schließlich selbst in vielerlei Hinsicht mit.[6] Anders als es bei den meisten Gelehrten des Mittelalters der Fall ist, sind wir über Alberts

[6] Einen in der Kürze sehr guten Überblick über Alberts Leben und Wirken sowie den geistesgeschichtlichen Hintergrund gibt Aris, Albertus Magnus; immer noch lesenswert Geyer, Albertus Magnus.

Leben durch Aussagen in seinen eigenen Schriften, durch Urkunden, die er selbst verfasst hat oder in denen andere von ihm berichten, gut orientiert. Berichte über Erfahrungen, die er selbst gesammelt hat, aber auch sehr subjektive Andeutungen, in denen er seine Lebenserfahrungen zusammenfasst und diese zur Begründung seiner zum Teil äußerst rigorosen Urteile anführt, lassen einige Züge seiner Persönlichkeit erkennen.[7] Ein selbst verfasstes Testament[8] sowie eigenhändig niedergeschriebene Werke geben uns ebenso Einblicke in sein Arbeiten und sein Denken, wie die Dokumente seines Ordens, der Kurie oder aus dem universitären Umfeld von seinem Wirken berichten. Alte Werkkataloge, die zum Teil bis ins 13. Jh. zurückreichen, geben einen Überblick über die ihm zugesprochenen Schriften.[9] Vieles können wir zeitnah entstandenen Chroniken oder später verfassten Lebensbeschreibungen entnehmen. Allerdings sind die Ende des 15. Jhs. entstandenen und ein umfassendes Bild zeichnenden Viten durch ihre vordergründige Absicht geprägt, Albert vom Vorwurf zu befreien, verbotene Künste ausgeübt und sich so der Häresie genähert zu haben. Darüber hinaus sind diese Berichte in der Perspektive der auf Erneuerung ausgerichteten Observanten-Bewegung verfasst, die Albert als Musterbeispiel einer möglichst strengen dominikanischen Lebensweise darstellen und damit bereits auf eine Heiligsprechung abzielen, die allerdings erst viele Jahrhunderte später, nämlich 1931, tatsächlich erfolgt.[10] So bleibt die Zuverlässigkeit vieler Quellen, zumal der sagenhaften Berichte, die eher als Stoff zu einem Roman[11]

7 Ein markantes und wenig schmeichelhaftes Beispiel ist Alberts Urteil über die moralischer Verwerflichkeit der Frauen, das er außer auf physiologische Argumente ausdrücklich auf seine vielen persönlichen Erfahrungen gründet, die ihn in dieser Angelegenheit zum „erfahrenen Lehrer" machen, dem man glauben solle, wenn man nicht von den Frauen getäuscht werden wolle. Vgl. Quaest. de animal. XV q. 11, 265, 77–78.

8 Vgl. unten Kap. 10.1.

9 Vgl. Geyer, Der alte Katalog der Werke.

10 Eine aktuelle Darstellung zur Entstehungsgeschichte und den verschiedenen Phasen der biographischen Tätigkeit bietet Collins, Albertus Magnus or Magus.

11 Wilhelm Schmidtbonn macht 1948 Alberts Leben zur Grundlage eines Romans mit dem Titel *Albertus Magnus. Pilger des Herzens*. Zur Legendenbildung vgl. auch Scheeben, 200–230.

denn als historisches Zeugnis dienen, umstritten, da die umfangreich einsetzende biographische Tätigkeit, die in apologetischer oder auch verherrlichender Absicht von seinen Ordensbrüdern betrieben wird, nicht immer als zuverlässig angesehen werden kann, zeichnet sie doch oft ein im Interesse des Ordens stehendes Bild Alberts. Etliche Details seines Wirkens müssen deshalb trotz der vielen Quellen als nur lückenhaft rekonstruierbar gelten.

1.1 Herkunft und Jugend

Ist der Geburts- oder zumindest die familiäre Abstammungsort Alberts, nämlich Lauingen in der Diözese Augsburg, unumstritten, da er sich selbst zunächst[12] „Bruder des Predigerordens, Albert aus Lauingen" nennt,[13] so lässt sich sein Geburtsdatum nur ungefähr mit „um 1200" bzw. „kurz vor 1200" angeben. Die mitunter gemachten Angaben 1206/7 und 1193 gehen auf seine nur bedingt zuverlässigen Biografen Heinrich von Herford und Ludwig von Valladolid zurück, von

12 Nachdem Albert 1248 das Studium Generale in Köln leitet, scheint - abgesehen von seiner Bischofszeit in Regensburg - die Bezeichnung „Albert Lesemeister in Köln" die übliche geworden zu sein. Albert selbst berichtet davon, dass er so genannt wird, wenn es in einer Urkunde aus dem März des Jahres 1252 heißt: „Ich Bruder Albert aus dem Orden der Prediger, Lesemeister in Köln genannt" (*Ego frater Albertus ordinis fratrum predicatorum dictus lector in Colonia*. Ennen, Quellen Bd. 2, Nr. 304, 309). Unmittelbar in zeitlicher Nähe zum Bischofsamt findet sich dann der Hinweis darauf, dass Albert Lesemeister genannt wurde (*bischof Albreht, de du ce kolne der predechere brudere Lesemeister hies*, 25. August 1263), ebd., Nr. 460, 483. Mit etwas zeitlichem Abstand wird dann die ursprüngliche Nennung wieder aktuell, wenn in einer anderen Kölner Urkunde vom 8. März 1265 von Albert als dem ehemaligen Bischof von Regensburg gesprochen wird, der jetzt aber wieder Lesemeister von Köln ist (… *prout in litteris pronunciationis fratris Alberti, quondam episcopi Ratisponensis, tunc vero lectoris Coloniensis.*), ebd., Nr. 475, 519.

13 Hierfür spricht Alberts Eigennennung in einer Urkunde und die Inschrift des Siegels, das er benutzt hat, bevor er Bischof wurde, und wo es heißt: *Sigillum fratris Alberti de Laugi(n)g Ordinis Praedicatorum.* Vgl. von Loe, De vita et scriptis II, 276. Das Siegel ist abgebildet in Ennen, Quellen, Bd. 2, Anhang, Nr. 15.

denen der erste Mitte des 14. Jhs. von einem Eintritt des 16 jährigen Albert in den Dominikanerorden im Jahre 1223 berichtet, während der andere im ersten Viertel des 15. Jhs. das Lebensalter Alberts bei seinem Tod mit „ungefähr 87" Jahren angibt.[14] Nach heutigem Wissensstand scheint das Geburtsjahr des gebürtigen Schwaben Albert am ehesten durch die zeitgenössische Quelle des Tolomeo von Lucca bzw. durch einen möglicherweise diesem entnommenen Hinweis des französischen Dominikaners Bernard Gui festgehalten worden zu sein. In seiner *Historia ecclesiastica* berichtet Tolomeo, und ebenso Bernard in einem Verzeichnis der Pariser Theologiemagister Anfang des 14. Jhs., Albert sei bei seinem Tod am 15. November 1280 etwas mehr als 80 Jahre alt gewesen (*plus quam octogenarius, octogenarius et amplius*).[15] Bei Tolomeo heißt es: „*Schließlich beschließt er seligen Endes im Jahr des Herrn 1280 sein Leben, als er mehr als achtzigjährig war.*"[16]

Über die familiäre Herkunft Alberts gibt es nur vage Angaben. Der durch Heinrich von Herford überlieferte Hinweis, Albert stamme *ex militaribus*, ist ebenso schwach belegt wie mehrdeutig. Der Begriff *miles*, von dem sich diese Herkunftsbezeichnung ableitet, kann zu der in Frage kommenden Zeit sowohl den adligen Ritter als auch den Beamten bezeichnen, der im Dienst eines anderen steht.[17] Immerhin muss Alberts Familie über ausreichende Geldmittel verfügen, die es erlauben, dass er bereits in jungen Jahren nach Norditalien reisen kann. Für eine vermögendere Herkunft spricht auch die von Albert berichtete Ausübung der Falkenjagd, die eine privilegierte Stellung vermuten lässt.[18] Von seinen Beobachtungen, die er in der Lombardei, in Padua und Venedig als Jugendlicher (*cum essem iuvenis*) macht, berichtet uns Albert an verschiedenen Stellen seiner Werke. Wie lang dieser Aufenthalt währt und ob es sich möglicherweise um mehrere Reisen handelt, ist nicht auszumachen. Fest steht aber immerhin, dass sich Albert im Dezember 1222 oder im Januar 1223 in der Lombardei aufhält, denn er überliefert uns seinen eigenen Erlebnisbericht von einem durch andere

14 Vgl. Weisheipl, Leben und Werk, 12f.; Lohrum, Überlegungen zum Geburtsjahr.

15 Vgl. Stehkämper, Albertus Magnus, Nr. 14, 37–38.

16 Tandem anno Domini MCCLXXX et ipse plus quam octogenarius beato fine quievit. Tholomeus von Lucca, Historia, 561, 4–5.

17 Vgl. Scheeben, Chronologie des Lebens, 5; Freed, St. Albert's Brother, 64–65.

18 Vgl. De animalibus VIII t. 2 c. 4 n. 110, 617–618.

Quellen exakt datierbaren Erdbeben, das sich zur genannten Zeit im Norden Italiens zuträgt: „*In der Lombardei haben wir ein sehr starkes und lang anhaltendes Erdbeben wahrgenommen, als die Sonne im Zeichen des Steinbocks stand. Es trat in mehreren Städten jener Region auf und kam häufig mitten in der Nacht und beruhigte sich später.*“ [19]

In seinen wissenschaftlichen Schriften teilt Albert später verschiedene Erlebnisberichte mit, die einen klaren Bezug zu Vorkommnissen in Norditalien haben. Wie Albert ausdrücklich feststellt, handelt es sich hierbei um Jugenderlebnisse, die lange Zeit vor seinen Aufenthalt in Paris, also weit vor ca. 1242, zu datieren sind.[20] Auffallend ist in diesem Zusammenhang, dass Albert, der sich selbst während eines Aufenthaltes in Venedig als jungen Mann (*iuvenis*)[21] bezeichnet, trotz seines Alters von den anderen Anwesenden um Rat bei der Erklärung komplizierter naturwissenschaftlicher Phänomene gefragt wird, etwa wenn es darum geht, die Ursachen für die Zeichnung von Marmorplatten zu erklären.[22] Offensichtlich besitzt er zu diesem Zeitpunkt bereits ein fundiertes Wissen, insbesondere im Hinblick auf solche im weitesten Sinne geologischen Fragen. Anders wird man nicht erklären können, weshalb man gerade den jungen Albert bei diesen spezifischen Fragen um Rat bittet, zumal seine Berichte selbst bereits eine ausgeprägte Beobachtungsgabe und ein dieser zugrunde liegendes Interesse voraussetzen. Was der Grund für Alberts Italienaufenthalt in diesen Jahren ist, lässt sich durch diese Hinweise natürlich nicht exakt bestimmen. Fest steht aber, dass damit die Möglichkeit verbunden ist, ob in gewerblicher oder wissenschaftlicher Absicht, mit Leuten zu verkehren, die seine Expertise kennen und suchen. Als Indiz für einen gewerblichen Zweck seines Italienaufenthalts mag man immerhin den Hinweis in Alberts Bericht werten, dass die erwähnten Marmorplatten mit Hilfe von Sägen hergestellt werden, um so zum Schmuck von Kirchenwänden zu dienen.

19 Meteora III t. 2 c. 9, 139, 17–20. Vgl. Stehkämper, Albertus Magnus, Nr. 19, 40.

20 Post hoc autem longo tempore cum essem Parisiis [...]. Mineralia II t. 3 c. 1, 49a.

21 Für Isidor von Sevilla etwa galt als jung (iuvenis), wer sich in einem Alter von 28–50 Jahren befand, Vgl. Isidor von Sevilla, Etymologiae XI, 2 (Ed. Lindsay Bd. 2), 21.

22 Vgl. Mineralia II t. 3 c. 1, 48b–49a.

Vor dem Hintergrund eines eher gewerblichen oder auch wissenschaftlichen Interesses erscheint das für Alberts Leben zweifelsohne einschneidende Erlebnis, das ihm aller Wahrscheinlichkeit nach in Italien widerfährt, zunächst nicht unmittelbar absehbar gewesen zu sein. Gemeint ist das Zusammentreffen mit Jordan von Sachsen, der als Ordensmeister der Dominikaner bzw. des Predigerordens (*Ordo Praedicatorum*), wie der von Dominikus gegründete Orden offiziell heißt, in Norditalien erfolgreich für den Orden um Nachwuchs wirbt.

1.2 Albert und die Dominikaner

Im Umfeld der Bekämpfung der Katharer bzw. der vor allem im Südfrankreich verbreiteten Untergruppe der Albigenser in der geistigen Missionierung häretisch gesinnter Christen engagiert, bildet sich um den 1170 in Kastilien geborenen Dominikus als Keimzelle des späteren Ordens ein Zusammenschluss von Gleichgesinnten. Von Anfang an ist die Ausrichtung dieser Gruppe und des späteren Ordens durch die Begegnung mit den einerseits hochgebildeten und andererseits in Armut lebenden Albigensern geprägt, denen man nach Überzeugung des Dominikus nur dann erfolgreich entgegentreten kann, wenn man ebenso wissend und tugendhaft in der Lebensführung ist wie diese selbst.

Diese Gruppe unter der Leitung des Dominikus, deren spezifische Aufgabe die Predigt ist, lebt zunächst unter der Augustinerregel. Im Jahr 1215 nimmt sie eine rechtsverbindliche Form an und erhält noch im gleichen Jahr durch den Bischof Fulko von Toulouse und wenig später durch Papst Innozenz III. die kirchliche Anerkennung. Auf seiner ersten Generalversammlung 1216 in Bologna werden die Regeln des Ordens dahingehend geändert, dass durch eine Verschärfung des Armutsprinzips die fortan gültige Verfassung eines Bettelordens entsteht. Weitere Bestätigungsbullen ergehen durch Papst Honorius III. im Dezember 1216 und im Januar 1217. Die mit dem Armutsprinzip verbundene Notwendigkeit, den Lebensunterhalt aus den Gaben zu bestreiten, die die Ordensbrüder aus der Bevölkerung erhalten, geht mit der Zielsetzung des Ordens einher, durch die Predigt möglichst große Teile der Bevölkerung in seelsorgerischer Absicht zu erreichen. Das Wirkungsfeld der Predigerbrüder ist also nicht das abgeschlossene Kloster fernab der sonstigen Bevölkerung, sondern es sind die

Orte, an denen sie durch ihre Predigten Seelsorge betreiben und ihren eigenen Lebensunterhalt durch die Bitte um Almosen bestreiten können. Die außergewöhnlich gute Ausbildung, die die Ordensbrüder zur Vorbereitung auf ihre seelsorgerischen Aufgaben erhalten, verbunden mit der für die Zeitgenossen hoch angesehenen, weil auf eigenen Besitz verzichtenden Lebensweise, trägt zur Ausbreitung des Ordens und zum Erfolg seines Wirkens wesentlich bei. Existieren beim Tod des Dominikus im Jahr 1221 erst 15 Konvente, gibt es 1277 bereits 404 Niederlassungen.

Um die Ausbildung der Brüder für ihre Predigertätigkeit verbessern zu können, sucht Dominikus bereits sehr früh die Anbindung einzelner Konvente an die jungen Universitäten, vor allem in Bologna und Paris. Neben der Einrichtung von Lehrstühlen an den Universitäten führt der mit der Predigt verbundene Ausbildungsbedarf zur Einrichtung der vom Orden getragenen Ausbildungsstätten. Zunächst handelt es sich um Konventsschulen, denen dann auf Provinzebene weitere Studienhäuser an die Seite gestellt werden. In Anlehnung an die Universität Paris wird im Jahr 1227 das erste Generalstudium gegründet, dem dann bis zu Beginn des 14. Jhs. vierzehn weitere Schulen dieser Art folgen. Auch diese Form des Lehrbetriebs führt die Dominikaner in die Bevölkerungszentren, also in die in der Entstehung und im Wachstum begriffenen Städte.

Welche Bedeutung dem Ausbildungswesen im Orden der Predigerbrüder von den Anfängen an zukommt, geht aus den so genannten „Ältesten Konstitutionen", also den ursprünglichen Regeln des Ordens hervor. Die in diesem Text enthaltenen Festlegungen und Anweisungen regeln in einem ersten Teil sowohl die Organisation innerhalb eines einzelnen Konvents als auch in einem zweiten die Angelegenheiten, die den einzelnen Konventen übergeordnet und in diesem Sinne von grundlegender Bedeutung für das Ordensleben sind. Innerhalb dieses zweiten Teils finden sich dann auch die Ausführungen, die den Studienbetrieb betreffen, und die man deshalb für notwendig hält, weil den Studenten gegenüber „eine liebende Fürsorge zu üben ist", für die eigens der Studienmeister (*magister studentium*) zu sorgen hat.[23]

[23] Vgl. Constitutiones antique, dist. II c. 28, 361. In deutscher Übersetzung findet sich der Tex in: Jordan von Sachsen, Anfänge des Predigerordens, 244–296.

Der Orden bietet die Gelegenheit für ein anspruchsvolles theologisches Studium, das nur von Lehrern, so genannten Lektoren bzw. Lesemeistern, die ihrerseits bereits vier Jahre Theologie studiert haben und die nur aufgrund dieser Ausbildung auch außerhalb der Klöster öffentlich unterrichten dürfen,[24] durchgeführt werden kann. Zudem sind bereits in den frühen Konstitutionen Privilegien vorgesehen, die den Studierenden je nach Leistungsstand und Eifer zukommen. Demnach sind die Studenten sogar vom Chorgebet und von anderen Verpflichtungen zu entbinden, wenn es eine Ablenkung vom Studium zu vermeiden gilt. Außerdem sind ihnen entsprechende Lokalitäten zur Verfügung zu stellen, wo sie ungestört die im Unterricht offen gebliebenen Fragen diskutieren können. Ein besonderes Privileg genehmigt der Lehrmeister denen, die er zur weiteren Ausbildung für besonders geeignet hält, indem er ihnen Zellen zuweist, in denen sie studieren, beten und schlafen, aber eben auch außerhalb der sonst üblichen Vorschriften nachts bei Licht wachen können, um sich ihrem Studium intensiv zu widmen. Neben den gemeinsam genutzten Schlafräumen, wie sie wohl der Normalfall im Orden sind, bietet sich hier zum Zweck der Ausbildung die Möglichkeit einer gewissen privaten Studienatmosphäre. Offensichtlich unterliegen diese Privilegien aber einer ständigen Leistungskontrolle, denn es steht dem Magister jeweils frei, dem einen das Privileg der eigenen Zelle zu entziehen und es einem andern zu gewähren, sobald sich der Student in seinen Leistungen als unfruchtbar (*infructuosus*) erweist.[25] In moderner Terminologie kann man von einer gezielten Begabtenförderung einschließlich einer entsprechenden Leistungskontrolle innerhalb des frühen Dominikanerordens sprechen.

Alberts Bekanntschaft mit dem Dominikanerorden geht wohl entscheidend auf eine Begegnung mit Jordan von Sachsen zurück. Jordan wird nach Abschluss seines Theologiestudiums in Paris und nach seinem Eintritt in den Orden (1220) im Jahr 1222 zum Ordensgeneral und damit zum unmittelbaren Nachfolger des Ordensgründers Dominikus gewählt. Er ist ein herausragender Prediger und eine einnehmende Persönlichkeit, so dass der Orden durch sein

24 Vgl. Constitutiones antique, d. II c. 30, 363.

25 Vgl. Constitutiones antique, d. II c. 29, 362.

Werben in kurzer Zeit in erheblichem Umfang wächst. Den Nachwuchs, der den hohen akademischen Anforderungen des Predigerordens gerecht werden kann, findet Jordan vor allem im Umfeld der Universitäten.

Bei der missionarischen Ausrichtung des Ordens und den damit verbundenen Studienanforderungen an die jungen Ordensbrüder ist es nahliegend, dass das Werben um neue Ordensmitglieder vor allem dort stattfindet, wo bereits Studieneinrichtungen wie die gerade in der Entstehung begriffenen Universitäten vorhanden sind. Neben den französischen Universitätsstädten kommen aufgrund der dortigen Universitätsgründungen zu Beginn des 13. Jhs. vor allem die Städte Norditaliens für die Nachwuchswerbung in Frage.

Was den Eintritt Alberts in den Orden betrifft, gibt es sowohl hinsichtlich des Ortes als auch des Zeitpunktes in den verschiedenen Quellen unterschiedliche Hinweise. Als Eintrittsdatum kommen entweder 1223 oder 1229 in Frage, wobei Albert diesen Schritt entweder in Padua oder, so er sich denn erst 1229 zum Eintritt entschieden haben sollte, auch in Köln unternimmt. Für einen späteren Beitritt in Köln spricht ein von Johann Meyer (1422–1485) in Anlehnung an frühere, aber wohl verlorene Quellen formulierter Bericht, wonach Albert in Köln dem Orden beitritt.[26] Diese Annahme wird gestützt durch eine von Vincentius Justinianus zitierte, im Original aber verlorene Aussage des Johannes Molitor, wonach Albert *„unter Leo, dem zweiten Prior des Kölner Klosters, in den Orden eingetreten ist.“*[27] Da Leo erst ab Ende 1229 Prior in Köln ist, kommt für den Eintritt nach dieser Quelle nur ein Zeitpunkt ab 1229 in Frage.[28]

Neben dieser Tradition gibt es einen anders lautenden Bericht über Alberts Eintritt in den Orden, der in einer ersten Version schon zu Lebzeiten Alberts verfasst und dann nach 1280 um die ausdrückliche Nennung von Alberts Namen ergänzt wurde. Demnach tritt Albert in jungen Jahren während seines Studiums in Padua in den Orden ein, nachdem er mehrere Predigten Jordans von Sachsen gehört und seine anfänglichen Zweifel überwunden hat:

[26] Vgl. Meyer, Materialsammlung, vor allem Nr. 2, 156.

[27] Vincentius Justinianus, Compendiosa vitae descriptio, 40–41.

[28] Vgl. Scheeben, Chronologie des Lebens, 11–12.

„Ein berühmter und heiligmäßiger Bruder, der ein hervorragender Naturphilosoph war und Prior der deutschen Ordensprovinz, Bruder Albert der Deutsche, Professor der Theologie, studierte in seiner Jugend in Padua. Durch die Ermahnung der Brüder, besonders aber durch die Predigten Jordans [von Sachsen] war in ihm schon oft die Absicht entstanden, in den Predigerorden einzutreten; er hatte sich aber nicht zu einem festen Entschluss aufraffen können. Sein Onkel nämlich, der ebenfalls zu Padua weilte, widersprach ihm und nötigte ihm das Versprechen ab, innerhalb einer bestimmten Zeit das Kloster der Brüder nicht zu besuchen. Nach Ablauf dieser Frist kam er allerdings wieder öfters zu den Brüdern und bestärkte sich in dem Entschluss, das Ordenskleid zu nehmen. Die Furcht freilich, er möchte später wieder den Orden verlassen, ließ ihn immer wieder schwanken. Eines Nachts indessen hatte er einen Traum: er war in den Predigerorden eingetreten, hatte ihn dann aber schon bald wieder verlassen. Als er erwachte, freute er sich, dass er das Ordenskleid nicht genommen hatte und sprach bei sich: ‚Nun sehe ich, dass meine Befürchtung berechtigt ist, wenn ich Predigerbruder würde'. Am selben Tag jedoch hörte er eine Predigt des Ordensmeisters Jordan, der unter anderem auch von der Versuchung durch den Teufel und seinen gefährlichen Täuschungsversuchen sprach: ‚Es gibt Leute, die sich vornehmen, die Welt zu verlassen und in einen Orden einzutreten. Der Teufel aber stellt ihnen im Traum vor, wie sie in einen Orden eintreten und ihn später wieder verlassen, Reitsport treiben, in kostbaren Kleidern einhergehen und sich mit Freunden vergnügen. Und all das, um ihnen Furcht vor dem Eintritt einzuflößen und ihnen die Überzeugung einzureden, sie würden im Orden nicht ausharren, oder, wenn sie bereits eingetreten sind, um sie zu verwirren und einzuschüchtern.' Der junge Albert war über diese Worte bestürzt. Nach der Predigt kam er zu Jordan und sprach: ‚Meister, wer hat Euch mein Herz offenbart?' Und er erzählte von seinen Plänen und seinem Traum. Der Ordensmeister aber antwortete voll Zuversicht: ‚Ich verspreche dir, mein Sohn, wenn du in unseren Orden eintrittst, wirst du ihn niemals verlassen.' Mehrmals wiederholte er diese Worte. Albert aber wandte sich auf diese bestimmte Versicherung hin von ganzem Herzen dem Predigerorden zu und trat sofort ins Kloster ein. Bruder Albert hat dies vielen Brüdern erzählt und hinzugefügt: Wenn er später im Verlauf seines Ordenslebens vom Teufel oder von der Welt versucht worden sei, habe er in dieser Zusicherung des Ordensmeisters Jordan eine kräftige Stütze gefunden."[29]

[29] Gerhard von Frechen, Vitae fratrum, 187–188. Der zitierte Text folgt der später ergänzten Fassung wie sie in der Handschrift Leipzig, Univ. Bib. Ms 818 überliefert ist. Vgl. hierzu Pelster, Kritische Studien, 53. Die Übersetzung ist entnommen: Stehkämper, Albertus Magnus, Nr. 21–22, 41–42.

Gerhard von Frechen ist der Autor dieses Berichtes, der sich einerseits auf die Aussagen von Zeitzeugen stützen kann, der aber andererseits explizit das Ziel verfolgt, die Begebenheiten und die Ordensbrüder, deren sich zukünftige Generationen von Dominikaner erinnern sollen, so zu beschreiben, dass sie als tugendhafte Vorbilder der Nachwelt dienen können.[30] Für die Objektivität des Geschilderten spricht die zeitliche Nähe zu den Ereignissen, um die es geht, und die Tatsache, dass der Bericht genau in dem Milieu entsteht, dem die zum Teil noch lebenden Personen, von denen er handelt, angehören. Auf der anderen Seite geht es in der gesamten Schrift, der die zitierte Passage entnommen ist, nicht um die bloße Schilderung von Fakten, sondern erklärtermaßen um beispielhafte Präsentation der ersten Predigerbrüder, deren Eintrittsgeschichten in den Orden als Leitbild für die folgenden Generationen erscheinen sollen.

Ohne dass man zwingende Beweise anführen könnte, scheinen wesentliche Details, die dieser Bericht bietet, mit den Informationen, die man anderen Quellen entnehmen kann, zumindest vereinbar zu sein.[31] Demnach scheint es nicht unplausibel zu sein, dass Albert in Padua studiert und dort Bekanntschaft mit dem Predigerorden macht. Die Universität von Padua hat ihren Ursprung aus der Abwanderung von Professoren und Studenten aus Bologna, die sich 1222 in Padua niederlassen. Da zunächst nur das Studium des Rechts vorgesehen ist, erscheint es unwahrscheinlich, dass Albert in dieser Frühphase der Universität dort das Studium aufnimmt, zumal er selbst später das *studium litterarum* in Padua, womit der Unterricht an der Artistenfakultät gemeint sein dürfte, besonders hervorhebt. Naheliegend ist es, dass Albert sein Studium in Padua aufnimmt, nachdem die entsprechenden Studienfächer eingerichtet sind. Mit guten Gründen nimmt man an, dass Jordan auch im

30 Vgl. Gerhard von Frechen, Vitae fratrum, Prol. primus 3.

31 Eine abwägende Betrachtung, wie die sich zum Teil widersprechenden Quellen, die Alberts Studium und den Eintritt in den Orden schildern, zu beurteilen sind, enthält, Tugwell, Albert and Thomas, 4–7. Tugwell plädiert vor allem in Anlehnung an Scheeben für einen späten Beitritt zum Orden im Jahr 1229, während nachfolgende Autoren wie Sturlese und vorsichtiger auch Anzulewicz ein frühes Studium der Künste in Padua und einen entsprechenden Beitritt 1223 behaupten. Vgl. Sturlese, Dt. Philosophie im MA, 327–329; Albertus Magnus, Über den Menschen, XI.

Jahr 1229 in Padua ist, wo er dann auch Albert unter den Studenten hätte antreffen und für den Orden werben können. Möglicherweise hatte Albert während seines Studiums bereits Bekanntschaft mit dem Orden gemacht und über einen Eintritt nachgedacht, so wie es der Bericht des Gerhard von Frechen andeutet. Sollte er sich 1229 in Padua zum Eintritt entschlossen haben, ist es nicht unwahrscheinlich, dass er nach Köln gesandt wird, um dort sein Noviziat zu durchlaufen. Der Eintritt in den Kölner Konvent unter Prior Leo im Jahr 1229, wie es Johannes Molitor berichtet, deckt sich mit diesen Annahmen, da es durchaus üblich ist, dass Albert aufgrund seiner Herkunft einem Konvent der Teutonia beitritt. Vor der Gründung des Kölner Konventes 1221 gab es lediglich einen anderen Konvent auf dem Gebiet der deutschen Ordensprovinz, nämlich in Friesach in Kärnten, weshalb der Beitritt zum Kölner Konvent eine nahliegende Annahme ist, zumal Albert sich ein Leben lang eben diesem Konvent zugehörig fühlt. Wenn Albert nach dem Noviziat, das ein Jahr dauert, im Kölner Konvent sein Theologiestudium, das üblicherweise vier Jahre beansprucht, absolviert, kann er ungefähr ab 1234 seinerseits als Lehrer tätig gewesen sein.

1.3 Die erste Lehrtätigkeit und die frühe *Summe*

Wahrscheinlich wird Albert zunächst an einem kleineren Konvent als in Köln mit der eigenen Lehrtätigkeit begonnen haben. Frühe Quellen sprechen für Hildesheim als den Ort, wo Albert seine Laufbahn als *lector*, also als Lesemeister, beginnt.[32] Es folgen weitere Lehrtätigkeiten an den Konventen *in Vriburgo*,[33] Regensburg und Straßburg, möglicherweise sogar in Köln, wobei man weder den Zeitraum genau kennt, noch andere Aufenthalte an weiteren Konventen ausschließen kann.[34] Ob es sich bei der genannten Station *in Vriburgo* um Freiburg im Breisgau oder Freiberg in Sachsen handelt, ist umstritten und ist durch die Quellen nicht eindeutig zu belegen. Ein oder mehrere Aufenthalte Alberts in Sachsen während des in

32 Vgl. Pelster, Kritische Studien, 83.

33 Heinrich von Herford, Liber de Rebus, 201 u. 204.

34 Vgl. Scheeben, Chronologie des Lebens, 16–23.

Frage kommenden Zeitraums können aber als sicher gelten. Ein sicheres Datum, das auf die Anwesenheit Alberts im Raum Sachsen schließen lässt, ergibt sich aus einem Bericht, den er später in seinem Werk *Meteora* gibt:

„Ich habe mit vielen anderen im Jahr 1240 seit der Menschwerdung des Herrn in Sachsen einen Kometen gesehen, der nahe dem Nordpol war und seine Strahlen zwischen dem Osten und dem Süden aussandte, wobei er diese eher nach Osten richtet, und es steht fest, dass es dort nicht die Bahn eines Planeten war.“[35]

Ausgiebige Aufenthalte in Sachsen scheinen auch aufgrund der Berichte Alberts über den Abbau von Silber, der insbesondere in Freiberg wegen der dortigen Silberminen von großer Bedeutung ist, naheliegend zu sein.[36] Auf der anderen Seite unterscheidet Heinrich von Herford, dem diese Ortsangabe entnommen ist, bei seiner Namensnennung der Gelehrten Johannes von Freiburg und Dietrich von Freiberg offensichtlich zwischen den Herkunftsbezeichnungen *de Vriburgo* und *de Vriberch*, wobei sich letzteres und nicht ersteres auf Freiberg in Sachsen bezieht.[37] Demnach verweist Heinrich von Herford bei seiner Aufzählung der Orte, an denen Albert lehrt, bevor er nach Paris geht, nicht auf den Konvent in Freiberg in Sachsen, sondern auf den in Freiburg im Breisgau.

Neben dem unvollendet gebliebenen oder unvollständig überlieferten Frühwerk *De natura boni* fallen in diese frühe Lehrphase Alberts wohl die Anfänge und in einem unbekannten Umfang auch die Abfassung seines ersten Großprojektes, das der literarischen Form und Alberts eigenem Bekunden nach als *Summe* bezeichnet wird. Es handelt sich hierbei um ein Werk, das insgesamt sechs Teile umfasst[38] und dessen Überarbeitung und Fertigstellung Albert sicher

35 Meteora I t. 3 c. 5, 29, 50–55.

36 Vgl. Mineralia III t. 1 c. 1 u. c. 10, 59b–60a u. 72a–b.

37 Diese orthographische Differenz findet sich in dieser Weise bereits in der maßgeblichen Handschrift, auf die die Edition des *Liber de Rebus Memorabilibus* zurückgeht. Vgl. Wolfenbüttel, Herzog August Bibl., cod. 11b, f. 145va u. 146va.

38 Im Einzelnen sind dies die Schriften: 1. *De sacramentis*, 2. *De incarnatione*, 3. *De resurrectione*, 4. *De IV coaequaevis*, 5. *De homine* und 6. *De bono*. Zu den einzelnen Werken und deren Zusammenhang vgl. Geyer, B., Prolegomena, De bono, IX-XI.

noch während seines Paris-Aufenthaltes zu Beginn der 40er Jahre beschäftigt. Die literarische Form der *Summe* spiegelt die von Albert im Unterricht gepflegte Form der täglichen Disputation, d.h. die regelmäßige Erörterung von Sachfragen wider, die er als Lehrer mit seinen Studenten nach einem bestimmten Schema diskutiert. Der Verlauf einer solchen Disputation nimmt seinen Ausgang bei der Formulierung einer bestimmten Sachfrage, die entweder zu bejahen oder zu verneinen ist. In einem ersten Schritt werden dann durch unterschiedliche Gesprächsteilnehmer Pro- und Contra-Argumente vorgetragen, die sich auf eine zunächst hypothetisch formulierte und im Weiteren noch zu prüfende Antwort beziehen. In der Regel werden diese Argumente durch den Verweis auf autoritative Texte gestützt. Es obliegt dann dem dafür autorisierten Lehrer, eine sachliche Entscheidung in der betreffenden Frage zu treffen, und diese anschließend mit weiteren Argumenten, die meistens eine Differenzierung des zur Entscheidung anstehenden Problems und der damit verbundenen Begriffe bieten, zu begründen. In einem letzten Schritt werden dann die ursprünglichen Contra-Argumente im Lichte der eigentlichen Antwort diskutiert und der vom Lehrer vertretenen Lösung zugeordnet.

Dieser Praxis im Unterricht entspricht die literarische Form der *Quaestio*, die als formaler Baustein der als *Summe* bezeichneten Werkform zugrunde liegt. Die Texte, auf die sich Alberts Lehrtätigkeit an den deutschen Studienhäusern des Ordens bezieht, sind in erster Linie die Bibel und die von Petrus Lombardus zusammengestellten vier Bücher der *Sentenzen*, wobei das zuletzt genannte Werk in einer systematisierten Zusammenstellung von Texten der Kirchenväter besteht. Insbesondere dieses Mitte des 12. Jhs. fertiggestellte Lehrbuch etabliert sich während der nächsten Jahrhunderte als das Standardwerk des theologischen Unterrichts.

1.4 Das Verhältnis der frühen *Summe* zum *Sentenzenkommentar*

Einerseits ist die frühe *Summe* Alberts[39] durch die inhaltlichen Anregungen der vier Sentenzenbücher des Petrus Lombardus geprägt, unterscheidet sich aber andererseits signifikant von Alberts dann erst an der Pariser Universität begonnenem Sentenzenkommentar. Die Gegenstände der ersten drei Bücher dieser frühen *Summe*, nämlich die Sakramentenlehre, die Inkarnation und das Thema der Auferstehung, entsprechen im Wesentlichen den Gegenständen, die Petrus Lombardus im dritten und vierten Buch seiner *Sentenzen* behandelt. Der vierte Teil der *Summe*, also die Schrift über die vier Gleichewigen (*De quattuor coaequaevis*), nämlich über die Materie, die Zeit, den Himmel und die Engel, und ebenso der fünfte über den Menschen (*De homine*) behandeln wesentliche Aspekte der Schöpfungslehre. Aus diesem Grund werden diese Schriften auch mit dem zusammenfassenden Titel einer *Summe über die Geschöpfe*, *Summa de creaturis*, benannt. Die Schöpfungslehre, die in der *Summa de creaturis* behandelt wird, hat ihre Anregung vor allem durch das zweite Buch der *Sentenzen* des Lombardus erhalten. Der sechste Teil der *Summe*, der vom Guten handelt (*De bono*), entfaltet schließlich eine Tugendlehre, die in dieser Form keine direkte Vorlage im Werk des Lombarden hat, wohingegen die Trinitätslehre, die Petrus Lombardus in seinem ersten Buch behandelt, kein unmittelbares Gegenstücks in Alberts *Summe* hat.

Das ganze wissenschaftliche Schaffen Alberts ist von der Auseinandersetzung mit nahezu allen Texten geprägt, die für ihn in irgendeiner Weise zugänglich waren. In jeder seiner Schaffensphasen war Albert wie wohl kaum ein anderer seiner Zeitgenossen darum bemüht, neuer Werke und zusätzlicher Übersetzungen habhaft zu werden. Die unterschiedliche Verfügbarkeit von Texten zu unterschiedlichen Zeiten hinterlässt deshalb signifikante Spuren in Alberts eigenen Schriften. Aufgrund der Unterschiede, die sich in Alberts Verwendung von literarischen Quellen zeigen, darf als gesichert gelten, dass die Abfassung der *Summe* über einen längeren Zeitraum erfolgt, so dass

[39] Zu Konzeption und Entstehungsgeschichte von Alberts Frühwerk vgl. Anzulewicz, De forma resultante, 85–114. Hier finden sich auch eingehende Hinweise zur Biographie und zur Entstehungsgeschichte der anderen Werke Alberts vgl. ebd., 4–17.

sich die fortschreitende Bekanntschaft mit zusätzlichen Quellen in verschiedenen Überarbeitungsphasen in Alberts Text niederschlagen kann. Im mittelalterlichen Wissenschaftsbetrieb erfolgt die Rezeption zuvor unbekannter Schriften zunächst lokal begrenzt und breitet sich dann erst nach und nach überregional aus. Aus diesem Grund liegt es nahe, dass Albert vor allem dort mit den neuen Texten in Berührung kommt, wo sie zuerst verfügbar sind. Mitte des 13. Jhs. ist es für den lateinischsprachigen Raum vor allem das Wissenschaftszentrum Paris, wo der Zuwachs neuer Texte zuerst stattfindet.[40] Vor diesem Hintergrund kann es als sehr wahrscheinlich gelten, dass Albert zum einen mit der Ausarbeitung seiner *Summe* schon während seiner Lehrtätigkeit an den deutschen Dominikanerkonventen beginnt, diese dann aber während seines Paris-Aufenthaltes fortsetzt, überarbeitet und ergänzt. Anders als durch einen Ortswechsel und eine zeitliche Erstreckung der Ausarbeitungsphasen ist die signifikant unterschiedliche Nutzung von Quellen in Alberts Werk nicht erklärbar. In diesen Überarbeitungsphasen ist es offensichtlich auch zu gravierenden Änderungen seiner ursprünglichen Positionen gekommen.

Diese doktrinellen Verschiebungen zeigen sich, um dies an einem Beispiel zu verdeutlichen, auch im Blick auf die Engellehre, die Albert im vierten Teil seiner *Summe*, also in der Schrift *De quattuor coaequaevis*, entfaltet. Folgt man diesem Werk, so scheint es auf den ersten Blick nur eine terminologische Frage zu sein, ob sich Theologen und Philosophen darin unterscheiden, wie die Bewegung der Himmelssphären zu verstehen sei. Der Hintergrund für diese Frage ist die vom Mittelalter aus der Antike übernommene Vorstellung, nach der sich die Erde im Mittelpunkt des Kosmos befindet und so das Zentrum der konzentrisch angeordneten Himmelskugeln bildet. Die äußerste Sphäre ist unbeweglich und gilt als Ort der Fixsterne, wohingegen die weiter innen liegenden Kugeln jeweils die Träger eines Planeten sind und in einer gleichförmigen Bewegung um die Erde und die diese als nächste umspannende Sphäre des Mondes kreisen. Aufgrund der unterhalb des Mondes befindlichen Materie gilt alle Bewegung in diesem deshalb *sublunar* genannten Bereich als mehr oder weniger ungeordnet, wohingegen die Sphären oberhalb des Mondes als vollkommen geordnet und in gleichmäßiger Bewegung begriffen betrachtet

40 Hierzu und zum Folgenden vgl. Rigo, Zur Redaktionsfrage, 362–369.

werden. Aber auch diese gleichmäßige Bewegung der Himmelskugeln oberhalb des Mondes muss eine Ursache haben.

Während die Philosophen hierfür so genannte Intelligenzen annehmen, die gleichsam als beseelte Wesen die Bewegungen des *supralunaren* Himmels verursachen, scheinen die Theologen diese Annahmen nur dann zu teilen, wenn man den Begriff der Seele nicht zu eng versteht und ihn nicht im gleichen Sinne verwendet, wie man von einer Seele des Menschen spricht.[41] Der Vorstellung der Heiligen, also der Kirchenväter, entspricht es durchaus, so stellt Albert fest, dass die Engel, die man auch Intelligenzen nennen kann, auf den Befehl Gottes als bewegende Kräfte des Himmels tätig sind. Berücksichtigt man die Einschränkung, dass diese Theologen von den Engeln nur in einem eingeschränkten Sinne als von Seelen reden möchten, stimmen sie und die Philosophen in dieser Frage durchaus überein.[42] Alberts methodologischer Akzent liegt bei dieser Interpretation von Philosophie und Theologie nach eigenem Bekunden auf einer Zurückführung der philosophischen Position auf eine mit der Theologie identische Haltung [*philosophos ad idem reducere cum Sanctis*].[43]

Dass Albert mit diesem Hinweis auf eine Zurückführung philosophischer Aussagen auf eine theologische Ausdrucksweise einen wissenschaftstheortisch motivierten Reduktionismus der einen Disziplin auf die andere im Blick hat, ist allerdings zweifelhaft. In erster Linie scheint es ihm bei der geschilderten Kontroverse darum zu gehen, die Widerspruchsfreiheit der beiden Wissenschaften durch eine Differenzierung ihres Vokabulars aufzuzeigen. Aus diesem Grund verwendet er in dieser Diskussion vorwiegend Ausdrücke, die die Übereinstimmung beider Ansichten signalisieren (*non contradicunt, concedunt, concurrere, non est contradictio*), ohne dass sich daraus notwendig die Rückführung der einen Position auf die andere ergäbe.

In seinen Äußerungen zur Engellehre in seinem später entstandenen Sentenzenkommentar, vor allem im zweiten Buch, zieht Albert die Grenzen zwischen der philosophischen Lehre von den Intelligenzen und der christlichen Engellehre allerdings deutlicher, als das zum Teil

41 Vgl. De IV coaequ. t. 3 q. 16, 443a–b.

42 Vgl. De IV coaequ. t. 3 q. 16, 445a–446a.

43 De IV coaequ. t. 3 q. 16, 443a. Vgl. hierzu auch Anzulewicz, Emanationslehre.

in der frühen *Summe* der Fall ist.[44] Aus der im Sentenzenkommentar fortgeschrittenen wissenschaftstheoretischen Reflexion scheint sich eher ein Differenzierungsmodell zu ergeben, in dem Theologie und Philosophie einerseits mit ihren je eigenen Kompetenzen voneinander abgegrenzt, aber auch in den Überschneidungen anerkannt werden. In Bezug auf die im Raume stehende Frage nach der Bewegung des Himmels stimmen Theologen und Philosophen darin überein, dass es einen Beweger geben müsse, der diese hervorbringt. Nach Auffassung einiger Philosophen, aber auch in Einklang mit dem christlichen Glauben hält man den göttlichen Willen für den ursprünglichen Beweger. Aristoteles und alle anderen Naturphilosophen dagegen führen diese Bewegung auf die Intelligenzen zurück. Ob die Engel Gott bei der Bewegung der Himmelssphären dienen - womit eine Brücke zwischen beiden Positionen hergestellt wäre –, scheint Albert allerdings zweifelhaft zu sein. Für sicher hält er aber wiederum die Annahme, dass nicht alle Engel mit der Bewegung des Himmels beschäftigt sein können, da einige auf jeden Fall den Menschen dienen (*ministrare*). Die Philosophen mögen also insofern Recht haben, dass die Intelligenzen für die Himmelsbewegung sorgen, als von christlicher Seite nicht ausgeschlossen ist, dass zumindest einige der Engel dem Willen Gottes bei dieser Tätigkeit zu Diensten sind (*deservire*).[45]

Wie diese Diskussion um die Himmelsbewegung andeutet, versucht Albert einen Ausgleich der Vorgehensweisen dadurch herzustellen, dass er in Bezug auf die unterschiedlichen Disziplinen klar unterscheidet, was als sicher erkennbar, was als zweifelhaft und was als ausgeschlossen gelten muss. In prägnanter Form hat Albert die Abgrenzung der unterschiedlichen Kompetenzen verschiedener wissenschaftlicher Disziplinen im zweiten Buch seines Sentenzenkommentars mit folgenden Worten zum Ausdruck gebracht:

„Man muss wissen, dass Augustinus in den Dingen, die den Glauben und die Sitten betreffen, mehr zu glauben ist als den Philosophen, wenn diese eine andere Meinung vertreten. Doch wenn über Medizin gesprochen wird, glaube ich mehr Galen oder Hippokrates. Und wenn von den natürlichen Dingen zu sprechen ist, glaube ich eher Aristoteles oder einem anderen Experten.“[46]

44 Vgl. Rigo, Zur Redaktionsfrage, 351–355.

45 Vgl. Sent. II d. 2 a. 1, 45a–b.

46 Sent. II d. 13 a. 2, 247a.

Der Hintergrund für diese Bemerkung Alberts ist ein differenziertes Bewusstsein für die methodologischen Unterschiede der verschiedenen Wissenschaften, mit denen Albert konfrontiert wird. Die Aufmerksamkeit für diese Problematik dürfte wesentlich auf die Eindrücke und Herausforderungen zurückzuführen sein, denen Albert sich ausgesetzt sieht, als er mit seinem Eintritt in die Universität Paris das Zentrum des zeitgenössischen Wissenschaftsbetriebs betritt.

2 Die Universität

Die Pariser Universität entsteht während der ersten Jahrzehnte des 13. Jhs. durch den Zusammenschluss der dort existierenden Schulen, indem sich Lehrende und Lernende zu einer Art Genossenschaft verbinden. Gestützt wird diese Vereinigung durch Privilegien, die von kirchlicher und staatlicher Seite gewährt werden. Gegenüber anderen älteren Universitäten zeichnet sich die Pariser dadurch aus, dass sie über alle vier damals üblichen Fakultäten verfügt: die Eingangsfakultät der *Artes*, die die Voraussetzung für ein weiterführendes Studium ist, und die höheren Disziplinen der Medizin, der Jurisprudenz und der Theologie. Die aus dem spätantiken Lehrsystem der Freien Künste (*artes liberales*) hervorgegangene *Artes*-Fakultät kann als Vorläufer der heutigen Philosophischen Fakultät betrachtet werden und umfasst die philologische und die argumentativ-logische Grundausbildung sowie in einem gewissen Umfang die mathematisch-naturphilosophische Schulung der Studenten, bevor diese ihr Studium an einer der höheren Fakultäten fortsetzen.

Als Mitglied des Dominikanerordens unterliegt es nicht Alberts eigener Entscheidung nach Paris zu gehen, sondern bedarf einer Weisung des Ordensmeisters. Als wahrscheinlich gilt, dass Johannes von Wildeshausen Albert zum weiteren Studium nach Paris schickt. Eine entsprechende Entsendung kann damit frühestens nach seiner Wahl zum Ordensmeister in der Pfingstwoche 1241 erfolgt sein. In Paris hat Albert im Kloster der Predigerbrüder, in Saint-Jacques im heutigen Quartier Latin, gewohnt und, da es kein zentrales Universitätsgebäude gab, dort auch studiert und gelehrt. Albert ist zunächst als *baccalaureus sententiarus* mit Vorlesungen über die *Sentenzen* des Petrus Lombardus beschäftigt.[47] Wie lange diese Phase in Alberts Fall andauert, kann man nicht exakt sagen, da es keine verlässlichen Informationen darüber gibt, in welchem Umfang Ordensmitglieder, die bereits Vorlesungen über die Bibel gehalten haben, mit dieser Aufgabe betraut werden, bevor sie dann mit ihrer Promotion zum ordentlichen Professor, also zum *magister regens*, aufsteigen können. Sicher ist nur, dass diese Vorlesungstätigkeit als *baccalaureus sententiarus* nicht länger als bis zum Juni 1245 gedauert haben kann, weil dies der

[47] Vgl. Weisheipl, Life and Works, 21–28.

Zeitpunkt ist, ab dem Albert zum Magister der Theologie promoviert wird und seitdem der „*Herde der Pariser Doktoren angehört*", wie er selbst in einer späteren Anekdote zu berichten weiß.[48] Als *magister regens* hat Albert ab September des gleichen Jahres als erster nicht der französischen Provinz angehörige Dominikaner einen der beiden Lehrstühle inne, die an der Pariser Universität von den Predigerbrüdern zu besetzen sind. Als sicher kann gelten, dass Albert bis zum 15. Mai 1248 in Paris bleibt, da eine seinen Namen enthaltende Urkunde zur Verurteilung des Talmuds seine Anwesenheit bis zu diesem Datum bezeugt.[49] Albert verlässt Paris, nachdem er drei Jahre das Amt des Magisters ausgeübt hat,[50] aller Wahrscheinlichkeit nach noch im Jahr 1248.

2.1 Der *Sentenzenkommentar*

Neben, aber auch in enger Verbindung mit seiner Lehrtätigkeit dürfte Albert außer mit der Fertigstellung und Überarbeitung seiner frühen *Summe* während seiner Pariser Zeit vor allem mit der Abfassung seines Sentenzenkommentars beschäftigt sein, an dem er noch bis 1249 arbeitet.[51] Bei der Abfassung der vier Bücher über die *Sentenzen* scheint Albert zunächst mit dem ersten begonnen, dann eine Teilbearbeitung des dritten vorgenommen zu haben, um schließlich das erste und dann auch das dritte zu vollenden. Die Bearbeitung des zweiten Buches wird bis dahin zurückgestellt, möglicherweise weil er in seiner *Summa de creaturis* bereits einschlägige Themen daraus behandelt hat. Als Letztes findet die Ausarbeitung des vierten Buches statt, die ihn wahrscheinlich noch in Köln in Anspruch nimmt. Gegenüber der frühen *Summe* hebt sich im Sentenzenkommentar vor allem Alberts Ausarbeitung des ersten Buches ab, denn weder für die ausführliche Behandlung der göttlichen Trinität noch für die einge-

48 Vgl. Mineralia II t. 3 c. 1, 49a.

49 Vgl. Chartularium Universitatis Parisiensis, n. 178, 209.

50 Vgl. Heinrich von Herford, Liber de Rebus, 201.

51 Zur Entstehung von Alberts Sentenzenkommentar und den Umständen seiner Abfassung finden sich die neuesten Forschungsergebnisse in den Prolegomena zur kritischen Edition des ersten Faszikels des Sentenzenkommentars, den M. Burger in der Editio Coloniensis edieren wird.

hende methodologische Erörterung zu Beginn des Kommentars finden sich entsprechende Parallelen in seinem Frühwerk. Offensichtlich wird Albert in Paris mit neuen Herausforderungen konfrontiert, deren Hintergrund man sich vergegenwärtigen muss, um diesen Aspekt von Alberts Werk verstehen zu können.

2.2 Zum historischen und geistesgeschichtlichen Hintergrund

Ursprünglich ist die Aufgabe, über die *Sentenzen* zu lesen, auf die Lehrtätigkeit des *baccalaureus sententiarus* beschränkt und gilt als Vorbereitung für die eigentliche Lehrtätigkeit eines *magister regens*, der über die Bibel zu lehren hat. Wann und durch welche Maßnahme genau diese Vorgabe aufgehoben wird, ist nicht bekannt. Gleichwohl zeichnet sich ab, dass ab den 40er Jahren die Lehre über die *Sentenzen* auch von den ordentlichen Professoren betrieben wird. Diese Entwicklung scheint mit einer zunehmenden theologischen Durchdringung dieses ursprünglichen Unterrichtswerkes einherzugehen: Man fügt dem Text nicht nur kurze Glossen hinzu, sondern systematisiert seinen Inhalt zunehmend und diskutiert vertiefende Sachfragen, die weit über den Wortlaut der von Petrus Lombardus zusammengestellten *Sentenzen* hinaus führen. Vor allem wird in verstärktem Maße reflektiert, was man im Umgang mit den *Sentenzen* tut, d.h. die Theologie selbst wird einer methodologischen Vergewisserung unterzogen, die die Basis für alle weiteren Untersuchungen darstellt und deshalb jeweils zu Beginn des Kommentars im Prolog oder in den ersten Abschnitten des Werkes ihren Niederschlag findet. Diese intensivierten methodologischen und wissenschaftstheoretischen Reflexionen werden sicher nicht durch die literarische Gattung des Sentenzenkommentars allein inauguriert, da sie sich auch in anderen Werkformen niederzuschlagen beginnen, aber offensichtlich etablieren sich die Eingangspassagen der Kommentare als der geeignete Ort für solche methodologischen Grundsatzüberlegungen. Dies mag damit zusammenhängen, dass die im universitären Betrieb gehaltenen Antrittsvorlesungen (*Principia*), die dem Anlass entsprechend vor allem eine wissenschaftstheoretisch reflektierte Positionierung bieten, in der Regel in den Prolog oder die Eingangspassagen des Kommentars zu den einzelnen Sentenzenbüchern einfließen.

2.2.1 Der Schrecken der Philosophie – die Universitätspredigten von 1231

Was ist der Hintergrund für diese Intensivierung der methodologischen Debatte, in der die Theologen in einer neuen Weise über das reflektieren, was sie als Vertreter der theologischen Fakultät im Licht der anderen Fakultäten und unter dem gemeinsamen Dach der Universität tun?

Ungefähr zehn Jahre, bevor Albert in Paris in den Konvent Saint-Jacques einzieht, scheint ein neuartiges Bewusstsein für eine Selbstreflexion derjenigen, die als Theologen über die *Heilige Schrift* lehren, erwacht zu sein. Wie eine anonyme Predigt aus Saint-Jacques aus dem Jahr 1231 deutlich macht, sieht ein namentlich nicht bekannter Prediger die Tätigkeit der Theologen dadurch gefährdet, dass eine zunehmende Unterwanderung der Theologie durch die Philosophie, insbesondere durch die Metaphysik, stattfindet.

„Es gibt nämlich einige, die sich sehr wohl die geistliche Ausdruckweise, d.h. die Theologie angeeignet haben, aber gleichwohl in dieser wie Barbaren sprechen und durch diese die Philosophie zerstören. Wer sich nämlich die Metaphysik angeeignet hat, will in der Beschäftigung mit der Heiligen Schrift immer metaphysisch vorgehen. Ähnlich will der, der sich die Geometrie angeeignet hat, in der Theologie immer von Punkten und Linien sprechen. Solche Leute bekleiden den König mit schmutzigen und zerrissenen Gewändern. Desgleichen streuen sie Staub ins Licht und von dort erheben sich Stechmücken.“[52]

Die im letzten Satz enthaltene Anspielung auf die dritte Plage, die auf Geheiß Jahwes über die Ägypter hereinbricht, als sie das jüdische Volk nicht ziehen lassen wollen (Exodus 8, 16–17), macht deutlich, worum es dem Redner geht. Er befürchtet, dass die Beschäftigung mit der Metaphysik dazu führt, dass diese ihre Grenzen überschreitend

52 Sunt enim aliqui qui bene linguam spiritualem didicerunt, id est theologiam, sed tamen in ea barbarizant, eam per philosophiam corrumpentes. Qui enim metaphysicam didicit semper vult in sacra scriptura metaphysice procedere; similiter qui geometriam didicit semper loquitur de punctis et lineis in theologia. Tales induunt regem vestibus sordidis et laceratis; item spargunt pulverem in lucem, et inde nascuntur cyniphes. Ms. Paris, Bibl. Nat. Nouv. Acq. Lat. 338, f. 201r in: Davy, Sermons universitaires, 340–341, ergänzt nach Chenu, Théologie comme science, 29.

die ursprünglichen Gegenstände der Theologie vereinnahmt, bis diese nicht mehr theologische, sondern philosophische sind, wie einst der ganze Staub der Erde zu Stechmücken verwandelt wurde. Zwei Aspekte treten aus dieser kurzen Passage hervor: Zum einen berichtet der Prediger davon, dass es offensichtlich die Beschäftigung mit der Philosophie von Seiten der Theologen bereits gibt und zum anderen fehlt erkennbar eine klare Grenzziehung hinsichtlich der Kompetenzen beider Wissenschaften, denn nur so kann es zum Konflikt und zu den befürchteten Übergriffen kommen. Dieser Befund wird auch durch eine andere Pariser Predigt aus dem gleichen Jahr bestätigt und dahingehend präzisiert, dass es offensichtlich die aus der Artisten-Fakultät an die theologische Fakultät kommenden Gelehrten sind, die mit ihrer Übertragung aristotelischen Gedankenguts auf die Theologie für Unheil sorgen:

„Wenn aber solche Lehrer [aus der Artes-Fakultät] zur Theologie kommen, so können sie sich von ihrer Wissenschaft kaum trennen, wie es bei einigen offenkundig ist, die sich in der Theologie nicht von Aristoteles trennen können, da sie dort Messing für Gold nehmen, nämlich die philosophischen Fragen und Meinungen [anstelle der theologischen bevorzugen].“[53]

Ist dieser Konflikt über die Kompetenzen von Theologie und Philosophie einmal ausgebrochen, kann es verschiedene Strategien geben, hierauf zu reagieren. Zum einen kann man, wie die Predigten von 1231 zeigen, mit einer gewissen Schärfe und Polemik den Umgang mit allen Wissenschaftsformen, die man mit Blick auf die Theologie für ungeeignet hält, untersagen. Mit einem solchen Vorgehen wendet man sich gegen jeden Anspruch, der sich von Seiten einer im weitesten Sinne philosophisch argumentierenden Wissenschaft stellen lässt, und ordnet die Theologie außerhalb einer jeden Form von Philosophie einem grundlegend anderen Modus von Erkenntnis zu. Im Rahmen dieses Konzepts verortet man dann die Theologie entweder als höhere Wissensform über den bloß philosophisch argumentierenden Wissenschaften oder man spricht den philosophischen Disziplinen die Eignung zu eigentlicher Wissenschaft ab. Man macht die Philoso-

53 Davy, Sermons universitaires, 292; die dt. Übersetzung in: Burger, Theologie als Wissenschaft, 97.

phie damit zum Gegenstand eines nur noch propädeutischen Studiums, das dem eigentlichen Wissen in Gestalt der wahren Philosophie, als die sich die Theologie dann versteht, zwar zeitlich vor-, aber dem Wert nach untergeordnet ist.

Die andere Möglichkeit, auf diesen Konflikt zu reagieren, besteht darin, innerhalb eines auch für die Theologie zutreffenden Verständnisses von Wissenschaft zwischen verschiedenen Disziplinen zu differenzieren, so dass die Theologie eine Wissenschaft neben anderen wird. Im Rahmen dieses zweiten Konzepts wird es dann darum gehen, ein Verständnis von Wissenschaft zu entwickeln, das einerseits verschiedenste Disziplinen umfasst, und das andererseits eine Möglichkeit bereithält, diese verschiedenen Wissensgebiete voneinander abzugrenzen, also Pluralität unter einem umfassenden Anspruch von Wissenschaftlichkeit und damit ein Nebeneinader von Philosophie und Theologie zu ermöglichen. Grundlage dieses Konzeptes ist die Vorstellung, dass ein Wahrheitsanspruch, egal in welcher Disziplin er erhoben wird, nicht teilbar ist, in dem Sinne, dass nicht in der einen Wissenschaft etwas als wahr gelten kann, was in einer anderen als falsch angesehen werden müsste. Ein solcher Relativismus wäre dem Denken Alberts vollkommen fremd. „*Keine Wahrheit weicht von der anderen ab*"[54] ist die prägnanteste Formulierung, die Albert für diesen zentralen Gedanken gefunden hat. Nach diesem Verständnis kann es den Unterschied zwischen der „wahren Philosophie", als die man die Theologie versteht, und einer vorläufigen oder weniger wahren Philosophie, und damit den Unterschied von eigentlicher und uneigentlicher Wissenschaft, die sich womöglich einander widersprechen, nicht geben.

2.2.2 Das Verhältnis der Theologie zur Philosophie – die *Summa Halensis*

Die erstgenannte Strategie, also den Versuch, die Philosophie als vorläufige Wissensform der den Theologen vorbehaltenen eigentlichen Erkenntnis unterzuordnen, verfolgt eines der wohl wichtigsten und wirkmächtigsten Werke der ersten Hälfte des 13. Jhs., die so genann-

[54] [Q]uia nulla veritas alii discordat. Super Ethica I lec. 13 n. 80, 71, 82.

te *Summa Halensis*.[55] Diese zwischen 1235–1245 von verschiedenen Verfassern redigierte Schrift, die nur zum Teil tatsächlich von ihrem namensgebenden Autor, Alexander von Hales, stammt, enthält zu Beginn eine eingehende wissenschaftstheoretische Reflexion über das Verhältnis von Philosophie und Theologie. Es handelt sich bei diesem Werk zwar nicht um einen Sentenzenkommentar im eigentlichen Sinne, aber der Aufbau der *Summa* lehnt sich eng an die inhaltliche Systematik der *Sentenzen* des Petrus Lombardus an. Dies kann aufgrund der weitgehenden Autorschaft des Alexander von Hales nicht verwundern, da er wohl einer der maßgeblichen Gelehrten ist, die die Sentenzenkommentierung als integralen Bestandteil der universitären Bildung etabliert haben. Anders als der eigentliche Sentenzenkommentar des Alexander, der in den Jahren 1223–1227 entstanden ist, widmet die *Summa* rund zehn Jahre später in einer offensichtlich geistesgeschichtlich veränderten Situation dieser wissenschaftstheoretischen Reflexion breiten Raum.[56]

Die Frage der *Summa* nach dem Wissenschaftscharakter der Theologie ist von einer ganz anderen Intention geleitet als die Abgrenzungsversuche von Wissen und Glauben, von Dialektik und Antidialektik, wie es sie in früheren Jahrhunderten, vor allem im 12. Jh., gegeben hat. Standen sich zunächst Rationalisierungsansprüche auf der einen und Bewahrungstendenzen einer heilsgeschichtlich ausgerichteten, affektiven Geisteshaltung auf der anderen Seite gegenüber,[57] ging es also nicht um einen wissenschaftstheoretischen Disput im engeren Sinne, so entfalten die Eingangskapitel der *Summa Halensis* genau dies: eine Auseinandersetzung über die Theologie im Licht der aristotelischen Wissenschaftstheorie. Die Frage, die die *Summa Halensis* stellt, zielt nicht mehr darauf, festzustellen, in welchem Maße die Theologie eine rationale Methode zulassen und zur Anwendung

55 Für eine kurze Kennzeichnung des Werkes vgl. Flüeler, Alexander von Hales Summa.

56 Vgl. hierzu die Textbeispiele und die Kommentare in: Leibold, Theologie als Wissenschaft. Zur Bedeutung der wissenschaftstheoretischen Einleitungslehre in der *Summa Halensis* vgl. Köpf, Anfänge theologischer Wissenschaftstheorie, 55–56.

57 In diesem Sinne verwirft z.B. Bernhard von Clairvaux nicht das Wissen an sich, sondern nur die Formen, die nicht unmittelbar auf das Heil ausgerichtet sind. Vgl. etwa Bernhard von Clairvaux, Sermones, 36, 2, 564–565.

bringen soll, vielmehr geht es jetzt unmittelbar um die Entscheidung, ob die Theologie Wissenschaft ist oder nicht.

Fasst man die Antwort des ersten Kapitels der *Summa* zusammen, so kann man feststellen, dass die angewandte Lösungsstrategie zweischichtig verfährt. Zum einen wird der Anschluss an die offensichtlich nicht mehr zu ignorierenden Ansprüche, die aus der Begegnung mit den aristotelischen Schriften resultieren, gesucht und die strikte Ablehnung einer solchen Auseinandersetzung, wie sie in den zuvor angeführten Predigten des Jahres 1231 zum Ausdruck kommt, wird aufgegeben. Dieser Befund ist umso bedeutsamer, als er in eine Zeit fällt, in der an der Pariser Universität die Lektüre einiger aristotelischer Schriften, u.a. der *Metaphysik*, auf die sich die *Summa* in diesem Kontext explizit stützt, noch verboten ist. Von Seiten der aristotelischen Wissenschaftstheorie her muss der Autor der *Summa* vor allem zeigen, dass der Gegenstand der Theologie nicht das partikuläre Einzelereignis ist, von dem die biblischen Erzählungen berichten, denn unter Verweis auf die aristotelische *Metaphysik* kann als Wissenschaft nur die Disziplin gelten, die das Allgemeine, nicht das Singuläre, behandelt.[58]

Dieses Kriterium der Allgemeinheit wird vom Autor akzeptiert und als verbindliche Kennzeichnung von Wissenschaftlichkeit im aristotelischen Sinne anerkannt. Zu zeigen ist also, ob die Theologie diesen Anspruch erfüllt, und nicht, ob sie Wissenschaft in einem anderen Sinne ist. Den ausstehenden Nachweis liefert die *Summa* durch den Hinweis auf einen vierfachen Sinn von Allgemeinheit, den die Theologie jeweils erfüllt, weil sie allgemeine Aussagen trifft, Beispielerzählungen, die über den Einzelfall hinausweisen, bietet, mit einzelnen Namen allgemeine Typen bezeichnet und schließlich durch die Rede von der Ursache auch Auskunft über die vielfältigen Wirkungen gibt.[59] Zentral an diesem Argument ist die Beweislastverteilung, der zufolge von der Theologie der Nachweis zu erbringen ist, ob sie die aristotelischen Kriterien erfüllt oder nicht. Hiermit ist ein neues Stadium im wissenschaftlichen Diskurs erreicht.

Ohne diese Vorgabe in Frage zu stellen, muss in einem zweiten Schritt allerdings das Eigentümliche der Theologie benannt werden, wodurch sie sich von den anderen Wissenschaften und zwar insbe-

[58] Vgl. Summa Halensis t. intro. q. 1 c. 1, 2, 1–2.

[59] Vgl. Summa Halensis t. intro. q. 1 c. 1, ad2, 3.

sondere, wie der Autor hervorhebt, von der Ersten Philosophie, also der Metaphysik, unterscheidet. Auch in diesem Fall bedient sich die *Summa* eines aristotelischen Modells, um diese Differenzierung durchzuführen. Nach Aristoteles kann man Wissensformen danach unterscheiden, wie sehr sie um ihrer selbst willen betrieben werden. Wissenschaften, die allein die Wirkungen betrachten, die von anderen Ursachen hervorgebracht werden, sind nach diesem Verständnis weniger um ihrer selbst willen, als die, die sich mit den entsprechenden Ursachen selbst befassen. Denn die Untersuchung von Einzelphänomenen wird immer wieder auf die Frage nach den Ursachen verwiesen, die den vielfältigen Erscheinungen, mit denen man es in den Einzelwissenschaften zu tun hat, zugrunde liegen. In diesem Sinne sind solche Einzelwissenschaften nicht um ihrer selbst willen, weil sie weitergehende Untersuchungen der zugrunde liegenden Ursachen nach sich ziehen.

Hieraus ergibt sich, dass diejenige Wissenschaft in einem höchsten Maße um ihrer selbst willen angestrebt wird, die sich mit der Ursache befasst, die von keiner weiteren hervorgebracht wird, die also in diesem Sinne Erstursache oder, wie es der Text ausdrückt, „*Ursache der Ursachen*" ist. Genau dies tut aber die Theologie, insofern ihr Gegenstand Gott und damit die erste Ursache schlechthin ist. Wiederum in Anlehnung an Aristoteles kann man deshalb von der Theologie eher von Weisheit als von einer Wissenschaft sprechen, wie man auch von der Ersten Philosophie, der Metaphysik, sagen kann, dass sie nicht Wissenschaft als Wissenschaft ist, sondern eine Mischung von Wissenschaft und Weisheit darstellt, wobei Weisheit als ein übergeordneter Wissensmodus verstanden wird. In diesem Sinne ist dann auch die Metaphysik Weisheit als Wissenschaft und unterscheidet sich hierdurch von den übrigen Wissenschaften, die eben nur Wissenschaften sind.

Im Ergebnis ist also festzuhalten, dass die Theologie nicht nur Wissenschaft ist, sondern eine höhere Form von Wissen darstellt, die sich aufgrund ihres Gegenstandes, nämlich Gottes als der ersten Ursache, von allen anderen Disziplinen unterscheidet. Sie ist auch über die Erste Philosophie, also die Metaphysik, erhaben, weil sie nicht wie die nach Güte, Weisheit und Macht fragende Metaphysik eine Vielheit von Ursachen thematisiert, sondern auf die eine göttliche Ursache selbst zielt.[60]

60 Vgl. Summa Halensis t. intro. q. 1 c. 1, solutio, 2.

Gegenüber der radikalen Ablehnung einer Auseinandersetzung der Theologie mit den Herausforderungen der aristotelischen Philosophie, wie sie die genannten Pariser Predigten erkennen lassen, setzt die in der *Summa Halensis* sich abzeichnende Haltung deutlich andere Akzente. Offensichtlich will man den Ansprüchen, die sich von der Philosophie her auch für die Theologie ergeben, nicht mehr aus dem Wege gehen. Indem die Philosophie eigene Wahrheitsansprüche stellt, muss geklärt werden, wie sich diese gegenüber den Ansprüchen ausnehmen, die die Theologie in ihrer Auslegung der *Heiligen Schrift* ihrerseits vertritt. Dieser Klärungsprozess wird auf dem gemeinsamen Boden der aristotelischen Wissenschaftstheorie geführt, weil man offensichtlich der Auffassung ist, dass es neben dem wissenschaftlich begründeten Wahrheitsanspruch der Philosophie nicht noch eine andere Form der Wahrheit geben kann, die hiermit nicht vereinbar wäre.

Allerdings wird noch ein anderes Moment in der Diskussion der *Summa Halensis* deutlich, nämlich das Selbstverständnis der Theologie, wonach diese nicht neben anderen Wissenschaften, sondern über diesen ihren Platz hat. Das an zentraler Stelle zur Geltung gebrachte Differenzierungsargument der Selbstzwecklichkeit führt dazu, der Theologie eine exzeptionelle Stellung im Wissenschaftssystem zukommen zu lassen. Diese geht so weit, dass der ursprüngliche Begriff der Wissenschaft durch den der Weisheit ersetzt wird und nur noch durch Vermittlung der Ersten Philosophie, die eine Mischform von Wissenschaft und Weisheit darstellt, mit den anderen Disziplinen in eine Reihe zu stellen ist. Auch wenn hier sicher kein Konzept einer alles umfassenden Einheitswissenschaft vertreten wird, tritt doch ein auf Steigerung angelegtes Zuordnungsmodell der Wissensformen hervor, das die defizitären Wissenschaften auf die Theologie als ihren Kulminationspunkt hinordnet.

2.3 Alberts Deutung der Theologie als Wissenschaft

Diese selektiven Hinweise machen deutlich, von welchen Herausforderungen die Debatte um den Wissenschaftsstatus der Theologie zu der Zeit bestimmt ist,[61] als Albert nach Paris kommt und dort be-

[61] Zum Wissenschaftscharakter der Theologie im 13. Jahrhundert vgl. Köpf,

ginnt, eigene Vorlesungen zu halten und sich mit der Abfassung seines Sentenzenkommentars in der laufenden Diskussion zu positionieren. Allein schon die Konzentration auf dieses Werk unterscheidet Albert von der Arbeitsweise seiner Kollegen.[62] Zu Recht wird in der Forschung auf die wissenschaftstheoretischen Reflexionen zu Beginn von Alberts Kommentarwerk verwiesen, weil gerade in diesen Eingangspassagen Alberts Absicht deutlich wird, der Theologie sowohl den Rang einer Wissenschaft als auch den Status einer spezifischen Disziplin neben den anderen wissenschaftlichen Fächern zuzuweisen.

Auf den ersten Blick mag es verwundern, dass unter den von Albert in diesem Zusammenhang eigens diskutierten Fragen diejenige, die man für die dringendste halten könnte, nicht explizit gestellt wird, nämlich die, ob die Theologie überhaupt eine Wissenschaft sei. Dies war schließlich die zentrale Frage, die der Autor der *Summa Halensis* als erste stellt und bejahend beantwortet, indem der Theologie die herausragende Stellung einer die anderen Wissenschaften überbietenden Disziplin zugewiesen wird. Für Albert steht im ersten Abschnitt seines Kommentars nicht die Frage nach dem Wissenschaftscharakter der Theologie im Sinne eines bloßen Ja oder Nein im Zentrum. Vielmehr richtet sich der Blick Alberts auf die Frage, ob und in welchem Sinne die Theologie eine einheitliche Wissenschaft ist und wodurch sie sich von den anderen Disziplinen unterscheidet. Nur in dieser Perspektive lässt sich nämlich, so die im Hintergrund stehende Annahme Alberts, das eigentümliche Gepräge des theologischen Wissens, wodurch es sich von anderen Wissensformen unterscheidet, überhaupt erkennen. Nicht als eine höhere Form des Erkennens, sondern als eine Disziplin, die einen anderen Gegenstand betrachtet, unterscheidet sich die Theologie von den anderen Wissenschaften. Der Wissenschaftscharakter der Theologie kann sich für Albert nur darin erweisen, dass man zugleich deren Zuordnung zu den anderen Disziplinen klärt.

Es gehört bereits zu den Eigentümlichkeiten der Theologie als Wissenschaft, dass ihr Gegenstand im Verborgenen liegt, so dass er nicht wie in anderen Disziplinen einfach vorausgesetzt werden kann

Anfänge theologischer Wissenschaftstheorie.

62 Zu den Eigentümlichkeiten von Alberts Sentenzenkommentar im Kontext der zeitgenössischen Diskussion vgl. Burger, Theologie als Wissenschaft.

– wie z.B. die Biologie die Eigenschaften des Lebendigen untersucht und das Lebendige selbst in gewisser Weise voraussetzt, oder die Geometrie Kreise und andere Formen annimmt, um deren Eigenschaften zu untersuchen, und nicht nach dem Wesen der geometrischen Form als solcher fragt. Die Frage nach dem Gegenstand der Theologie, also nach dem, was in der mittelalterlichen Diktion ihr Subjekt (*subiectum*) genannt wird, gehört bereits zum Vollzug dieser Wissenschaft hinzu; das gilt zumindest dann, wenn man sie im Blick auf ihre Vermittlung und auf ihre schrittweise zu erfolgende Entfaltung hin betrachtet.[63]

Aber gerade diese Frage nach dem Gegenstand der Theologie ist keineswegs so einfach zu beantworten, wie es vielleicht auf den ersten Blick erscheinen mag, auch wenn sich die Autoritäten hierin einig zu sein scheinen; denn Petrus Lombardus, der Verfasser der *Sentenzen*, stimmt in dieser Hinsicht offensichtlich mit der besonderen Autorität des Augustinus überein, da nämlich beide die Auffassung vertreten, es seien die Sachen und Zeichen – *res et signa* –, wovon die Theologie handle.[64]

Albert seinerseits deutet den Gegenstand der Theologie deutlich differenzierter, als es diese vermeintlich einhellige Antwort zu suggerieren scheint. Insgesamt unterscheidet er nämlich drei Aspekte, unter denen man den Gegenstand der Theologie betrachten kann. In einem allgemeinen Sinne kann man tatsächlich die These vertreten, die Sachen und Zeichen seien Gegenstand dieser Wissenschaft. Dies trifft nämlich insofern zu, als die Sachen, also alles, was für sich steht und nicht auf anderes verweist, und die Zeichen, die eben dies tun, eine Teilhabe an der Glückseligkeit bewirken; nur unter diesem besonderen Aspekt betrachtet und nicht als solche gehören sie zum Gegenstand der Theologie. In einem zweiten und engeren Sinne aber ist das, was Inhalt des Glaubens sein kann, das *credibile*, Subjekt dieser Wissenschaft. Im Zentrum der Glaubensinhalte in diesem Sinne stehen vor allem die Glaubensartikel des Apostolischen Glaubensbe-

63 Vgl. Sent. I d. 1, (Edition und Übersetzung v. Burger, M.), in: AMI, System der Wissenschaften, 380–381; zur weiteren Textanalyse vgl. Burger, Theologie als Wissenschaft, insbes. 104–111.

64 Vgl. Sent. I d. 1, (Edition und Übersetzung v. Burger, M.), in: AMI, System der Wissenschaften, 382–383 u. Anm. 6.

kenntnisses und des Nicäno-Konstantinopolitanum. Albert rechnet aber auch die Prinzipien des Glaubens hinzu, wie etwa die Annahme, dass sich Gott in der *Heiligen Schrift* wahrhaft offenbart hat. Zudem nennt er unter den *credibilia* die Dinge, die aus dem zuvor Genannten folgen, insofern sich hieraus Vorschriften für eine sittliche Ausrichtung des Lebens ergeben. Nach einem dritten Verständnis und damit im eigentlichen Sinne ist aber Gott der Gegenstand der Theologie, nämlich dann, wenn man nach dem würdigsten Gegenstand fragt, der Subjekt dieser Disziplin ist. Folgt man dieser letzten Gegenstandsbestimmung, dann gehört auch all das hinzu, das auf irgendeine Weise auf Gott, der das eigentliche Ziel ist, ausgerichtet ist, wie Tugenden, Sakramente und andere Gnadengeschenke.[65]

So differenziert diese Antwort auf die Frage nach dem Subjekt der Theologie ist, so problematisch erscheint sie in Bezug auf die Einheit dieser Disziplin und damit mit Blick auf ihre Abgrenzung gegenüber anderen Wissenschaften, die vor allem aufgrund verschiedener Gegenstände unterschieden werden müssen. Aus diesem Grund diskutiert Albert ausführlich das aus der Gegenstandsbestimmung resultierende Folgeproblem der Einheit der Theologie, indem er fragt, ob diese eine einzige Wissenschaft sei. Diesbezüglich verweist er auf schwerwiegende Bedenken, von denen vor allem der zuletzt angeführte Einwand, der sich auf Aristoteles beruft, von entscheidender Bedeutung ist.

Wie in der folgenden Argumentation deutlich wird, ist der zentrale Hintergrund für diese Diskussion die Auseinandersetzung mit dem wissenschaftstheoretischen Status der Metaphysik. Denn zum einen gibt es zwischen der Theologie und der Metaphysik weitreichende Ähnlichkeiten, zum anderen muss aber auch deutlich werden, dass sich diese Disziplinen signifikant unterscheiden. Es wird sich zeigen, dass sowohl die Theologie als auch die Metaphysik nicht nur einen bestimmten Ausschnitt der Wirklichkeit, d.h. einen klar abgegrenzten Untersuchungsgegenstand haben, wie etwa die Wissenschaften der Gesteinskunde die Mineralien oder der Botanik Flora und Fauna zum Gegenstand haben, sondern dass sie in einer gewissen Weise universell sind, da sie nicht nur von einer bestimmten Klasse von Dingen handeln.

65 Vgl. Sent. I d. 1, (Edition und Übersetzung v. Burger, M.), in: AMI, System der Wissenschaften, 382–387.

Der von Albert konkret angeführte Einwand ergibt sich aufgrund eines Vergleiches der Theologie mit der von Aristoteles als Universalwissenschaft konzipierten Metaphysik.[66] Damit nimmt Albert indirekt die Abgrenzung der sich als Wissenschaft neu etablierenden christlichen Theologie zur heidnischen Philosophie, die gerade als metaphysische Fundamentalwissenschaft eine Herausforderung für die sich ihres Eigenverständnisses vergewissernde Theologie darstellt, in den Blick. Der Einwand verfährt in mehreren Schritten, indem zunächst eine Analogie zwischen Metaphysik und Theologie hergestellt wird, insofern beide als Universal- und nicht als Einzelwissenschaften verstanden werden:

„Der Philosoph sagt, dass es eine einzige Wissenschaft ist, die das Seiende als solches betrachtet, und das, was dem Seienden als solchem zukommt. Dies ist nicht eine der Einzelwissenschaften, sondern eine Universalwissenschaft. Da aber Sache und Seiendes ausgetauscht werden können, wäre auch die Wissenschaft, die die Sache als solche betrachtet, und das, was der Sache zukommt, keine Einzel- sondern eine Universalwissenschaft."[67]

Der Ausgangspunkt für den Einwand ist die jeweilige Annahme, dass die Theologie – wie in Anlehnung an Augustinus behauptet – von den Sachen, also den *res*, handelt, und die Metaphysik vom Seienden als solchen, also vom *ens inquantum ens*. Da jedoch jede Sache in gewisser Hinsicht ein Seiendes und jedes Seiende in gewisser Hinsicht eine Sache ist – dies ist die These von der Austauschbarkeit bzw. der Konvertibilität beider Begriffe –, scheint die Schlussfolgerung unumgänglich, dass die Theologie mit der Metaphysik die Bestimmung teilt, eine Universalwissenschaft zu sein.

[66] Zum Verhältnis von Alberts Deutung der Theologie als Wissenschaft zur aristotelischen Wissenschaftstheorie vgl. Burger, Aristotelesrezeption.

[67] Dicit Philosophus quod est scientia una, quae speculatur ens inquantum ens et ea quae sunt entis inquantum ens est; et haec non est una scientiarum particularium, sed est scientia universalis; igitur cum res et ens convertantur, scientia considerans res inquantum res et ea quae sunt rei, non erit una scientia particularis sed universalis. Sent. I d. 1, (Edition und Übersetzung v. Burger, M.), in: AMI, System der Wissenschaften, 386–387.

2.3.1 Die Einheit der Theologie und das Problem der Gattungsaporie

Während Einzelwissenschaften ihre Einheit bzw. ihre inhaltliche Geschlossenheit daher erhalten, dass die Gegenstände, die sie betrachten, einer gemeinsamen Gattung angehören, also etwa die Mineralogie deshalb eine einheitliche und nach außen abgegrenzte Wissenschaft ist, weil alles, was sie untersucht, zur Gattung der Mineralien gehört, so ist dies bei einer Universalwissenschaft nicht der Fall. Die von Albert vorausgesetzte Begründung dieser These geht wiederum auf Aristoteles zurück, der ausdrücklich darauf hinweist, dass es zu Widersprüchen führt, wenn man das, was allen Seienden gemeinsam ist und was Gegenstand der Universalwissenschaft der Metaphysik ist, als eine gemeinsame Gattung verstehen würde, unter die alle Seienden fallen. Das Argument für die Annahme dieses Widerspruchs ist kompliziert, aber philosophiegeschichtlich und, wie die Diskussion bei Albert zeigt, auch theologiegeschichtlich äußerst bedeutsam, weshalb es in den Grundzügen zu erläutern ist.

Es würde zu unlösbaren Schwierigkeiten führen, wollte man den Begriff des Seienden, d.h. die Gemeinsamkeit, die man ausdrücken will, wenn man eine Vielheit von Gegenständen als Seiende bezeichnet, genauso verstehen, wie man z.B. den Begriff der Mineralien versteht, indem man viele Gegenstände als Mineralien begreift und sie damit aufgrund der damit verbundenen Eigenschaften, die allen Mineralien gemeinsam zukommen, implizit z.B. von den Lebewesen unterscheidet. Die Unlösbarkeit wird dadurch offensichtlich, dass man, egal für welche von zwei zur Auswahl stehenden Interpretationsweisen man sich entscheidet, auf ein unlösbares Problem stößt, und damit exakt die Ausweglosigkeit offenbar wird, die man als Aporie bezeichnet.

Der Widerspruch resultiert nämlich daher, dass man in einem Fall annehmen müsste, dass die Gattung durch etwas zu den unter sie fallenden Arten differenziert würde, was bereits in der Gattung enthalten ist, nämlich Seiendes durch Seiendes. Dies scheint aber nicht möglich zu sein, da z.B. die Gattung der Körper nur dadurch zu den belebten und den unbelebten Körpern weiter differenziert werden kann, wenn die Eigenschaft des Belebtseins – gleiches gilt für die Eigenschaft des Unbelebtseins – nicht schon im Körpersein selbst enthalten ist. Körper sind nicht als solche bereits belebt, sondern sind es nur dann, wenn das Leben als etwas Zusätzliches zum Körper hinzutritt. Das Belebtsein muss also als ein zusätzliches Bestimmungsmoment erst hinzu kommen. In diesem Sinne kann das, was Seiendes ist, nicht durch das Bestimmungsmoment ‚Seiendes' weiter differenziert werden, eben weil Seiendes bereits die Kennzeichnung Seiendes zu sein enthält.

Der andere Fall könnte sein, dass die oberste Gattung des Seienden durch etwas weiter unterschieden wird, was selbst nicht in der Gattung ist. Sie würde dann durch etwas differenziert, das zwar nicht in ihr bereits enthalten ist, deshalb aber ein Nicht-Seiendes sein müsste. Hieraus entsteht aber dann das andere Problem, dass etwas, was nicht ist, keine Differenz bewirken kann, eben weil es nicht ist. Beide Annahmen scheiden also aus, weshalb Aristoteles den Schluss zieht, dass das Seiende nicht eine oberste Gattung ist und die Einheit der Wissenschaft vom Seienden, also die Metaphysik, ihre Einheit nicht aus der Einheit einer Gattung beziehen kann.[68]

Aus dieser Aporie, in die die doppelte Annahme führen würde, dass das Seiende eine oberste Gattung ist und die Einheit der Universalwissenschaft aufgrund einer solchen Gattungseinheit besteht, zieht Aristoteles zwei Schlussfolgerungen. In einem ersten Schritt hält er fest, dass die Einheit dessen, was der Begriff ‚Seiendes' meint, einen anderen Charakter als eine bestimmte Gattung haben muss. Daran anschließend zieht er die Konsequenz, dass der Universalwissenschaft auf eine andere Weise ein einheitliches Subjekt zukommen muss, als es durch eine einheitliche Gattung der Fall gewesen wäre. Die Lösung für die Einheit des Begriffs des Seienden und die Metaphysik sieht Aristoteles darin, dass alles Seiende deshalb Seiendes genannt wird, weil es auf die Substanz hin geordnet ist, die in einem besonderen und eigentlichen Sinne Seiendes ist, und dass die Metaphysik alles das, was Seiendes genannt werden kann, unter dem Blickwinkel betrachtet, wie es auf substanzhaftes Seiendes verweist. In der Aneignung durch Albert und in der Anwendung auf die Theologie lautet dieses Argument:

„Daher gilt folgendes: Wenngleich eine Universalwissenschaft ihre Einheit nicht in einer einzigen Gattung hat, so hat sie ihre Einheit doch im Entsprechungsverhältnis auf eine hin, wie die Erste Philosophie, die alle Teile des Seienden

68 Vgl. Aristoteles, Metaph. III c. 3 (998 b17–27).

betrachtet, insofern diese analog auf die Substanz verweisen. Folglich scheint es, dass die Theologie ebenso verfahren müsste. Es ist aber offenkundig, dass das, was in ihr erfragt und behandelt wird, so nicht auf eine einzige Gattung zurückgeführt werden kann. Folglich scheint es, dass sie weder in der Gattung noch im Verhältnis [zur Gattung] eine ist, und so ist sie auf keine Weise eine einzige."[69]

Der Einwand erfolgt also in mehreren Schritten. Zunächst ist festzustellen, dass die philosophische Universalwissenschaft nicht in dem Sinne eine sein kann, dass alle die von ihr betrachteten Gegenstände in eine gemeinsame Gattung fallen. Die Philosophie löst dieses Problem dadurch, dass sie die gesuchte Einheit in der gemeinsamen Ausrichtung auf eine übergeordnete Gattung erblickt. Diese enthält dann zwar nicht alle Gegenstände der philosophischen Universalwissenschaft in sich, wie das hinsichtlich der Gattung der Mineralien und der Einzelwissenschaft der Mineralogie der Fall ist, aber sie bündelt diese Gegenstände im Blick auf eine gemeinsame Ausrichtung. Diese nicht einer Gattung entsprechende Einheit des Seienden verweist auf die Grundbedeutung des Begriffs ‚Sein', der in sehr unterschiedlichen Abwandlungen verwendet wird, wenn man z.B. vom Mensch-Sein, vom Krank-Sein, vom Größer-Sein, vom Rot-Sein, vom Unter-Wasser-Sein oder vom Unfähig-Sein spricht.

2.3.2 Die Theologie als *scientia affectiva*

Dieses Modell, dessen sich die Philosophie bedient, kann für die Theologie in dieser Form aber nicht zutreffen. Dies liegt daran, so lautet das entscheidende Argument Alberts, weil für die Gegenstände der Theologie nicht nur ausgeschlossen ist, dass sie in eine gemeinsame Gattung fallen, sondern auch, dass sie – dem aristotelischen Modell folgend – auf eine solche zurückgeführt werden können. Die Lösung, die Albert vorschlägt, besteht deshalb darin, die Ausrichtung

[69] Inde sic: scientia universalis, licet non uniatur genere uno, unitur tamen proportione ad unum, sicut prima philosophia, quae considerat partes entis omnes, secundum quod per analogiam respiciunt substantiam; ergo videtur quod sic debeat facere ista scientia. Sed patet quod sic ad unum non possunt reduci, quae quaeruntur et tractantur in ea; ergo videtur quod nec genere nec proportione sit una, et ita nullo modo una est. Sent. I d. 1, (Edition und Übersetzung v. Burger, M.), in: AMI, System der Wissenschaften, 386–388.

auf den Einheit stiftenden Gegenstand der Theologie zu modifizieren. Nicht wie in der Wissenschaft vom Seienden die Substanz als Subjekt, d.h. als Träger der akzidentellen Bestimmungen, eine Einheit herstellt, sondern allein in der Ausrichtung auf ein die Glückseligkeit verheißendes Ziel besteht das Gemeinsame, das alle Gegenstände der Theologie verbindet.

„Es ist zu sagen, dass diese Wissenschaft eine einzige im Entsprechungsverhältnis ist, aber nicht auf Eines hin, das das Subjekt der anderen wäre, wie die Substanz das Subjekt der Akzidenzien ist, sondern im Entsprechungsverhältnis auf Eines hin, welches das beseligende Ziel ist. Denn so wird dasjenige, das beseligt werden kann, betrachtet werden, als habe es an diesem Einen teil. Und ebenso sind die Einrichtungen, die beseligen, indem sie vom Gegenteil entfernen, und die Sachen dieser Welt, als helfend und unterstützend, auf das Eine hin geordnet, wie es klar und offenkundig ist im Lombardus-Text aus den Autoritätszitaten des Augustinus."[70]

Die Einheit der Theologie, die sich in dieser Ausrichtung auf das, was Glückseligkeit verspricht, ausdrückt, reicht einerseits aus, das Gemeinsame dessen erkennen zu können, was Gegenstand der Theologie ist – dies ist eben alles, was zur Glückseligkeit beitragen kann –, andererseits ergibt sich hierdurch ein klares Kriterium für eine Abgrenzung der theologischen Gegenstände von den nicht-theologischen. Ohne diese Ausrichtung auf das Glück, das als oberstes Ziel des Menschen zu begreifen ist, ließen sich nämlich kaum die Dinge unterscheiden, die der Theologe untersucht, und die, die etwa der Naturwissenschaftler betrachtet, wenn sie sich jeweils der Schöpfung zuwenden. Insofern die Schöpfung zwar als Mittel der Erkenntnis des Schöpfers und als Gegenstand des Gebrauches, der zur Glückseligkeit fortschreitet, Gegenstand der Theologie sein kann, bedeutet dies deshalb noch keine Kollision mit

[70] Solutio: Dicendum quod haec scientia est una proportione non ad unum quod subiectum sit aliorum, sicut substantia est subiectum accidentium, sed proportione ad unum quod est finis beatificans, quia sic beatificabile considerabitur ut participans illud, et dispositiones beatificantes ut removentes a contrario, et res huius mundi ut adiuvantes et adminiculantes, ut plane patet in littera ex auctoritatibus Augustini. Sent. I d. 1, (Edition und Übersetzung v. Burger, M.), in: AMI, System der Wissenschaften, 388–389.

der Arbeit des Naturwissenschaftlers, weil dieser seine Gegenstände eben nicht unter dem Aspekt des Beglückens oder der Zielvorgabe des Genießens betrachtet.[71]

Was Albert mit dieser Deutung erreicht, ist, dass die Theologie durchaus als Universalwissenschaft begriffen werden kann, ohne allerdings deshalb Überschneidungen mit der philosophischen Universalwissenschaft, der Metaphysik, heraufzubeschwören, was ihre Eigentümlichkeit gefährden würde. Dieses Konzept – relationale Einheit statt Gattungsgemeinsamkeit – wirkt sich bei Albert konsequent aus, insofern sich nun die Frage anschließt, welche weitergehende Charakterisierung sich für die Theologie, wenn man nach ihrem eigentlichen Gegenstand fragt, aus ihrer Ausrichtung auf das beseligende Ziel, nämlich Gott, ergibt. Insofern ein Ziel für denjenigen, der es erstrebt, immer auch ein Gut ist – sonst wäre die Rede vom Streben sinnlos –, scheint die Vermutung nahe zu liegen, die Theologie sei eine praktische und keine spekulative, also keine nur betrachtende Wissenschaft, weil das, was sie sucht, ein zu erstrebendes Gut ist.

Albert nimmt den Impuls dieser Vermutung auf, modifiziert ihn aber wiederum in einer Weise, die die Eigentümlichkeit der Theologie, in diesem Fall in Abgrenzung zur philosophischen Ethik, hervortreten lässt. Die Theologie ist für Albert keine praktische, sondern eine affektive Wissenschaft, die einerseits – wie eine spekulative – auf das Wahre ausgerichtet ist, die aber andererseits dieses als Grund des Guten erkennt und es deshalb – in Analogie zur praktischen Wissenschaft – erstrebt. Das, womit der Theologe es zu tun hat, hat von sich her eine Bewandtnis, die diese Wissenschaft genuin thematisiert. Dass die Theologie eine affektive Wissenschaft ist, meint also keineswegs, dass hier eine wie auch immer verstandene subjektive Sentimentalität im Spiel wäre, sondern dass die Gegenstände der Theologie von sich her etwas für den Betrachter bedeuten und in diesem Sinne eine sich eben auch affektiv manifestierende Bewandtnis haben. Diese Koinzidenz, die Albert mit dem Begriff einer affektiven Wissenschaft als Synthese von Betrachten und Erstreben zum Ausdruck bringt, ist allein der Theologie vor-

71 Vgl. Sent. I d. 1, (Edition und Übersetzung v. Burger, M.), in: AMI, System der Wissenschaften, 388–389.

behalten. Denn allein ihr Gegenstand, nämlich Gott, hebt die in der geschaffenen Natur nicht zu überwindende Trennung von Theorie und Handlungswissen auf.[72]

Ohne dass sich Albert in diesem Kontext explizit dazu äußert, mag er die in der aristotelischen Ethik vorhandene Spannung im Blick gehabt haben, die dort in der Diskussion um die vollkommene Lebensweise zum Ausdruck kommt. Denn letztlich vermag Aristoteles sich nicht zwischen einem Streben nach einer praxisfernen, reinen Theorie und dem weltzugewandten, praktisch orientierten Dasein in der griechischen Polis als der besten Lebensform zu entscheiden. Das Proprium der Theologie liegt in dieser Hinsicht für Albert darin, dass die Theologie diese Spannung, die von der Philosophie nicht zu lösen ist, zu überwinden vermag. Dass der affektive Charakter der Theologie es ihr erlaubt, die Kennzeichnungen des Praktischen und des Theoretischen aufzunehmen und damit zwei Aspekte zu integrieren, zeigt sich auch darin – wie Albert die wissenschaftstheoretische Reflexion der Theologie abschließt –, dass sie eine zweifache Methode verfolgt. Sie verfährt nämlich sowohl ermahnend und damit in praktischer Hinsicht zielorientiert, als auch widerlegend, nämlich in dem Sinne, dass sie ihren Wahrheitsanspruch durch Entgegnung auf falsche Lehren behauptet.[73] Gerade der letzte Aspekt dürfte für den Dominikaner Albert in der Auseinandersetzung des Ordens mit den drohenden Häresien von erheblicher Bedeutung sein.

Betrachtet man die geschilderte Diskussion rückblickend, so wird deutlich, dass Albert nicht nur den Status der Theologie als Wissenschaft betont, sondern dass es ihm – in einem weitaus größeren Maße als etwa der *Summa Halensis* – vor allem darum geht, den Ort der Theologie neben den anderen wissenschaftlichen Disziplinen zu bestimmen. Um diese Aufgabe zu erfüllen, ist es nicht ausreichend, allein den spezifischen Gegenstand der Theologie herauszuarbeiten, sondern es bedarf der weitergehenden Reflexion darüber, wie sich hinsichtlich dieses Gegenstandes die Einheit der Wissenschaft und der ihr eigenen

72 Vgl. Sent. I d. 1, (Edition und Übersetzung v. Burger, M.), in: AMI, System der Wissenschaften, 390–395. Hierzu Lehmann, Zum Begriff der Theologie, 5–16.

73 Vgl. Sent. I d. 1, (Edition und Übersetzung v. Burger, M.), in: AMI, System der Wissenschaften, 394–397.

Methode und damit deren Abgrenzung vor allem gegenüber der Philosophie darstellt. Mit Blick auf die eingangs anhand der Pariser Predigten von 1231 verdeutlichte Skepsis der Theologen, von der Philosophie vereinnahmt und um das Proprium des Theologischen betrogen zu werden, erweist sich Alberts wissenschaftstheoretischer Entwurf zu Beginn seines Sentenzenkommentars als der Versuch, durch eine reflektierte Grenzziehung ein Zuordnungsverhältnis der Disziplinen zu entwerfen, das das Spezifische eines jeden Faches und der dazugehörigen Methoden herauszustellen und zu wahren sucht.

2.4 Theologische Fragen und philosophisches Instrumentarium

Wissenschaftstheoretische Debatten können kein vollständiges Bild der in einer Wissenschaft konkret verhandelten Probleme und Lösungen geben. Aus diesem Grund ist es lohnend, an einem Beispiel, das Albert u.a. ausführlich im Sentenzenkommentar diskutiert, zu zeigen, welche Konsequenzen sich für Theologie und Philosophie aus der von Albert entwickelten Standortbestimmung ergeben. Als Gegenstand für diesen „Praxistest“ mag die für die christliche Theologie zentrale Transsubstantiationslehre dienen.[74] Die Leitfrage wird sein, wie sich hinsichtlich dieser Theorie philosophische und theologische Argumente und Begriffe zueinander verhalten.

2.4.1 Die Lehre von der Transsubstantiation

Die Lehre von der Transsubstantiation besagt, dass im Sakrament der Eucharistie im Anschluss an die Einsetzungsworte des Priesters Brot und Wein in den Leib und das Blut Christi verwandelt werden. Was sich wandelt, ist die Substanz von Brot und Wein, wobei die äußeren Erscheinungsformen, die Brot und Wein zukommen, erhalten bleiben, denn das Aussehen und der Geruch, sowie alle offensichtlichen Erscheinungsformen, bleiben dieselben wie zuvor. Der Terminus ‚Transsubs-

[74] Zur Diskussion diese Lehre in den verschiedenen Schriften Alberts vgl. Vijgen, Eucharistic Accidents, 108–151.

tantiation' bringt genau dies zum Ausdruck, insofern er das eucharistische Geschehen als eine Veränderung der Substanz deutet, während die akzidentellen Eigenschaften des ursprünglichen Brotes und des Weines unverändert bleiben. Doch diese Deutung hat eine ebenso weit hinter Albert zurückreichende wie problematische Geschichte.[75] Albert nennt es die schwerwiegendste Frage, wie die äußeren Eigenschaften, also das, was Aristoteles die Akzidenzien nennt, ohne das zugrunde liegende Subjekt, nämlich ohne die nicht mehr vorhandene Substanz von Brot und Wein existieren sollen.[76] Wie können Aussehen, Geruch und Geschmack von Wein und Brot ohne die Substanz, als deren Eigenschaften sie überhaupt nur existieren, fortbestehen, wenn sie selbst keine selbstständigen Dinge sind? Wie können bestimmte Tätigkeiten von Brot und Wein, wie Sättigen, oder Reaktionsformen, wie Verfaulen, fortgeführt werden, wenn es sich der Substanz nach nicht mehr um Brot und Wein handelt? Wenn es keinen selbstständig existierenden Träger für die Akzidenzien gibt, können auch diese nicht existieren, weshalb es philosophisch nicht einsichtig ist, dass sich die Substanz von Wein und Brot allein gewandelt haben soll.[77]

Immerhin erwägt Albert insgesamt bei der Behandlung dieser Frage unabhängig von seiner eigenen Antwort 25 Pro- und 13 Contra-Argumente.[78] Gleich das erste Argument zeigt das zentrale Problem auf, das sich aus der Übernahme der von Aristoteles geprägten Ontologie ergibt. Denn wenn – wie Aristoteles sagt – die Art und Weise, wie Akzidenzien sind, darin besteht, dass sie einem anderen innewohnen (*inesse*), also in diesem Fall ‚Sein' immer ‚Darinsein' meint, dann lassen sich die Akzidenzien nicht von dem loslösen, dem sie als ihrem Träger, nämlich ihrem Subjekt, innewohnen.[79] Es ist bezeichnend, dass Albert

75 Vgl. Jorissen, Transsubstantiationslehre.

76 Haec est quaestio gravissima de accidentibus, quia dicit accidentia hic esse sine subiecto. Sent. IV d. 12 a. 16, 323a.

77 Vgl. Sent. IV d. 12 a. 16, 325a.

78 Insgesamt zur Position Alberts vgl. Jorissen, Theologische Rezeption des Aristoteles, Vijgen, Eucharistic Accidents, 108–151, insbes. 117–126.

79 Primo sic: Esse non potest separari ab ente, quia sequeretur contradictio, scilicet ens quod est, non esse, sed accidens est ens quoddam, ergo suum esse non est separabile ab illo. Sed suum esse, ut dicit Philosophus, est inesse, ergo inesse non est actu ab ipso separabile, sed si inest, non inest nisi subiecto, ergo actu non potest separari a subiecto et ita non erit hic sine subiecto. Sent. IV d. 12 a. 16, 323b.

gleich zu Beginn dieses rein philosophische Argument anführt, dessen Gewährsmann der Heide Aristoteles mit seiner Lehre vom Sein der Substanzen und der Akzidenzien ist.

Aber nicht nur Einwände aufgrund der abstrakten Ontologie des Aristoteles spielen eine Rolle, auch ganz handfeste Bedenken, die sich für den Naturforscher Albert ergeben, werden ins Feld geführt, etwa wenn er auf die Anwesenheit von Würmern beim Fäulnis- oder Verwesungsprozess hinweist, der auch nach der Wandlung von Wein und Brot erfahrbar von statten geht.

„Es steht nämlich fest, dass in jenen im Sakrament Erscheinenden, was auch immer es sei, wenn es verfault, Würmer hervorgebracht werden; ein Wurm aber kann nicht materiell aus einem bloßen Akzidenz hervorgebracht werden. Also ist es notwendig dort eine Substanz anzunehmen, die, wenn sie verfault ist, in einen Wurm verwandelt wird.“[80]

Was auch immer nach der Wandlung auf dem Altar liegt, es wird im Laufe der Zeit verfaulen und – wie Albert aus vielen Beobachtungen weiß – Würmer und Larven hervorbringen. Woher kommen aber diese Würmer, wenn nicht aus einer Substanz, die den äußeren Akzidenzien zugrunde liegt? Aus den Akzidenzien allein kann kein Wurm hervorgehen, denn das bloße Aussehen oder allein der Geruch können dies nicht bewirken. Es bleibt allein die Annahme einer zugrunde liegenden Substanz, die im Fäulnisvorgang auch die Begleiterscheinung von entstehenden Würmern oder Larven verursachen kann.

Man mag sich unabhängig von den Einzelheiten dieser Argumente wundern, warum überhaupt rein ontologische oder aus der Beobachtung der materiellen Natur gewonnene Einwände in der Sakramententheologie Alberts eine solche Rolle spielen und nicht durch eine grundsätzliche Kritik an einer wie auch immer gearteten philosophischen Einmischung beantwortet werden. Genau diesen Gedanken formuliert Albert dann auch als eines der Contra-Argumente, wenn es dort heißt:

[80] Constat enim quia putrefactis illis, quae apparent in sacramento, quaecumque etiam illa sint, generantur inde vermes, vermis autem ex accidente puro materialiter generari non potest, ergo oportet aliquam substantiam ibi ponere, quae putrefacta convertatur in vermen. Sent. IV d. 12 a. 16, 326b.

„Wir sehen doch, dass das, was die Vernunft übersteigt, wie die Glaubensartikel, nur durch etwas anderes bewiesen werden kann, das die Vernunft übersteigt, so wie die [Glaubens]artikel durch das Geschehen der Wunder. Weil also vieles in diesem Sakrament, das auch Sakrament des Glaubens genannt wird, die Vernunft übersteigt, scheint es die Übereinstimmung zu fordern, dass etwas darin das Subjekt für die Sinneswahrnehmung ist, das die Vernunft übersteigt. Das kann aber nur sein, insofern die sinnlich wahrnehmbaren Akzidenzien dort ohne Subjekt sind. Also mussten in diesem Sakrament die Akzidenzien ohne Subjekt zurückbleiben."[81]

Liegt es nicht gerade aufgrund der klaren Trennung von Theologie und Philosophie, wie Albert sie durchweg lehrt, nahe, auf unterschiedliche Kompetenzbereiche zu verweisen und die Transsubstantiation durch den Hinweis auf das Sakrament des Glaubens und das übernatürliche Wunderwirken von jedem Einspruch der natürlichen Vernunft fernzuhalten? Die Antwort Alberts ist differenziert. Zunächst ist er sich wohl bewusst, dass es sich bei dieser Frage um einen Gegenstand des Glaubens handelt, weshalb im Folgenden der Philosophie nur insoweit zu folgen ist, wie dies unter Wahrung des Glaubens, *salva fide*, der Fall sein kann.[82] Aber auch, wenn die Transsubstantiation nicht philosophisch erklärt werden kann, scheint es doch für Albert eine notwendige Forderung zu sein, die Möglichkeit dieses Geschehens innerhalb einer philosophischen Denkweise aufzuzeigen. Aus diesem Grund ist zunächst der zentrale Einwand zu beseitigen, der sich aufgrund der aristotelischen Ontologie gegen das Dasein substanzloser Akzidenzien ergibt. Albert verfolgt eine Doppelstrategie, um dies zu tun. Zunächst betont er die Möglichkeit, dass die Akzidenzien von Brot und Wein nicht unmittelbar der Substanz innewohnen, sondern

[81] Nos videmus quod ea quae sunt supra rationem, sicut articuli fidei, non possunt probari nisi per aliud quod est supra rationem, sicut articuli probati sunt per operationem miraculorum. Cum igitur multa in hoc sacramento, quod et dicitur sacramentum fidei, sint supra rationem, videtur quod congruentia exigit, quod aliquid sit in ipso subiectum sensui quod sit supra rationem. Hoc autem non potest esse nisi quod accidentia sensibilia sint ibi sine subiecto. Ergo accidentia debuerunt in hoc sacramento sine subiecto remanere. Sent. IV d. 12 a. 16, 327a.

[82] [R]espondendum est obiectis per ordinem, tenendo quidem fidem, sed philosophiam non sequentes nisi quantum possumus salva fide. Sent. IV d. 12 a. 16, 328a.

als nähere Bestimmungen der Quantität zu denken sind.[83] Der Quantität, die von Aristoteles als erste der akzidentellen Bestimmungen einer Substanz verstanden wird, wohnen die übrigen Akzidenzien inne, so dass sie hier einen natürlichen Ort haben, ohne dass man notwendig die Substanz zugrunde legen müsste. In der Quantität, die vom Transsubstantiationsgeschehen nicht betroffen ist, können die akzidentellen Eigenschaften von Brot und Wein bestehen bleiben, denn wenn man diese Akzidenzien allein ihrem Wesen nach (*esse essentiae*) betrachtet, ist damit nicht notwendig die aktuelle Existenz in einem Subjekt und damit in der Substanz, sondern allein ein Sein der Quantität angenommen.[84]

Der Gedanke, der hier im Hintergrund steht, wird in einem Argument, das Albert etwas später unter Berufung auf die arabische Philosophie anführt, deutlicher. Demnach kann man mit Avicenna das Sein der Akzidenzien absolut betrachten, also dem bloßen Begriffsgehalt nach denken. Legt man in diesem Sinne eine Deutung der Akzidenzien zugrunde, die diese nur hinsichtlich des reinen Begriffs, also ihrer bloßen Definition gemäß betrachtet und nicht ein konkret existierendes Akzidenz ins Auge fasst, so ergibt sich die Möglichkeit, Akzidenzien losgelöst von der Tatsache zu betrachten, dass sie aktuell nur als Bestimmungen eines substanziellen Trägers vorkommen. Dass dies in der Wirklichkeit immer der Fall ist, spricht nicht dagegen – so das Argument –, dass man sich nicht auch ohne Bezug zur Substanz akzidentelle Eigenschaften denken kann, die eine eigentümliche Bestimmung, nämlich eine sie auszeichnende Qualität besitzen. So ist ein bestimmter süß-säuerlicher Geruch vorstellbar, ohne dass man ihn ausdrücklich als Eigenschaft des Weines oder einer anderen Substanz denken müsste. Philosophisch kann man damit die Voraussetzung, die die Transsubstantiation macht, nämlich eine Aufhebung der Substanz bei Verbleiben der Akzidenzien, zumindest der Möglichkeit nach denken, ohne dass die natürliche Vernunft diesen Vorgang ausreichend erklären könnte.[85] Entschei-

83 Zu diesem Aspekt von Alberts Argumentations vgl. Jorissen, Theologische Rezeption des Aristoteles, 12–13.

84 Vgl. Sent. IV d. 12 a. 16, 328b–329a.

85 Ad aliud dicendum, quod haec propositio 'Non erit ens per accidens nisi sit ens per se' non sic intelligitur, quod essentia accidentis non sit nisi sit

dend ist aber, dass der philosophische Vorwurf der Unmöglichkeit beseitigt werden kann, weil ein offensichtlicher Widerspruch weder theologisch zu rechtfertigen noch philosophisch zu dulden wäre.

Ebenso wie Albert die Möglichkeit des Denkbaren einfordert, um an der Einheit der Vernunft festhalten zu können, so ist er auch nicht bereit, die häufig gemachte Erfahrung in Abrede zu stellen, dass ein Verfaulen der in großer Menge vorhandenen konsekrierten Hostien stattfindet und entsprechende Würmer und Larven hervorbringt. Denn es gibt zwar Leute, „*die behaupten, dass nichts jemals aus einer solchen Fäulnis hervorgebracht wird, aber das ist gegen das, was wir oft gesehen haben, besonders wenn wir eine große Menge [Brot] konsekriert haben.*“[86] Auch ohne die zugrunde liegende Substanz von Brot und Wein findet ein Verfaulen der wesensspezifischen Erscheinungsformen (*species*), die uns auf dem Altar auch nach der Wandlung begegnen, statt, so dass der Hervorbringung von Würmern nichts im Wege steht.

Das, was man in diesem Zusammenhang die Einheit der Vernunft nennen kann, kommt darin zum Ausdruck, dass Albert zwar einerseits einräumt, dass für das Verständnis der Wandlung ebenso wie bei allen anderen Glaubensartikeln die natürliche Vernunft überschritten werden muss, aber andererseits die Inhalte der Sakramente und der Glaubensartikel der Vernunft nicht entgegengesetzt sein können. Ausdrücklich betont Albert diesen Doppelaspekt eines Überstiegs über die Vernunft einerseits und der nicht zur Disposition stehenden Widerspruchsfreiheit gegenüber der Vernunft andererseits:

> „*Ohne Zweifel gibt es in diesem Sakrament und in allen Glaubensartikeln vieles, was die Vernunft übersteigt, doch ist nichts darin, was der Vernunft entgegensteht, weil Gott sonst bereits im Widerspruch zu sich selbst stünde, wenn er uns die Vernunft gegeben hätte und im Sakrament gegen das Urteil der Vernunft handelte.*“[87]

essentia subiecti in quo fundetur, quia hoc falsum est, cum expresse dicat Avicenna quod accidens est cuius esse est absoluti intellectus et est dependens ad subiectum, sed intelligitur, quod omne per accidens reducitur ad aliquid per se, quod est ante illud, et hoc verum est et hoc modo nihil valet ad propositum concludendum. Sent. IV d. 12 a. 16, 330b.

86 Quidam autem dicunt, quod nihil umquam generatur ex tali putrefactione, sed hoc est contra hoc quod frequenter videmus, praecipue si in magna quantitate consecraremus. Sent. IV d. 12 a. 16, 331b.

87 Dicendum quod absque dubio in hoc sacramento et in omnibus aliis ar-

Albert hielte es geradezu für einen Selbstwiderspruch Gottes, würde dieser in den Sakramenten im Gegensatz zu den Urteilen der Vernunft handeln, die er uns als Menschen geschenkt hat. Die natürliche Vernunft des Menschen mag in diesem Sinne in bestimmten Bereichen überfordert sein, doch ist sie stets gefordert, soweit dies möglich ist, das göttliche Wirken zu begreifen. Ontologische Grundsatzannahmen sind durch das sakramentale Geschehen und die Glaubensartikel ebenso wenig zu suspendieren, wie alltägliche Erfahrungen und deren vermeintliche Ursachen; dies gilt selbst dann, wenn es sich um die Hervorbringung von Würmern im Fäulnisprozess handelt.

ticulis fidei multa sunt supra rationem, et nihil est in eis contra rationem, quia iam Deus esset sibi contrarius, si nobis rationem dedisset, et in sacramentis contra dictamen rationis ageret. Sent. IV d. 10 a. 9, 261b.

3 Das Kölner Studium Generale

Offensichtlich stößt die Lehre, die Albert während seiner Tätigkeit an der Pariser Universität entwirft, und die nicht zuletzt in den programmatischen Äußerungen seines Sentenzenkommentars Ausdruck findet, bei den maßgeblichen Organen seines Ordens auf offene Ohren. Anders als durch den Ruf, den er sich als Lehrer in Paris erworben hat, ist es kaum zu erklären, warum die Ordensleitung ausgerechnet ihn wahrscheinlich noch im Jahr 1248 mit einem besonderen Auftrag nach Köln schickt, also in die Stadt, in der er selbst vermutlich sein Noviziat und einen Teil seines Studiums absolviert hat.

Es ist nicht beweisbar, fügt sich aber zu dem, was man weiß, dass Albert eben zu dem Zeitpunkt nach Köln kommt, als man dort tiefe Gruben aushebt, um die Fundamente für den Neubau des Kölner Doms zu legen, mit dessen Grundsteinlegung man am 15. August 1248 beginnt. In einem Jahre später verfassten Text berichtet Albert von einem Ereignis, das möglicherweise von Bodenbelägen erzählt, die den heute bekannten Dionysios-Mosaiken vergleichbar sind, die man in unmittelbarer Nähe des heutigen Doms gefunden hat und die möglicherweise damals bereits freigelegt wurden.

„Wir haben in Köln sehr tiefe Gruben entstehen sehen. Auf ihrem Grunde wurden Steinfußböden von wunderbarer Gestaltung und Schönheit gefunden. Offenkundig haben Menschen in sehr alter Zeit diese dort angelegt, und nach dem Einsturz der Gebäude hat sich Erde darüber zusammengehäuft.“[88]

Ist der unmittelbare Zusammenhang dieses Ereignisses mit der Reise von Paris nach Köln ungewiss, so steht immerhin fest, wer Alberts Begleiter war und was sich in seinem Gepäck befand. Als sicher gilt, dass Albert bereits in Paris einen besonders begabten und später selbst berühmten Schüler hat, nämlich seinen Ordensbruder Thomas von Aquin, der schließlich zu Alberts Assistenten wird. Thomas, der Albert von Paris nach Köln begleitet, unterstützt seinen Lehrer zunächst

[88] Quia et nos in Colonia vidimus altissimas fieri foveas, et in fundo illarum inventa sunt paramenta mirabilis schematis et decoris, quae constat ibi homines antiquitus fecisse et congestam fuisse terram super ea post ruinas aedificiorum. De causis proprietatum I t. 2 c. 3, 67, 22–26.

bei der Umsetzung eines neuen Projektes, nämlich der Kommentierung des gesamten Werkes des Dionysius Pseudo-Areopagita.

Dieser in der zweiten Hälfte des fünften nachchristlichen Jahrhunderts lebende Dionysius stilisiert sich selbst in seinen Schriften als der vom Apostel Paulus bekehrte Beisitzer aus dem Rat der Athener, der vom Versammlungsort her Areopag genannt wird. Der Beiname „Areopagita", der mit dem Namen des Dionysius verbunden wird, ist also ein Pseudonym, das auf die Selbstinszenierung des Autors Dionysius zurückgeht. Durch diese fiktive Verknüpfung mit der Person des Paulus und bestärkt durch die im 9. Jh. von Abt Hilduin in seiner *Vita S. Dionysii* vorgenommene Identifizierung mit dem ersten Bischof von Paris und Märtyrer St. Dionysius,[89] der in der Abtei Saint-Denis bei Paris seine Grabstätte gefunden haben soll, widerfährt seinen Schriften während des Mittelalters eine Wertschätzung, die ansonsten nur den Kirchenvätern und der *Heiligen Schrift* selbst zuteil wird.

Neben seinem in Teilen noch unvollendeten Sentenzenkommentar wird Albert wohl ein Exemplar des Pariser *Corpus Dionysiacum* mit den Schriften zur *Kirchlichen* und zur *Himmlischen Hierarchie*, *Über die Göttlichen Namen* sowie der *Mystischen Theologie* und die weiteren neun *Briefe* des Dionysius bei sich gehabt haben. Dass er bereits Entwürfe seines Kommentars in Paris verfasst und mit nach Köln gebracht hat, kann als unwahrscheinlich gelten. Die Annahme eines frühen Beginns des Dionysius-Projektes in Paris ist als fragwürdig anzusehen, da aufgrund der Identifizierung des Codex, den Albert offensichtlich als Textgrundlage benutzt und der sich nachweislich in Köln befand und auch heute noch befindet, Köln als Abfassungsort seiner Kommentare nahe liegt.[90] Die von seinem Assistenten Thomas von Aquin eigenhändig vorgenommenen Einträge in den Kölner Codex 30 der Erzbischöflichen Diözesan- und Dombibliothek legen nahe, dass Albert seinen Kommentar zum *Corpus Dionysiacum* erst in Köln beginnt und sich bei dieser Arbeit von seinem Assistenten unterstützen lässt. Offensichtlich veranlasst Albert Thomas, die in Codex 30 vorliegende lateinische Übersetzung des ursprünglich

89 Vgl. Suchla, Dionysius Areopagita, 15–18 u. 74–76.

90 Zur Identifizierung des Codex, den Einträgen des Thomas und zur Datierung von Alberts Dionysius-Kommentierung in die Kölner Zeit vgl. Burger, Codex 30.

griechisch geschriebenen Textes des Dionysius mit anderen Übersetzungen abzugleichen und auf die Unterschiede hinzuweisen. Entsprechende Anmerkungen von der Hand des Thomas lassen sich im Kölner Codex nachweisen.

Außer den Büchern und dem Plan zu einem umfangreichen Kommentierungsprojekt hat Albert aber möglicherweise auch eine ganz besondere Kostbarkeit in seinem Gepäck, ein Stück des heiligen Kreuzes und einen Dorn aus der Krone Christi. Selbstverständlich lässt sich diese Annahme nicht beweisen, allerdings fügt sie sich zu den bekannten Umständen. Diese Reliquien, die König Ludwig IX., der Heilige, 1238 erworben hat, werden Albert nach einem Bericht des 15. Jhs. vom französischen König in Paris zum Geschenk gemacht, was aufgrund der Nähe König Ludwigs zu den dominikanischen Gelehrten und der Namensgebung des Kölner Konventes keineswegs ausgeschlossen scheint. Albert und Ludwig verlassen Paris annähernd zeitgleich, der eine auf dem Weg nach Köln, der andere, um sich auf den Kreuzzug zu begeben. Albert bringt die Reliquien mit nach Köln und schenkt sie seinerseits bei seiner Ankunft dem Dominikanerkonvent, der zu diesem Zeitpunkt schon längst *Conventus S. Crucis* – Heilig Kreuz – heißt, wo sie mit vielen anderen Reliquien ausgestellt werden.[91]

Neben diesen Kostbarkeiten hat Albert einen Auftrag im Gepäck, der ihm wohl auf den Leib geschnitten ist. Durch das rasche Wachstum des Ordens und den damit verbundenen Ausbildungsbedarf bedingt reichen die Kapazitäten, die für die Schulung des Predigernachwuchses in Paris zur Verfügung stehen, bei weitem nicht mehr aus. Als Konsequenz beschließt der Orden 1248, zunächst in den vier großen Provinzen außerhalb der Francia jeweils ein Generalstudium zu gründen, also eine Ausbildungsstätte, die den Studenten aus der ganzen Ordensprovinz und nicht nur denen eines bestimmten Konventes offen steht und die in diesem Sinne „*generale*" genannt wird. Die in Verbindung mit einer Universität stehenden Generalstudien, wie in Paris und später auch in anderen Städten, konnten zudem eine umfassende Lehrbefugnis, *licentia docendi*, verleihen, die zu einer

91 Vgl. Vita brevis et compendiosa domini Alberti Magni, c. 17, in: von Loe, De vita et scriptis I, 257–284, 277–278. Vgl. hierzu Legner, Kölner Heilige, 252–253.

Lehrtätigkeit an beliebigen Orten berechtigt.[92] Zudem gehört nach dem Zeugnis des Heinrich von Segusia aus den 60er Jahren des 13. Jhs. zu einem Generalstudium die Universalität der Lehrgegenstände, die Heinrich mit den Sieben freien Künsten, der Theologie und dem Kirchenrecht gleichsetzt: „*[Ein Studium] wird ‚generale' genannt, wenn dort das Trivium oder das Quadrivium, die Theologie und das Kirchenrecht gelehrt werden.*"[93] In diesem Sinne kann man von einer Universalität der Lehrenden, der Lernenden und des Gelehrten als Kennzeichen des Generalstudiums sprechen.[94]

Innerhalb der Provinz der Teutonia wird die damals größte Stadt, nämlich Köln, als Standort für die deutsche Gründung eines Generalstudiums ausersehen. Ohne dass ein ausdrückliches Sendschreiben überliefert ist, steht fest, dass Albert von seinem Orden nach Köln geschickt wird, um dort als Gründungsregens die Leitung des Studium Generale zu übernehmen. Ein festes Studienprogramm, wie man es in Paris hatte, gibt es zu diesem Zeitpunkt für das Kölner Generalstudium nicht, so dass Albert bei der Festlegung der Lehrinhalte weitgehende Freiheiten gehabt haben dürfte.

Die Organisation des Studienbetriebs im Kölner Generalstudium durch Albert hat offensichtlich die Erwartungen des Ordens erfüllt. Denn rund zehn Jahre nach den Anfängen im Kölner Studium erlässt das Generalkapitel des Ordens, das 1259 in Valenciennes stattfindet, eine Studienordnung, an deren Ausarbeitung neben Thomas von Aquin und anderen Gelehrten auch Albert beteiligt ist. Die einzelnen Vorschriften dieser Studienordnung lassen noch einmal die besondere Bedeutung hervortreten, die der Orden dem Studium beimisst.[95] So sollen die streng bestraft werden, die sich vom Unterricht fern halten; auch der jeweilige Prior und die nicht mit dem eigenen Unterricht beschäftigten Lehrer sollen dem Unterricht

92 Zum historischen Hintergrund des Generalstudiums und den Quellen vgl. Senner, Albertus als Gründungsregens; Senner, Blühende Gelehrsamkeit, 7–10.

93 Et dicitur generale quando trivium vel quadrivium, theologia et sacri canones ibidem leguntur. Heinrich von Segusia, Lectura super libris Decretalium III (Ed. Straßburg 1512), f. 13ra.

94 Zum Begriff des Studium Generale vgl. Weisheipl, Thomas von Aquin, 149–154.

95 Vgl. Acta capitulorum, 99–100.

beiwohnen, zumal die Beteiligung der Lehrkräfte an den Disputationen besonders wichtig ist. Damit dies auch alles möglich ist, soll schließlich auch dafür Sorge getragen werden, dass der zeitliche Freiraum besteht, indem sogar die Feier der Heiligen Messe und ähnliche Anlässe nicht mit der Vorlesungszeit kollidieren dürfen; schließlich sollen die Besuche der Stadt zu dieser Zeit unterbleiben, wenn diese nicht gerade von größter Wichtigkeit sind. Aber nicht nur die Bedeutung des Unterrichts für den Orden findet in dieser Studienordnung Ausdruck, sondern auch Alltäglichkeiten werden geregelt, wie die, dass die Studenten nur die Bücher mit in den Unterricht bringen sollen, die hierfür nötig sind, während andere gar nicht erst mitzuführen sind. Offensichtlich sind die Verfasser dieser Studienordnung durchaus auf die gängige Praxis bezogen und durch eine langjährige Erfahrung im Umgang mit den Studenten geschult, so dass sie deren Neigung und Methoden kennen, sich auch im praedigitalen Zeitalter ablenken zu lassen.

3.1 Kommentierung des *Corpus Dionysiacum*

In Köln angekommen, beginnt Albert offensichtlich unmittelbar damit, Vorlesungen über die Werke zu halten, deren Kommentierung er sich vorgenommen hat, nämlich über die Schriften des Dionysius Pseudo-Areopagita, das so genannte *Corpus Dionysiacum*.[96] Dies geschieht, noch bevor Albert das erste Werk des Aristoteles kommentiert.[97] Eine direkte Niederschrift von Alberts Kommentaren zum Werk des Dionysius fertigt sein damaliger Assistent Thomas von Aquin an, in dessen Besitz der so entstandene Codex zunächst verbleibt, der sich heute in der Nationalbibliothek in Neapel befin-

[96] Zu Alberts Dionysius-Kommentierung im Allgmeinen und zu seinem Kommentar zur Mystischen Theologie im Besonderen vgl. Burger, Über die mystische Theologie. Burger vermutet die im *Corpus Dionysiacum* entfaltete Lehre vom Guten, die Albert als Hintergrund der Auseinandersetzung mit den dualistisch argumentierenden Häresien seiner Zeit besonders interessiert, als ein Motiv, das Albert zur Auseinandersetzung mit Dionysius geführt haben könnte, vgl. ebd. 21–22.

[97] Vgl. Kübel, W., Prolegomena, Super Ethica, V–VI.

det.[98] Da Albert in Köln durch keinen Lehrplan gebunden und durch keinerlei Vorbilder dazu angehalten ist, ausgerechnet diese Schriften zum Gegenstand des Unterrichtes zu machen, stellt sich die Frage, was ihn dazu veranlasst. Albert ist nicht nur der erste, der in dieser Ausführlichkeit die Schriften des Dionysius zum Gegenstand des Unterrichts macht, sondern er ist auch der erste, der das vollständige Werk die Dionysius eingehend kommentiert. Gerade wenn es sich aus Alberts Sicht in Köln „um eine geradezu unglaubliche Manifestation von Autonomie, um eine radikale Lossagung von der altehrwürdigen Tradition [handelt], in der die Ausbildung der Theologen von den beiden festen Säulen der Vätersprüche und des Wortes Gottes getragen wurde"[99] – wie Loris Sturlese mutmaßt –, so stellt sich um so dringlicher die Frage, warum Albert seine Kölner Lehrtätigkeit mit der Kommentierung des Dionysius beginnt und nicht gleich die von Sturlese proklamierte „Wende" vollzieht, indem er sich unmittelbar dem Werk des Aristoteles zuwendet.

Verzichtet man bei der Beantwortung dieser Frage auf mehr oder weniger spekulative Annahmen über Alberts Motive, so bleibt allein die Möglichkeit, auf die Inhalte der Schriften selbst zu rekurrieren. Zweifelsohne sind die Werke des Dionysius und die darin entwickelte Form der ‚Theologie' von deutlich anderer Art als die systematische Theologie, die Albert in seinem Sentenzenkommentar entfaltet. Programmatisch wird diese Differenz im Titel des letzten der vier Werke des Dionysius, das *Mystische Theologie* (*Mystica theologia*) genannt wird. Ein durchgängiges Motiv der Schriften des Dionysius ist tatsächlich die Reflexion auf die Besonderheiten des Sprechens und der Lehre von Gott, wobei hierbei die Differenz eines sich der natürlichen Mittel bedienenden Sprechens von dem übernatürlich, durch Gnade gestärkten Reden ausschlaggebend ist.[100] Die in den Schriften des Dionysius in den Blick genommene Theologie setzt sich ausdrücklich von der Form einer auf Rationalisierung und propositionalen Ausdruck angelegten Lehre von Gott ab, wie sie etwa in der systematischen Theologie vorliegt, die Albert in seiner Pariser Zeit entwickelt und die sich auch in seinem Sentenzenkommentar

[98] Vgl. Burger, Kritische Anfragen, 298.
[99] Sturlese, Dt. Philosophie im MA, 334.
[100] Vgl. Hoye, Mystische Theologie.

widerspiegelt. Gleiches gilt auch für die im Anschluss an Dionysius entwickelte Theologie im Verhältnis zur Philosophie.[101] Selbstverständlich behandelt auch der Sentenzenkommentar Aspekte, die der Mystik zuzurechnen sind, doch ist das wissenschaftstheoretische Programm, das Albert zu Beginn des Kommentars entwirft, auf eine wissenschaftlich-diskursiv verfahrende Theologie angelegt, die ein anderes Vorgehen verfolgt als die Mystik. Legt man die Prinzipien in Gestalt der Glaubensartikel zugrunde, verfährt die systematische Theologie, deren Wissenschaftscharakter von Albert detailliert nachgewiesen wird, diskursiv, d.h. sie drückt sich in Sätzen aus, die in einen argumentativen Zusammenhang gestellt werden.

Genau von diesem diskursiven Verfahren und der diesem zugrunde liegenden Zeichentheorie unterscheidet sich aber die von Dionysius angestrebte Rede von Gott. Folglich setzt hier die Kritik an: Jeder Satz, der über Gott gesprochen, und jeder Name, der auf ihn angewandt wird, basiert auf einer Struktur, die von den Dingen hergenommen wird, die uns in unserer Lebenswelt umgeben. In seinem Kommentar zur Schrift des Dionysius *Über die göttlichen Namen* heißt es deshalb bei Albert:

„Die Namen haben eine Bezeichnungsfunktion aufgrund der Tatsache, dass wir sie eingesetzt haben. Deshalb bezeichnen sie notwendigerweise auf jene Art, die wir bei den Dingen vorfinden, die unserem Verstand unterworfen sind.“[102]

Unser Wissen wird deshalb von den Dingen verursacht, die unserem Verstand unterworfen werden. Damit befinden wir uns in einem Wissensmodus, den Albert als den philosophischen bezeichnet, wenngleich er für alle Erkenntnisse, die wir auf diskursivem Wege erlangen, charakteristisch ist und damit auch für den im Sentenzenkommentar entworfenen Teil der Theologie zutrifft, der im Ausgang von den intuitiv erfassten Prinzipien schlussfolgernd seine Lehren entfaltet. Davon zu unterscheiden ist die göttliche Weise des Wissenserwerbs, die Albert deshalb als *modus divinus* bezeichnet:

101 Vgl. Möhle, Zum Verhältnis von Theologie und Philosophie.

102 [C]um enim nomina significent ex impositione nostra, oportet, quod per illum modum significent quem invenimus in rebus, quae nostro intellctui subsunt. Super Dion. De div. nom. c. 7 n. 15, 349, 19–22.

„Es gibt einen zweifachen Modus, durch den wir Wissen von den Dingen erwerben: einen philosophischen und einen anderen, der auf das Göttliche zielt. Der philosophische Modus aber ist der, dem gemäß unser Wissen von den seienden Dingen verursacht wird, die unserem Verstand unterworfen sind oder dem Modus [unseres] Wissenserwerbs entsprechen. Wenn sie nämlich nicht unserem Verstand unterworfen wären, könnte unser Verstand sie weder begreifen, noch könnten ihre Formen in ihm entstehen, und so würde er sie nicht erkennen. Der auf das Göttliche gerichtete Modus aber ist der, dem gemäß wir eine Erkenntnis von dem erwerben, was über unseren Verstand hinaus geht, insofern es sich uns mitteilt, nicht entsprechend seinem Verhältnis [d.h. so wie es an sich betrachtet ist], sondern gemäß dem Vermögen unseres Verstandes."[103]

Der „göttliche Modus" meint also nicht ein Wissen, das man Gott zuschreibt, sondern ein Wissen, das Gott zum Gegenstand haben kann. Dieses Wissen übersteigt zwar das aktive Vermögen unseres Verstandes, insofern der Mensch Gott nicht aus eigener Kraft erkennen kann, aber im Blick auf die bloße Fassungskraft unseres Verstandes scheint ein solches Wissen durchaus im Bereich des Möglichen zu liegen. Denn der Mensch ist unter Beibehaltung seiner eigentümlichen Natur in der Lage, passiv Erkenntnisse über Gott aufzunehmen, deren aktive Ursache er nicht selbst ist. Gleichwohl bleibt auch dieses passiv aufgenommene Wissen dem Gegenstand, nämlich Gott gegenüber, immer noch defizitär. Ein solches Wissen kann also weder von den Gegenständen unserer Lebenswelt hervorgebracht noch durch ein aktives Bewirken unseres begrenzten Verstandes verursacht, gleichwohl aber in Übereinstimmung mit der menschlichen Natur aufgrund anderer Ursachen vermittelt werden. Albert wählt deshalb in Anlehnung an den Text des Dionysius die Formulierung, dass der unser Vermögen übersteigende Gegenstand „sich uns mitteilt" (*illud*

103 Sciendum est autem ad evidentiam huius, quod duplex modus est, quo accipimus cognitionem de rebus, unus philosophicus et alter divinus. Philosophicus quidem modus est, secundum quod scientia nostra causatur ab entibus, quae subsunt nostro intellectui, vel quantum ad modum accipiendi scientiam. Si enim non subessent nostro intellectui, intellectus noster non posset comprehendere ea, nec formae ipsorum possent fieri in ipso, et sic nec cognosceret ea. Modus autem divinus est, secundum quod accipimus cognitionem ab eo quod est supra intellectum nostrum, inquantum illud immittit se nobis, non secundum proportionem suam, sed secundum potestatem intellectus nostri. Super Dion. De div. nom. c. 7 n. 15, 349, 55–68.

immitttit se nobis). Die Pointe scheint zu sein, dass hier eine Form des Wissenserwerbs vorliegt, die nicht auf der selbsttätigen Aktivität unseres Verstandes beruht, so wie dieser etwa aus gegebenen Prinzipien kraft seines eigenen Vermögens Schlussfolgerungen zieht oder moralische Implikationen erfasst, wie es bei der von Albert in seinem Sentenzenkommentar skizzierten Theologie der Fall ist. Vielmehr stellt der menschliche Verstand nur noch eine passive Grenze in dem Sinne dar, dass er in der Lage sein muss, das aufzunehmen, was ihm unabhängig von seiner eigenen Aktivität durch eine andere Quelle mitgeteilt wird. Diese andere Quelle ist Gott selbst, der sich im Rahmen der Aufnahmefähigkeit des Menschen zu erkennen gibt.

In Alberts Dionysius-Kommentaren finden sich mehrfach Formulierungen, die diese Form der vom göttlichen Licht ausgehenden Wissensvermittlung nicht nur von allen dem Menschen zu Gebote stehenden Erkenntnisleistungen abheben und das Fehlen (*vacant*) jeglicher natürlicher Erkenntnisvermögen, die einen Zugang zu Gott bieten können, konstatieren, sondern das göttliche Wirken schlechthin als übernatürlich (*super naturam*) kennzeichnen.[104] Gleichwohl wird man eine Aufnahmefähigkeit für das, was Gott dem Menschen gewährt, annehmen müssen, die nicht nur der menschlichen Natur als Ganzer entspricht, sondern die ihren Ort eben im Vernunftvermögen des Menschen selbst hat.

An vielen Stellen seines Kommentars zu den Werken des Dionysius verwendet Albert für diesen von Gott ausgehenden und vom Mensch passiv zu empfangenden Vorgang der Erkenntnis die Begriffe der Inspiration (*inspiratio*) und der Erleuchtung (*illuminatio*), womit ein Stufenmodell gemeint ist, in dem das Wissen von Gott dem Menschen vermittelt wird bzw. ein Aufstieg des Menschen zu Gott über verschiedene Schritte hinweg ermöglicht wird.[105] Von Gott geht das

104 Dicendum, quod in deo vacant omnes modi cognoscendi naturales nobis, quibus scientias acquirimus; neque per se notus est sicut principia, neque 'propter quid', quia non habet causam, neque 'quia', quia non habet effectum proportionatum. Sed mens nostra suscipit quoddam lumen divinum, quod est supra naturam suam, quod elevat eam super omnes modos visionis naturales, et per illud venit ad visionem dei, confuse tamen et non determinate cognoscens 'quia'. Super Dion. Myst. theol. c. 1, 466, 59–68.

105 Zu einzelnen Aspekten von Alberts Auseinandersetzung mit dem Dionysischen Hierarchiegedanken vgl. Burger, Lex divinitatis.

Wissen durch die himmlischen Chöre der Engel über in die Hierarchien der kirchlichen Würdenträger, um so gleichsam am unteren Ende der Pyramide den außerhalb der kirchlichen Ämter stehenden Menschen zu erreichen, woraus sich der Aufbau des ersten Teils des *Corpus Dionysiacum* ergibt.

„Durch die Geistwesen der engelhaften Hierarchie, die die göttlichen Erleuchtungen unmittelbar von Gott aufnehmen und durch die die kirchliche Hierarchie selbst vollendet wird, werden [die göttlichen Erleuchtungen] zu uns hinab gebracht wie durch die Vorsteher unserer Seelen. Deshalb überliefert uns Dionysius angemessen und zutreffend unmittelbar nach der Lehre über die himmlische Hierarchie die Lehre von der kirchlichen Hierarchie."[106]

Diese Verbindung von Erleuchtung und stufenweisem Ab- bzw. Aufstieg stellt die Verbindung her, die zwischen den vier Werken des Dionysius besteht, wenn dieser sowohl eine Schrift *Über die himmlische* als auch eine *Über die kirchliche Hierarchie* verfasst, um dann *Von den Göttlichen Namen* und der *Mystischen Theologie* zu handeln. *„Alles was Hierarchie ist, ist nämlich"* – wie es im Prolog zu Beginn von Alberts Dionysius Kommentar heißt – *„die Aufnahme der Erleuchtung, der Aufstieg des Erleuchteten zu Gott und das Verhältnis des im Aufstieg Befindlichen zu den untergeordneten Dingen, damit sie wieder zu Gott aufsteigen."*[107]

Die Mystische Theologie mit den Elementen der Verneinung und des Überstiegs wird von Albert ausdrücklich von der Wissenschaft abgegrenzt, die, wie die systematische Theologie, von den Prinzipien des Verstandes ihren Ausgang nimmt und aus diesem Grund den Formen der sichtbaren Dinge verhaftet bleibt. Aus der Anbindung an die sicht-

[106] Quia per angelicae hierarchiae spiritus immediate a deo recipientes divinas illuminationes, quibus ipsa ecclesiastica hierarchia perficitur, in nos deferuntur tamquam per animarum nostrarum praesides, decenter et convenienter immediate post doctrinam caelestis hierarchiae tradit nobis Dionysius doctrinam ecclesiasticae hierarchiae. Super Dion. De eccl. hier. c. 1, 1, 4–10.

[107] Hoc autem est totum quod est in hierarchia, scilicet illuminationis receptio, illuminati in deum ascensio et ascendentis ad inferiora respectus, ut iterum in deum ascendant. Super Dion. De cael. hier. prol., 2, 24–27. Zum Zusammenhang der Werke des Dionysius unter dem Blickwinkel des auch sakramental vermittelten Aufstiegs vgl. Burger, Kritische Anfragen.

bare Wirklichkeit ergeben sich entsprechende propositionale Strukturen und begriffliche Abgrenzungen, die einem solchen Gebrauch des menschlichen Verstandes eigen sind. Die Mystische Theologie hingegen nimmt ihren Ausgang beim göttlichen Licht, das nicht in affirmativen Urteilen zum Ausdruck kommt und argumentativ zu überzeugen versucht, sondern das die Vernunft überwältigt (*convincens*), vereinnahmt und letztlich übersteigt. Diese Differenz ist für Albert das entscheidende Argument, um dem Einwand zu begegnen, dass die Mystik nicht wie die Wissenschaft verfährt, der es als *scientia* eigen ist, aus ihren Prinzipien offenkundige Gehalte hervorzubringen.[108] Das entscheidende Argument Alberts zur Widerlegung des Einwandes beruft sich deshalb auf den Unterschied von diskursiver Wissenschaft und Mystik:

„Die Wissenschaft, die aus den Prinzipien des Verstandes hervorgeht, macht dasjenige, zu dem sie hinführt, offenkundig. Eine solche Lehre aber [wie die Mystik] geht nicht aus solchen Prinzipien hervor, sondern eher aus einem gewissen göttlichen Licht, das keine Mitteilung ist, durch die etwas bejaht würde, sondern eine Sache, die die Vernunft überwältigt, so dass sie der [Vernunft] über alles andere hinaus angeheftet wird. Und deshalb erhebt sie die Vernunft zu dem, was diese übersteigt, und deshalb verbleibt die Vernunft bei etwas, was nicht vollständig bekannt ist.“[109]

Das Ziel der Mystik ist nicht die reine Erkenntnis, die ein ausgeglichenes Verhältnis von Vernunft und erkanntem Gegenstand anstrebt, sondern die Einheit mit Gott, die die Vernunft übersteigt (*excedit ipsum*).

Mit diesem durch Dionysius vermittelten Konzept der Mystischen Theologie sieht Albert also nicht nur das diskursive Verfahren der Wissenschaft überschritten, sondern auch der in den Wissenschaften vorausgesetzte Bestand der Prinzipien wird insofern überschrit-

108 Vgl. Super Dion. Myst. theol. c. 1, 454, 16–20.

109 Ad primum ergo dicendum, quod scientia, quae procedit ex principiis rationis, ponit in aperto ea ad quae ducit. Huiusmodi autem doctrina non procedit ex talibus principiis, sed potius ex quodam lumine divino, quod non est enuntiatio, per quam aliquid affirmetur, sed res quaedam convincens intellectum, ut sibi super omnia adhaereatur. Et ideo elevat intellectum ad id quod excedit ipsum, propter quod remanet intellectus in quodam non determinate noto. Super Dion. Myst. theol. c. 1, 455, 12–28.

ten, als an die Stelle der wissenschaftlichen Prinzipien das göttliche Licht rückt, das grundsätzlich über die Vernunft hinaus geht.[110] Doch wäre es ein Missverständnis, würde man deshalb annehmen, die Mystik sei nicht rational, weil sie auf ein anderes Vermögen als auf die Vernunft gerichtet sei und stattdessen auf ein bloßes Empfinden der affektiven Seele ziele. Der Ort der mystischen Erkenntnis bleibt in Alberts Dionysius-Auslegung eindeutig die Vernunft (*intellectus*). Das göttliche Licht, das Albert als Erkenntnisquelle der mystischen Erfahrung ausmacht, zielt auf den Intellekt, auch wenn dieser prinzipiell unzureichend ist, dieses vollständig zu erfassen, und die mystische Erfahrung von einem Mitleiden mit dem Göttlichen begleitet ist.[111] Auch wenn Albert in diesem Kontext deutlich zwischen einem Wissen aufgrund der Verstandesprinzipien auf der einen und einem Wissen aufgrund der Erfahrung (*per experimentum*) auf der anderen Seite unterscheidet,[112] handelt es sich jeweils um ein Wissen (*scientia*), das der Vernunft eigen ist.

Was bedeutet diese umfangreiche Auseinandersetzung mit dem *Corpus Dionysiacum*, die Albert bei seiner Ankunft in Köln aufnimmt, um ein Konzept von Theologie zu entwickeln, das diese als Mystische Theologie begreift und sie auf diese Weise deutlich von der als diskursive Wissenschaft verstandenen Disziplin des Sentenzenkommentars abhebt? In jedem Fall handelt es sich um eine Unterscheidung beider Formen der Theologie, die nur dadurch zustande kommt, dass beide Zugangsweisen auf ihre jeweiligen Voraussetzungen und die daraus resultierenden Kompetenzen hin befragt werden. Mit diesem Schritt setzt Albert sein Pariser Programm insofern fort, als er nun nicht nur nach den Bedingungen fragt, die

110 M. Burger spricht von den „übervernünftigen Inhalten", die durch die gnadenhafte Offenbarung des göttlichen Lichtes dem Menschen im Glauben zuteil werden. Burger, fides et ratio, 54.

111 Solutio: Dicendum, quod divina non accipiuntur per principia rationis, sed quodam experimento per 'compassionem ad ipsa', sicut de Hierotheo dicit Dionysius, quod didicit divina 'patiendo divina'. Sed affectus infectus illicito rerum amore non sentit dulcedinem divinae inspirationis, et ideo deficiente cognitione, quae est per experimentum, potest quidem formare syllogismos et dicere propositiones, sed realem scientiam non habet, quae est pars beatitudinis. Super Dion. Myst. theol. c. 1, 458, 54–62.

112 Vgl. Super Dion. Myst. theol. c. 1, 458, 67–69.

eine wissenschaftliche Theologie erfüllen muss, sondern auch deren Grenzen im Blick auf eine Überwindung durch eine ganz andere Art der Gotteserfahrung beleuchtet. In diesem Sinne kann man das Dionysius-Projekt als eine Fortsetzung des bisherigen Ansatzes verstehen, insofern zum vollen Verständnis dessen, was theologische Wissenschaft ist, auch die Reflexion über die Frage gehört, in welcher Form der Mensch zumindest aufgrund seines passiven Fassungsvermögens die Grenzen des Wissenschaftlichen zu übersteigen vermag. Dies bedeutet keineswegs die Infragestellung wissenschaftlicher Kompetenz, sondern sichert diese zusätzlich durch das Ausloten ihrer Grenzen.

Mit diesen beiden Formen der Theologie ist das Spektrum dessen, was Albert in Köln und selbstverständlich auch bereits in Paris und zuvor an den anderen Studienhäusern zum Gegenstand seiner Lehrtätigkeit macht, keineswegs ausgeschöpft. Denn es ist unstrittig, dass es zu Alberts zentralen Aufgaben bei der Ausbildung seiner Studenten gehört hat, über die *Bibel* zu lesen, d.h. exegetisch ausgerichtete Vorlesungen zu den einzelnen Büchern der *Heiligen Schrift* zu halten. Bislang ist dies nur deshalb unerwähnt geblieben, weil nach heutigem Wissensstand keine bibel-exegetischen Werke Alberts überliefert sind, die man in die Pariser oder die frühe Kölner Lehrtätigkeit zu datieren hätte. Ob die schriftliche Ausarbeitung des exegetischen Werkes erst später stattfindet oder die uns überlieferten Schriften frühere Entwürfe ersetzen, ist ungewiss. Fest steht lediglich, dass das schriftliche Material, das überliefert ist, offensichtlich aus einer späteren Schaffensperiode Alberts stammt. Blickt man auf die Chronologie der Werke,[113] so kann man immerhin feststellen, dass Albert bis zu einem gewissen Grade dazu neigt, geschlossene oder inhaltlich eng verbundene Textcorpora in engen zeitlichen Grenzen zu bearbeiten, was sich auch in der besonders hohen Zahl der Querverweise auf eigene Schriften zeigt, die Albert parallel oder zumindest zeitlich sehr nahe bearbeitet. Dies hat sich bisher für die frühe *Summe*, den Sentenzenkommentar und auch die Auseinandersetzung mit dem *Corpus Dionysiacum* gezeigt und wird ein weiteres Mal bei Alberts sich anschließendem Großprojekt deutlich.

[113] Vgl. die Zeittafel in der Einleitung, AMI, System der Wissenschaften, 28–31.

3.2 Kommentierung des *Corpus Aristotelicum*

Nicht die Lektüre außerhalb des Lehrbetriebs, aber doch immerhin die öffentlichen Vorlesungen über die brisanten Werke des Aristoteles sind in Paris bis zum Jahr 1255 untersagt. Die breite Öffnung für die Lektüre vor allem der naturphilosophischen Schriften des Aristoteles und dessen *Metaphysik* erfolgt in Paris durch das Statut der Artisten-Fakultät vom 19. März 1255.[114] Zu diesem Zeitpunkt ist Albert schon längst in Köln und hat nicht nur das gesamte Werk des Dionysius kommentiert, sondern hat auch bereits einen detaillierten Plan für sein wohl umfangreichstes Projekt entworfen, nämlich die Kommentierung des gesamten Werkes des heidnischen Philosophen Aristoteles.[115] Die ersten Werke sind schon fertig gestellt und die parallel zur Abfassung anzunehmende Lehre hat die aristotelischen Schriften schon längst zum Gegenstand gemacht, bevor in Paris offiziell der Weg für diese öffentliche Auseinandersetzung frei gemacht wird.

Albert beginnt nicht gleich mit einer systematisch geordneten und einem zuvor festgelegten Plan folgenden Kommentierung des aristotelischen Werkes. Zunächst wendet er sich, nachdem er seine Kommentierung des *Corpus Dionysiacum* abgeschlossen hat, einem Werk des Aristoteles zu, das für ihn zu diesem Zeitpunkt offensichtlich von ganz besonderer Bedeutung ist. Wenige Jahre zuvor erstmals vollständig in lateinischer Sprache zugänglich geworden, zieht die *Nikomachische Ethik* des Aristoteles vor allen anderen Werken die Aufmerksamkeit Alberts auf sich. Selbstverständlich sind die zugänglichen Werke des Aristoteles kontextabhängig immer schon mehr oder weniger genutzte Referenztexte für Alberts bisheriges wissenschaftliches Schaffen. Doch die *Nikomachische Ethik* ist das erste aristotelische Werk, dem sich Albert mit der Absicht eines durchgängigen Kommentars in seinen Kölner Vorlesungen zuwendet. Sein Assistent Thomas von Aquin ist es dann, der den Vorlesungstext zu Beginn der 50er Jah-

[114] Vgl. Chartularium Universitatis Parisiensis, n. 246, 277–279, hierzu Lohr, New Aristotle.

[115] Zur geistesgeschichtlichen Bedeutung des mit diesem Projekt verbundenen Perspektivenwechsels hin zu einer wissenschaftlichen Weltsicht vgl. Honnefelder, Weisheit.

re des 13. Jhs. *„sorgfältig zusammenträgt und schriftlich redigiert.“*[116] Wieweit die Hilfe des Thomas bei der Fertigstellung des Textes geht, mag dahin gestellt sein, als sicher gilt, dass er die Vorlesung Alberts als Anwesender verfolgt.[117] Offensichtlich hält Albert die Auseinandersetzung mit dem gerade erst vollständig bekannt gewordenen Text des Aristoteles – diese erste vollständige lateinische Übersetzung des Werkes stammt von Robert Grosseteste und wird erst 1246–47 fertiggestellt – für unumgänglich und nicht aufschiebbar. Denn es ist dieser Text, der mit seiner zentralen Lehre von einer im diesseitigen Leben zu verwirklichenden Glückseligkeit die christlichen Autoren, die von einer erst für das Jenseits von Gott verheißenen Glückseligkeit ausgehen, in besonderer Weise herausfordert.[118] Unabhängig davon, wie man die aristotelische Lehre, die in dieser Hinsicht nicht eindeutig ist, im Einzelnen interpretiert – ob in dem Sinne, dass das Glück in einem gelungenen Leben innerhalb der griechischen Polis oder in der philosophischen Kontemplation abseits des politischen Lebens besteht –, hat die Annahme einer vom Menschen gewirkten Glückseligkeit tiefgreifende Voraussetzungen in der Handlungs- und Tugendlehre und zieht erhebliche Konsequenzen in der Bestimmung dessen nach sich, was als das eigentliche Gut zu betrachten ist.

Der dem eigentlichen Kommentar vorangestellte Prolog Alberts diskutiert zwar die zu erwartenden wissenschaftstheoretischen Grundsatzfragen nach Wissenschaftsstatus, Einheit, Gegenstand, Ziel und Methode der Ethik, äußert sich aber in keiner Weise über ein im Hintergrund stehendes Interesse Alberts an einer Auseinandersetzung mit dem Gesamtwerk des Aristoteles. Dies ändert sich aber in dem Augenblick, in dem sich Albert dem Kommentar zur aristotelischen *Physik* zuwendet.

3.2.1 Das Aristoteles-Projekt: Beginn und Abschluss

Von einem Aristoteles-Projekt zu sprechen, das Albert verfolgt und in die Tat umsetzt, ist insofern erlaubt, als mit der Arbeit am Physik-

[116] de Tocco, Ystoria de Thome de Aquino, 118,72.
[117] Vgl. Kübel, W., Prolegomena, Super Ethica, VI.
[118] Vgl. Müller, Felicitas civilis.

kommentar, also um 1251, ein kohärenter Plan vorliegt, der Ziel, Umfang und Methode dessen angibt, was Albert an verschiedenen Orten und betraut mit diversen anderen Aufgaben während der kommenden rund fünfzehn Jahre verwirklicht. Ein solches Konzept für die bevorstehenden Arbeiten darf auch dann angenommen werden, wenn Albert im Laufe der Zeit Korrekturen und Erweiterungen vornimmt. Am Ende werden es über 30 Werke sein, die Albert als tatsächliche oder vermeintliche Schriften des Aristoteles oder bekanntermaßen eines anderen Autors, der eine Lücke im aristotelischen Œuvre schließt, kommentiert oder gar als eigenständige Schrift in Ergänzung des zu kommentierenden *Corpus* verfasst.[119] Mit Blick auf den Gegenstand seines ersten Werkes, nämlich den der aristotelischen *Physik*, entwirft Albert in einem ersten Traktat seines Kommentars das Ziel und die Vorgehensweise, die er im Weiteren verfolgen will.

„Unsere Vorgehensweise in diesem Werk wird aber sein, der Ordnung des Aristoteles und seinem Gedanken zu folgen und zu dessen Erklärung und dessen Beweis zu sagen, was uns als notwendig erscheinen wird, in der Weise jedoch, dass sein Text keine Erwähnung findet. Und außerdem werden wir Exkurse machen, die aufkommende Zweifel erklären und das ergänzen, was auch immer in den knapp gefassten Gedanken des Philosophen manchen Verständnisprobleme bereitet hat. […] Und wir werden auch bald unvollendete Teile der Bücher, bald abgebrochene oder ausgelassene Bücher hinzufügen, die Aristoteles entweder nicht verfasste oder – wenn er sie vielleicht verfasste – die bis zu uns nicht gekommen sind.“[120]

Wie diese wenigen Sätze deutlich machen, geht es für Albert nicht primär um die Auseinandersetzung mit dem Autor Aristoteles. Vielmehr steht für ihn die Diskussion der Sache im Vordergrund, zu der

119 Zu Umfang, Gegenstand und Ordnung von Alberts naturphilosophischen Schriften vgl. Donati, Scientiae naturales.

120 Erit autem modus noster in hoc opere Aristotelis ordinem et sententiam sequi et dicere ad explanationem eius et ad probationem eius, quaecumque necessaria esse videbuntur, ita tamen, quod textus eius nulla fiat mentio. Et praeter hoc digressiones faciemus declarantes dubia suborientia et supplentes, quaecumque minus dicta in sententia Philosophi obscuritatem quibusdam attulerunt. […] Et addemus etiam alicubi partes librorum imperfectas et alicubi libros intermissos vel omissos, quos vel Aristoteles non fecit vel forte si fecit, ad nos non pervenerunt. Physica I t. 1 c. 1, 1, 23–41; (Übersetzung v. Anzulewicz, H.), in: AMI, System der Wissenschaften, 101–103.

sich allerdings Aristoteles wie kein anderer Autor zuvor geäußert hat. Deshalb sieht Albert seine Aufgabe auch darin, wenn notwendig über den aristotelischen Text hinauszugehen, um für die erforderlichen Erklärungen und Begründungen zu sorgen und hierbei eigenständige und von der Sache her gebotene Exkurse (*digressiones*) einzuflechten, die sich von der zu kommentierenden Vorlage lösen. Noch dazu kündigt Albert an, unvollendete, nicht überlieferte oder von Aristoteles gar nicht verfasste Bücher zu ergänzen. Wie sich zeigen wird, macht Albert diese Ankündigung wahr, wenn er z.B. für seine Schrift *Über die Mineralien* nach vergeblicher Suche nach den aristotelischen Vorlagen auf Texte anderer Autoren zurückgreift[121] oder die vor dem Hintergrund der zugrunde gelegten Sachsystematik fehlenden Schriften ohne Vorlage, also nicht in Gestalt eines Kommentars verfasst, wie dies etwa bei den Schriften *Über den Verstand und das Verstehbare* (*De intellectu et intelligibili*) und *Über die Natur und den Ursprung der Seele* (*De natura et origine animae*) und einer Reihe anderer Schriften der Fall ist.

Gleichwohl hält Albert es für notwendig, die Philosophie des Aristoteles, von der er zu Beginn der *Physik* vor allem die Realphilosophie, also die Naturkunde, die Metaphysik und die Mathematik im Blick hat, verständlich zu machen.

„Da es aber drei wesentliche Teile der Realphilosophie gibt, der Philosophie, sage ich, die in uns nicht durch unser Tun verursacht wird, so wie die Moralwissenschaft verursacht wird, sondern die vielmehr in uns vom Naturwerk verursacht wird – diese Teile sind die Naturwissenschaft oder die Physik, die Metaphysik und die Mathematik –, ist es unsere Absicht, alle die genannten Teile den Lateinern verständlich zu machen."[122]

121 Albertus Magnus, Book of Minerals (Übersetzt von Wyckoff), Introduction, XXXVIII; Appendix B, ebd. 264–271.

122 Cum autem tres sint partes essentiales philosophiae realis, quae, inquam, philosophia non causatur in nobis ab opere nostro, sicut causatur scientia moralis, sed potius ipsa causatur ab opere naturae in nobis, quae partes sunt naturalis sive physica et metaphysica et mathematica, nostra intentio est omnes dictas partes facere Latinis intelligibiles. Physica I t. 1, c. 1, 1, 43–49; (Übersetzung v. Anzulewicz, H.), in: AMI, System der Wissenschaften, 103.

Um begreifen zu können, was mit diesem „verständlich machen“, dem *facere intelligibile*, gemeint ist, muss man sich über die Adressaten dieser erläuternden Tätigkeit klar werden. Albert nennt die *latini* als diejenigen, denen er sich mit seiner Arbeit zuwendet. Wer sind aber diese *latini*? Gemeint sind nicht bloß diejenigen, die der lateinischen Sprache mächtig sind, sondern es sind die in der Wissenschaft tätigen Christen, denen sich die aristotelischen Texte insofern kundtun, als diese inzwischen in lateinischer Sprache vorliegen. Das sind zu einem großen Teil diejenigen, die entweder selbst entsprechende Verbote für die öffentliche Lektüre des Aristoteles erlassen haben oder zumindest indirekt von diesen Verboten betroffen waren, insofern ihr Forschergeist mit solchermaßen inkriminiertem Material konfrontiert wurde. Ihnen Aristoteles verständlich zu machen, heißt deshalb, den heidnischen Philosophen vor dem Hintergrund der für die Christen geltenden Annahmen so darzustellen, dass Differenzen beseitigt werden, indem scheinbar sich widersprechende Thesen in ihren unterschiedlichen Perspektiven verdeutlicht und so einer gemeinsamen Sachordnung zugewiesen werden.

Werden mit diesen Äußerungen im Physikkommentar ein im Voraus formuliertes Programm und eine vorab entwickelte Methode für das weitere Vorhaben erkennbar, bleibt die Frage, ob sich diese durchhalten und wie Alberts Urteil am Ende seiner Aristoteles-Kommentierung ausfällt. Die Unabhängigkeit gegenüber dem zu kommentierenden aristotelischen Text, wie sie zu Beginn der *Physik* zu Tage tritt, scheint nämlich eineinhalb Jahzehnte später beim Abschluss des gesamten Projektes auf den ersten Blick für Albert keineswegs im Vordergrund zu stehen. Diesen Eindruck könnte man zumindest aufgrund der Formulierungen Alberts gewinnen, dass er so getreu als möglich (*quanto fidelius potui*) Aristoteles habe erläutern wollen und für ihn keineswegs die Absicht im Vordergrund gestanden habe, als Neuerer hervorzutreten.

Um diese Andeutungen Alberts besser verstehen zu können, soll deshalb, bevor der Blick auf die Einzelheiten des Aristoteles-Projektes gelenkt wird, dieses von seinem Abschluss her beleuchtet werden. Am Ende von Alberts Kommentar zur aristotelischen *Politik* und damit am Ende des Gesamtprojektes findet sich eine Stellungnahme Alberts, die zwar in ihrer Bedeutung nur schwer vollständig zu entschlüsseln ist, die aber dennoch die Aufmerksamkeit auf sich zieht, weil sie in einem selten persönlichen Ton Alberts Arbeit und den Kontext, in dem er tätig ist, reflektiert. Die letzten Sätze des Politikkommentars, die Albert offensichtlich mit Blick auf den Abschluss seines Gesamtprojektes schreibt, lauten:

„Seht, dieses Buch habe ich zusammen mit den anderen philosophischen und moralischen [Werken] zum Nutzen der Studenten erläutert. Und ich bitte alle Leser, dass sie darauf achten, dass in diesem Buch nur von den willentlichen Handlungen der Menschen gehandelt wird, die – wie Aristoteles im 5. Buch der Ethik sagt – niemals auf eine einzige gemeinsame Regel festgelegt werden konnten, sowie man das auch bei der lesbischen Bauweise[123] *nicht [kann]. Und am meisten ergibt sich das bei den Verfassungen der Orientalen und der Ägypter, die immer durch einen sehr unkeuschen Umgang und eine sehr unkeusche Lebensweise bestimmt waren und auch heute [noch] sind. Aber weder Aristoteles sagt das von sich aus, sondern berichtet [nur] wie solche Völker ihre Verfassungen geordnet haben, noch habe ich in diesem Buch irgendetwas gesagt, außer dass ich das auslege, was bereits gesagt wurde, und Gründe und Ursachen anführe.*

So habe ich in allen naturkundlichen Büchern niemals von mir aus etwas gesagt, sondern habe nur, so getreu ich das konnte, die Auffassungen der Peripatetiker erläutert. Und dies sage ich wegen gewisser unwissend-schwerfälliger Leute, die eine Entschädigung für ihre Unwissenheit und Schwerfälligkeit suchen und nur das in den Schriften suchen, was sie tadeln könnten. Und weil solche Leute durch die Unwissenheit und Schwerfälligkeit untätig sind, suchen sie einen Makel auf die Auserwählten zu übertragen, um nicht allein untätig zu erscheinen. Solche Leute haben Sokrates getötet, Platon aus Athen in die Akademie vertrieben und haben Aristoteles, indem sie bestimmte Machenschaften gegen ihn betrieben, gezwungen von Athen fortzugehen, wie er selbst sagte: „In Athen hat es nie an Birnen über Birnen, d.h. an Übel über Übel, gefehlt. Ich lasse die Athener nicht gewähren, sich ein zweites mal an der Philosophie zu versündigen.“ Aber das Argument gilt nur für solche Leute, weil das Studium beim Zusammenwohnen [so] ist, wie beim Körper die Leber ist. In jeder entzündeten Leber aber ist Gallenflüssigkeit, die, wenn sie ausdünstet, den ganzen Körper verbittert. So gibt es beim Studium immer gewisse Leute, die äußerst verbittert sind, und gallenartige Männer, die alle anderen zur Bitterkeit wenden und es nicht zulassen, dass diese [anderen] in der Süße der Gemeinschaft die Wahrheit suchen.“[124]

123 Gemeint ist eine Bauweise, die kein im Voraus bestimmtes und für alle Einzelfälle verbindliches Maß, also keinen universellen Bauplan kennt. Vgl. Aristoteles, Nik. Ethik V c. 14.

124 Ecce hunc librum cum aliis philosophicis et moralibus exposui ad utilitatem studentium : et rogo omnes legentes, quod attendant quod in hoc libro non tractatur nisi de actibus voluntariis hominum, qui, sicut dicit

Zunächst geht aus diesem Text hervor, dass Albert bis zum Abschluss seines letzten Aristoteleskommentars, der frühestens ab 1265 entstanden sein dürfte,[125] das Gesamtprojekt im Auge hat und dieses als Einheit reflektiert. Das Ziel Alberts ist es demnach, mit der Deutung der aristotelischen Werke denen zu nutzen, die er unterrichtet und die seine Texte lesen (*studentes, legentes*). Was die ethischen Texte dieses Projektes betrifft, warnt Albert seine Leser davor, allgemeingültige Regeln des menschlichen Handelns zu erwarten, die jenseits der Freiheit des Menschen dessen Lebensführung leiten könnten. Dies scheitert nicht nur an der individuellen Freiheit des Handelnden, sondern auch an der Pluralität der Lebensformen, wie sie anderen Völkern zu eigen sind. Aus diesem Grund lassen sich diese nur beschreiben und nicht durch einen unabhängig geltenden Maßstab beurteilen. In dieser Einschätzung weiß sich Albert mit Aristoteles einig.

Aristoteles in V Ethicorum, ad nullam unam regulam communem redigi umquam potuerunt, sicut nec aedificatio Lesbia. Et maxime sequitur politias Orientalium et Aegyptiorum, qui semper immundissimi fuerunt coitus et immundissimi cultus, sicut hodie sunt. Nec Aristoteles dicit de se hoc, sed recitat qualiter tales gentes politias suas ordinaverunt; nec ego dixi aliquid in isto libro, nisi exponendo quae dicta sunt, et rationes et causas adhibendo. Sicut nec in omnibus libris physicis numquam de meo dixi aliquid, sed opiniones Peripateticorum, quanto fidelius potui, exposui. Et hoc dico propter quosdam inertes, qui solatium suae inertiae quaerentes, nihil quaerunt in scriptis, nisi quid reprehendant, et cum tales sint torpentes inertia, ne soli torpentes videantur, quaerunt ponere maculam in electis. Tales Socratem occiderunt, Platonem de Athenis in Academiam fugaverunt, in Aristotelem machinantes de athenis exire compulerunt, sicut ipse dixit: „Athenis numquam defuit pyrus super pyrum, id est malum super malum, non consentio Atheniensibus bis peccare in philosophiam." Sed ratio tantum pro talibus est, quia in cohabitatione studium est sicut hepar in corpore: in omni autem hepate succensus humor fellis est, qui evaporando totum amaricat corpus, ita in studio semper sunt quidam amarissimi et fellici viri, qui omnes alios convertunt in amaritudinem nec sinunt eos in dulcedine societatis quaerere veritatem. Politica VIII c. 6, 803–804 (korrigiert mit Vatikan, Vat. lat. 723, f. 104va–b, Berlin, Staatsbibliothek, lat. fol. 879, f. 99va–b).

125 Alberts Kommentar setzt die vollständige Übersetzung der aristotelischen *Politik* ins Lateinische voraus, die man in die erste Hälfte des Jahres 1265 datiert. Vgl. Flüeler, Rezeption und Interpretation Bd. I, 15–29.

Allerdings geht Alberts Anspruch doch deutlich über eine bloße Wiedergabe des bereits von anderen Gesagten hinaus, denn für das, was andere sagen, führt er Gründe und Ursachen (*rationes et causae*) an, was – wie sich zeigen wird – die entscheidende Grundlage dafür ist, sich mit den bestehenden Lehren rational-argumentativ auseinander zu setzten und diese auf die möglicherweise von ihren Urhebern noch gar nicht reflektierten Voraussetzungen hin zu untersuchen. Es geht Albert in seinem Aristotelesprojekt offensichtlich nicht in erster Linie darum, neue Lehren einzuführen, sondern jegliche Diskussion der betroffenen Inhalte (*quae dicta sunt*) in einen rationalen Diskurs zu überführen (*rationes et causas adhibendo*) und damit methodologische Rahmenbedingungen zu schaffen, denen man zu folgen hat, wenn man nach den Regeln der Kunst, also nicht unwissend-schwerfällig (*iners*), wie es im weiteren Text heißt, verfahren will.

Aber offensichtlich, so der zweite Teil des Textes, hat Albert in seinem Umfeld – zur Zeit der Abfassung des Politikkommentars dürfte es sich vor allem um die Ordensstudien in Würzburg oder Straßburg gehandelt haben – mit Leuten (*quidam*) zu rechnen, die seiner Arbeit nicht sehr gewogen sind.[126] Nicht nur der Hinweis auf die *inertes*, also die Zeitgenossen, die nicht über ein bestimmtes Wissen verfügen und sich keiner Kunst befleißigen (*in* und *ars*) und in diesem Sinne als träge und schwerfällig gelten können, sondern auch die Bezugnahme auf die Athener Verhältnisse, denen Sokrates und Platon, der eine durch das Todesurteil, der andere durch die Verbannung, zum Opfer fallen und denen Aristoteles zur Vermeidung einer zweiten Sünde gegen die Philosophie durch Flucht entkommt, legen einen Analogieschluss auf Alberts eigene Situation nahe. Wenn diese Analogie zulässig ist, fällt das Urteil Alberts über seine Zeitgenossen äußerst hart aus, denn die

126 Solche Andeutungen macht Albert bereits während seiner Arbeit am Dionysius-Projekt, wenn er in diesem Zusammenhang die gotteslästerliche Unwissenheit einiger Ordensbrüder beklagt, mit der diese sich wie wilde Tiere benehmen und sich gegen jede Form der Philosophie wenden: Et per hoc patet etiam solutio omnium quae contra obici possent, quamvis quidam, quia nesciunt, omnibus modis velint impugnare usum philosophiae, et maxime in praedicatoribus, ubi nullus eis resistit, tamquam bruta animalia blasphemantes in his quae ignorant. Super Dion. Epist. VII, 504, 27–32, Vgl. hierzu Möhle, Zum Verhältnis von Theologie und Philosophie, 157–158.

Reihe über den Tod des Sokrates, die Verbannung des Platon und die Flucht des Aristoteles hin zu Albert selbst lässt eine gewisse Dramatik erkennen. Zudem bedient sich Albert einer von ihm nicht häufig angewandten Rhetorik, wenn er die zweite Sünde wider die Philosophie erwähnt und den anatomischen Vergleich des Studienmilieus mit den Wirkungen der bitteren Gallensäfte im Körper bemüht.

Albert ist ein Teil des Ausbildungsbetriebs des Ordens, in dem es offensichtlich Leute gibt, die alle anderen, die an der Wahrheitssuche beteiligt sind, mit ihrer eigenen Verbitterung, die im Studienmilieu besonders gedeiht, anzustecken und von der eigentlichen Freude, die Albert in der gemeinsamen Wahrheitssuche erblickt, abzuwenden versuchen. Es sind wohl weniger einzelne Aussagen und Lehrstücke, die Albert referiert, und die dann zu dieser Ablehnung seiner wissenschaftlichen Tätigkeit führen. Eher muss man sich vorstellen, dass es das rationale Verfahren selbst ist, das Widerstand hervorruft. Anstoß erregt das Vorgehen, das die Aussagen anderer prinzipiell auf ihre Gründe und damit auf ihre argumentative Ausweisbarkeit zurückführt. Es wird nämlich damit ein Anspruch des kunstgerechten Vorgehens geltend gemacht, durch den einige von Alberts Zeitgenossen, die sich im oder außerhalb des Ordens der *inertia* schuldig machen, herausgefordert und zu Reaktionen bewegt werden, die Gegenstand von Alberts Schilderung am Ende des Politikkommentars werden.

Das Verständlichmachen des Aristoteles, so wird man diesen späten Text aus dem Politikkommentar zu bewerten haben, ist auch nach 15 Jahren und der Abfassung eines immensen Werkes nicht nur intellektuell eine Herausforderung gewesen, sondern offensichtlich auch mit vielen anderen Misshelligkeiten belegt, denen sich Albert im Orden und im Lehrbetrieb insbesondere zu erwehren hat. Für Albert mag es ein zwar schwieriger,aber doch kleiner Schritt gewesen sein, für die Geistesgeschichte ist es unzweifelhaft ein ganz bedeutender, dass mit dem Versuch des Verständlichmachens des Aristoteles und damit der heidnischen Philosophie ein argumentativer Boden betreten wird, auf dem jetzt die zum Teil konträren Wahrheitsansprüche der christlichen und der nicht-christlichen Gelehrten und ihrer Schriften ausgefochten werden können. Dieses Vorgehen Alberts ist völlig anders, als sich der Autorität des Aristoteles zu ergeben, um dessen Werke zu einer Enzyklopädie des Wissens zusammenzustellen und paraphrasierend zu erläutern. Um die Konturen von Alberts Unternehmung deutlicher hervortreten zu lassen, mag ein Blick auf ein Werk des Vincent von Beauvais hilfreich sein, das man im genannten Sinne eine Enzyklopädie des Wissens nennen kann und das in vielerlei Hinsicht eine Gegenfolie zu Alberts Vorgehen darstellt. Andere Vergleiche mit Autoren wie Thomas von Cantimpré oder Bartholomaeus Anglicus wären auch möglich und würden im Kern zu dem gleichen Ergebnis führen.

3.2.2 Das *Speculum maius* des Vincent von Beauvais

Etwas früher als Albert sein Aristoteles-Projekt entwirft, beginnt sein Ordensbruder Vincent von Beauvais mit der Zusammenstellung der umfangreichsten Enzyklopädie, die das Mittelalter hervorgebracht hat. Vermutlich mit Unterstützung seiner Ordensbrüder[127] stellt Vincent um 1230 sein am Ende vier Bände umfassendes Werk zusammen, das etwa den fünffachen Umfang der *Vulgata* erreicht. Der erste Teil, das *Speculum naturale*, behandelt Gott und die gesamte Schöpfung, der zweite, das *Speculum doctrinale*, untersucht nacheinander die wissenschaftlichen Disziplinen, die so genannten Sprachwissenschaften, die mechanischen Künste, die Disziplinen der praktischen Philosophie und schließlich die theoretischen Wissenschaften von Physik, Mathematik und Theologie. Der dritte Teil, das *Speculum morale*, das vermutlich nicht von Vincent selbst zusammengestellt wurde, handelt von der Tugend- und Lasterlehre, der vierte schließlich, das *Speculum historiale*, bietet eine Weltgeschichte von der Erschaffung des ersten Menschen bis in die Tage König Ludwigs IX., des Heiligen, mit dem Vincent persönlich vertraut ist.

Weniger die behandelten Inhalte als eher die Art, in der das Werk zusammengestellt wird, ist für den Vergleich mit Albert aufschlussreich. Vincent schickt seiner Enzyklopädie einen für die vier Bände geltenden allgemeinen Prolog voraus, in dem er sich in zwanzig Kapiteln zu seinen Absichten und seiner Vorgehensweise äußert. Demnach handelt es sich bei der beabsichtigten Schrift ausschließlich um die Zusammenstellung von Versatzstücken, die Vincent gemeinsam mit seinen Helfern aus der gesamten christlichen und heidnischen Li-

[127] Vgl. Vincent von Beauvais, Speculum maius I prol. c. 10, 8.

teratur sammelt, um sie dann einer inhaltlichen Gliederung folgend zu einem einzigen großen Werk (*unum grande opus*) zusammenzufügen.[128] Es handelt sich nach eigenem Bekunden tatsächlich um eine Blütenlese, denn die Ausdrücke des Exzerpierens (*excerpere*) und der Blüten (*flores*) sind die stets wiederkehrenden Begriffe, deren sich Vincent zur Kennzeichnung seines Vorgehens bedient. Ganz bewusst reduziert Vincent seine eigene Tätigkeit auf die bloße Kompilation, die nur Vorhandenes in einer neuen Ordnung und in gekürzter Form enthält. Ausdrücklich steht die Eigenleistung des Kompilators ganz im Hintergrund, wenn es heißt: „*Ich habe aus meiner eigenen Geistesleistung wenig, ja gleichsam gar nichts hinzugefügt. [Das Werk] besteht also aufgrund der Urheberschaft [der ursprünglichen Autoren], meines ist es nur aufgrund der Anordnung der Teile.*“[129]

Vincent tut das, was bei Albert geschieht, ausdrücklich nicht. Er unterlässt die Sachdiskussion, die sich spätestens dann ergeben müsste, wenn die von ihm angeführten Autoritäten sich offensichtlich widersprechen. Erklärtermaßen habe er nicht viel Mühe darauf verwandt, die Urteile der Philosophen zur Übereinstimmung zu bringen (*ad concordiam redigere*). Vielmehr ist es dem Gutdünken des Lesers überlassen, welcher Position er seine Zustimmung geben will.[130] Immerhin, so hebt Vincent in einem eigens Aristoteles gewidmeten Kapitel hervor, war es gelegentlich notwendig, den Wortlaut der Exzerpte, die aus den Schriften des Aristoteles stammen, durch Umstellung zu verändern, um die Weitschweifigkeit zu kürzen, die Vielheit zur Einheit zu bündeln und die Dunkelheit der Wörter zu erläutern. Aber seine Eingriffe haben nie dazu geführt, so betont Vincent, dass die Aussagen nicht mehr solche des Aristoteles sind, zudem, so fügt er offensichtlich in der Absicht hinzu, gerade in Bezug auf die aristotelischen Texte seine Eigenleistung noch einmal herabzusetzen, habe er keinerlei Exzerpte insbesondere aus der *Physik* und *Mathematik* selbst gemacht, sondern nur die übernommen, die seine Brüder gesammelt haben.[131] Folgerichtig kommt

[128] Vgl. Vincent von Beauvais, Speculum maius I prol. c. 1, 1.

[129] Nam ex meo ingenio pauca et quasi nulla addidi. Ipsorum igitur est auctoritate, meum autem sola partium ordinatione. Vincent von Beauvais, Speculum maius I prol. c. 4, 4; vgl. ebd., c. 7, 6.

[130] Vgl. Vincent von Beauvais, Speculum maius I prol. c. 8, 7.

[131] Vgl. Vincent von Beauvais, Speculum maius I prol. c. 10, 9.

Jaqueline Hamesse bei ihrer Untersuchung des Umgangs des *Speculum maius* mit den aristotelischen Schriften zu dem Ergebnis, dass „seine Benutzung des Aristoteles nicht in der Funktion der Philosophie geschieht, sondern viel eher in der Sorge, eine vollständige Dokumentation und ein Abbild der traditionellen Kenntnisse zu geben."[132]

3.2.3 Gegenstand und Methode

Das Konzept, das Albert mit seinem Aristoteles-Projekt verfolgt, ist nicht nur in Hinsicht auf Aristoteles selbst ganz anders ausgelegt als das Vorgehen des Vincent. Einerseits kommt Aristoteles als dem maßgeblichen Referenzautor von Alberts Projekt eine viel größere Bedeutung zu als in der Enzyklopädie des Vincent von Beauvais. Andererseits nimmt Albert selbst als Autor eine Rolle ein, die den Inhalt der geplanten Schriften in einem ganz anderen Maße bestimmt, als dies bei seinem Ordensbruder der Fall ist. Dass ein Kommentar gegenüber einer bloßen Kompilation von Exzerpten durch den Kommentator deutlich mehr geprägt ist, bedarf kaum der Begründung. Zudem ist bei Alberts Vorgehen Aristoteles selbst nicht mehr die allein ausschlaggebende Autorität, die es nur noch zu erklären gilt, wie man bei einer flüchtigen Lektüre des Ausdruckes *„den Lateiner die Teile [des aristotelischen Werkes] verständlich machen"* vermuten könnte. Aristoteles ist für Albert die Quelle, die hinsichtlich der Sache, um die es geht, das umfangreichste Material und in vielen Fällen die besten Problemlösungen bereithält. Aber diese Feststellung gilt nur bis zu einer bestimmten Grenze, und wenn diese erreicht ist, müssen die von Aristoteles nicht behandelten Fragen mit anderen Quellen oder selbstständig durch den Autor behandelt werden, so wie auch die nicht überzeugenden Urteile des Aristoteles nicht einfach zu referieren sind, sondern sachgerecht korrigiert werden müssen. Andernfalls müsste man Aristoteles für einen Gott halten, wie Albert an anderer Stelle gegen diejenigen ausführt, die die Auffassung des Aristoteles für unfehlbar halten. Gegen den, der solches behauptet, so schreibt Albert, *„sagen wir, dass wer glaubt, Aristoteles sei ein Gott gewesen, auch glauben muss, dass dieser sich niemals geirrt hat. Wenn er*

[132] Hamesse, Dossier Aristote, 216.

aber glaubt, [Aristoteles] sei ein Mensch, dann konnte dieser sich ohne Zweifel ebenso irren wie wir."[133]

So wie Albert sein Projekt zu Beginn der 50er Jahre in seinem Physikkommentar entwirft, handelt es sich zunächst um eine Auseinandersetzung mit der gesamten Realphilosophie. Von diesem Teil der Philosophie abzugrenzen ist zum einen der gesamte Bereich der Moralphilosophie, worunter man im Sinne des Aristoteles die Ethik, die Ökonomie und die Politik zu verstehen hat. Dass Albert von diesem Bereich zunächst absieht, mag daran liegen, dass er zu diesem Zeitpunkt bereits einen (ersten) Kommentar zur *Nikomachischen Ethik* verfasst hat und die maßgebliche Vorlage für die anderen Bereiche der Moralphilosophie, nämlich der Text der aristotelischen *Politik*, zu diesem Zeitpunkt noch nicht in lateinischer Sprache vorliegt. Der andere Bereich der Philosophie, der nicht zur Realwissenschaft gehört, ist die Logik. Albert wendet sich später in seinen Kommentaren nicht nur den aristotelischen und pseudo-aristotelischen Werken zur Logik zu, sondern wird auch hier Ergänzungen durch andere Schriften, wie etwa den Kommentar zur Einteilungsschrift des Boethius, *De Divisione*, vornehmen. Dass diese Beschäftigung nicht gleich zu Anfang des Projektes erfolgt, mag mit Blick auf die Studenten Alberts einerseits – durch das Bildungssystem bedingt – an der vorhandenen Vertrautheit gerade mit den Gegenständen der Logik und andererseits – durch die universitären Verbote bedingt – an den fehlenden Kenntnissen eben auf dem Gebiet der Naturphilosophie und der Metaphysik liegen.

Insgesamt unterscheidet Albert drei Bereiche der Realphilosophie je nach ihrem Verhältnis zur Materie und zur Bewegung, wobei Bewegung im weitesten Sinne als Veränderung zu begreifen ist: Während sich die Metaphysik mit dem beschäftigt, was nicht nur real ohne Materie und Bewegung ist, sondern notwendig ohne diese gedacht werden muss, behandelt die Mathematik dasjenige, was zwar real mit diesen verbunden ist, aber der Sache nach ohne Materie und Veränderung vorgestellt werden muss. Geometrische Figuren, etwa Dreiecke, kommen als hölzerne oder metallene Gebilde vor, werden aber nur in ihrem Wesen erfasst, wenn sie unabhängig von den konkreten Vorkommnissen,

[133] Et ad illum nos dicimus, quod qui credit Aristotelem fuisse deum, ille debet credere, quod numquam erravit. Si autem credit ipsum esse hominem, tunc procul dubio errare potuit sicut et nos. Physica VIII t. 1 c. 14, 578, 23–27.

also abstrakt, begriffen werden. Der Gegenstand der Naturphilosophie ist schließlich das, was tatsächlich nur in Verbindung mit Materie und Bewegung vorkommt und auch nur so in dem erfasst werden kann, was es ausmacht.[134] Mineralien oder Lebewesen z.B. lassen sich nur denken, indem man sie mit der veränderlichen Materie zusammen als dem Wandel unterworfene Gebilde erfasst. Aus diesem Verhältnis zur Materie und den Erkenntnisbedingungen, unter denen wir Menschen stehen, ergibt sich für Albert die Ordnung, in der er im Folgenden die verschiedenen Bereiche der Realphilosophie behandeln will.

„Es steht aber fest, dass der menschliche Intellekt aufgrund seiner Zurückbeugung auf die Sinneswahrnehmung von dieser das Wissen sammelt, und [es] deswegen [für] die Lehre leichter ist, dass mit dem begonnen wird, was wir mit Sinneswahrnehmung, Vorstellung und Intellekt aufnehmen können, als mit dem, was wir mit Vorstellung und Intellekt, oder mit dem, was wir mit dem Intellekt allein aufnehmen. Und deswegen werden auch wir bei der Behandlung der Teile der Philosophie zuerst mit Gottes Hilfe die Naturwissenschaft vollenden, und danach werden wir alles, was die mathematischen Dinge umfasst, erörtern und werden unser Vorhaben in der göttlichen Wissenschaft beenden.“[135]

Aus diesem erkenntniskritischen Argument ergibt sich für Albert die Konsequenz, sein Aristoteles-Projekt mit der Untersuchung der naturphilosophischen Gegenstände zu beginnen. Damit betritt Albert das wissenschaftliche Betätigungsfeld, das ihm, soweit man das aufgrund der erhaltenen handschriftlichen Überlieferung aus dem Mittelalter rückblickend beurteilen kann, den größten Ruhm beschert und auf dem ihm auf jeden Fall das größte Interesse widerfährt.

134 Vgl. Physica I t. 1 c. 1, 2, 51–75; (Übersetzung v. Anzulewicz, H.), in: AMI, System der Wissenschaften, 105–107.

135 Constat autem, quod humanus intellectus propter reflexionem, quam habet ad sensum, a sensu colligit scientiam, et ideo facilior est doctrina, ut incipiatur ab eo quod possumus accipere sensu et imaginatione et intellectu, quam ab eo quod possumus accipere imaginatione et intellectu, vel ab eo quod accipimus intellectu solo. Et ideo etiam nos tractando de partibus philosophiae primo complebimus deo iuvante scientiam naturalem et deinde loquemur de mathematicis omnibus et intentionem nostram finiemus in scientia divina. Physica I t. 1 c. 1, 3, 31–41; (Übersetzung v. Anzulewicz, H.), in: AMI, System der Wissenschaften, 109.

4 Die Naturphilosophie

Ein flüchtiger Blick auf die Anzahl der Handschriften, die uns mit Texten Alberts überliefert sind, macht deutlich, dass es vor allem seine naturkundlichen Schriften sind, die man am häufigsten kopiert und – so die nicht besonders gewagte Vermutung – auch am meisten gelesen hat.[136] Demnach ist vor allem sein Werk *Über die Mineralien*, das mit weit über 100 heute noch erhaltenen Textzeugen die Rangliste anführt, auf größtes Interesse gestoßen, wobei die übrigen Schriften, in denen er sich mit den so genannten *Kleinen naturwissenschaftlichen Abhandlungen* (*Parva naturalia*) des Aristoteles auseinandersetzt, in der Regel auch weit über 50 Textzeugen haben. Diese Zahlen übertreffen bei weitem die der Überlieferung, die uns von den theologischen Kommtentar-Werken erhalten ist. Das gilt sowohl hinsichtlich der systematischen wie der biblischen Theologie. Eine Ausnahme stellt lediglich der in seiner Authentizität mitunter angezweifelte Eucharistische Doppeltraktat Alberts dar.[137] Auch die anderen Bereiche seines philosophischen Werkes sind bei weitem nicht so breit überliefert, wie es die naturphilosophischen Schriften sind. Aus diesem Grund richtet sich das Interesse an Albert oft auf seine Naturphilosophie.[138]

Für das besondere Interesse, das gerade den naturkundlichen Werken Alberts widerfahren ist, spricht auch die aus dem Jahr 1304 stammende Taxationsliste des Andreas de Senonis, der als *stationarius*, d.h. als Buchhändler, der Universität Paris die offiziellen Vorlagen der Bücher zu verwalten hat, die sich Abschreiber ausleihen können, um weitere Kopien der nachgefragten Werke zu erstellen. Das an der Pariser Universität übliche Verfahren sieht vor, dass die am meisten nachgefragten Schriften in nicht zu einem Codex gebundenen Heften von einigen Seiten Umfang, so genannten Pecien, aufbewahrt werden und gegen eine Gebühr für die Zeit des Kopierens ausgeliehen

136 Eine Überblick über die handschriftliche Überlieferung von Alberts Werken geben: Fauser, Albertus Magnus in handschriftlicher Überlieferung; Fauser, Albertus-Magnus-Handschriften.

137 Vgl. unten Kap. 9.

138 Einen umfassenden Überblick zu Albert als Naturphilosoph gibt Hossfeld, Albertus Magnus; hierzu auch Craemer-Ruegenberg, Albertus Magnus, 93–159.

werden können. Dieses System beschleunigt den Abschreibevorgang dadurch, dass mehrere Kopisten gleichzeitig an einem einzigen Werk arbeiten können, indem sie parallel jeweils einen anderen Teil einer längeren Schrift kopieren. Zudem kann mit dieser Vervielfältigungsmethode die Fehlerhäufigkeit der Abschriften verringert werden, da diese alle von einem geprüften Exemplar und nicht von bereits fehlerhaften Abschriften kopiert werden. Die Taxationsliste aus dem Jahr 1304 verzeichnet die vorhandenen Werke und gibt die Anzahl der vorliegenden Pecien sowie den Preis für die Ausleihe an. Naturgemäß tauchen in dieser Liste nur die Schriften auf, die auch tatsächlich nachgefragt werden. Was Albert betrifft, sind in dieser Liste nur zwei Werkgruppen vertreten, nämlich Alberts Kommentare zu den logischen Werken [nn. 122–126] und – soweit man das aus den leicht abweichenden Titeln entnehmen kann – alle seine naturkundlichen Schriften [nn. 127–142].[139] Die Aufnahme in die genannte Liste spiegelt das große Interesse am naturkundlichen Werk Alberts wider und hat ihrerseits natürlich auch dazu beigetragen, dass eine Vielzahl von Kopien hergestellt werden konnten.

Womit hat sich Albert in der Naturphilosophie überhaupt zu befassen? Albert nähert sich dieser Frage in einer ganz aristotelischen Herangehensweise, indem er danach fragt wie wir Menschen überhaupt von diesen Dingen ein sicheres Wissen erlangen können. Da die menschliche Erkenntnis mit den Sinnen beginnt, muss sich die wissenschaftliche Tätigkeit zunächst auf das richten, was mit den Wahrnehmungsorganen erfassbar ist, nämlich auf die Dinge, die in der äußeren Natur vorkommen und deshalb mit der Materie verbunden sind. Damit unterliegen diese Erkenntnisobjekte sowohl der Vereinzelung als auch der Veränderung. Geht es zudem in der Naturphilosophie nicht nur darum, Informationen aus autoritativen Texten zu exzerpieren und zusammenzustellen, wie es bei Vincent von Beauvais der Fall ist, sondern ist es ausdrücklich das Ziel, sachbezogene Erkenntnisse zu gewinnen, dann stellt sich die methodologische Frage, in welcher Weise wir überhaupt in der Lage sind, die so charakterisierten Gegenstände im Modus der Wissenschaft erkennen zu können. Denn wenn die Naturdinge allesamt verschieden und durch keine gemeinsamen Bestimmungen zu kennzeichnen

139 Vgl. Murano, Opere diffuse, 125–126.

sind und zudem der ständigen Veränderung unterliegen, ist es nicht unmittelbar einzusehen, wie es hiervon ein sicheres Wissen geben sollte, das den Anspruch auf Wissenschaftlichkeit nur erheben kann, insofern es allgemein und notwendig ist.[140]

Der zentrale Grund, weshalb es von den Naturdingen entgegen diesen Einwänden Wissenschaft geben kann, liegt im Begriff der Natur selbst begründet.[141] Denn Natur meint nicht den singulären Einzelgegenstand, der sich von allen anderen unterscheidet und zudem einer ständigen Veränderung unterliegt. Vielmehr hat Albert als Gegenstand der Naturbetrachtung die natürlichen Arten im Blick, die das Gemeinsame beinhalten, das eine Vielheit von Einzelgegenständen ihrem Wesen nach ausmacht, und die nicht ein beliebiges Entwicklungsstadium eines natürlichen Dinges sein können, in dem noch nicht erkennbar wird, um welches Ding es sich eigentlich handelt.

„Das Werk der Natur freilich ist das, was hinsichtlich seiner natürlichen Wesenheit vollständig ist, und dies ist die gemäß dem vollständigen Sein der Substanz angenommene Wesensart. […] Das vollständige Seiende nämlich wird von der Natur erstrebt, und dieses ist ein Endliches und wird durch seine wesenhaften, real angenommenen Ursachen, welche Materie und Form sind, und durch die bewegende Ursache, welche das Wirkende ist, sowie durch die Ursache, zu der die Bewegung verläuft, welche das Ziel ist, begrenzt.“[142]

Das also, um ein Beispiel zu nennen, worin eine bestimmte Art von Bäumen übereinstimmt – und dies nicht zufällig und hinsichtlich beliebiger Eigenschaften, sondern mit Blick auf ihre wesentlichen Kennzeichnungen – und das, wodurch sich diese Baumart von den

140 Vgl. Physica I t. 1 c. 2, 3, 42 – 4, 25; (Übersetzung v. Anzulewicz, H.), in: AMI, System der Wissenschaften, 109–113.

141 Zu einem differenzierten Verständnis dessen, was Albert unter Natur versteht vgl. Hossfeld, Allgemeine und umfassende Natur.

142 Est autem opus naturae id quod est completum in naturalibus essentialibus, et hoc est species secundum esse substantiae completum accepta. […] Ens enim completum intenditur a natura, et hoc finitum est et finitur per causas suas essentiales realiter acceptas, quae sunt forma et materia, et per causam moventem, quae est efficiens, et per causam, ad quam est motus, quae est finis. Physica I t. 1 c. 2, 4, 46–60; (Übersetzung v. Anzulewicz, H.), in: AMI, System der Wissenschaften, 113. Zum Begriff des Werkes der Natur vgl. auch Hödl, Opus naturae est opus intelligentiae.

anderen unterscheidet, ist Gegenstand der wissenschaftlichen Naturbetrachtung. Wie lässt sich aber unterscheiden, was wesentlich und was nur zufällig gemeinsam oder anders ist? Die Antwort Alberts zielt dahin, auf das zu sehen, was er das Werk der Natur nennt. Das Werk ist das, was die Natur am Ende eines Prozesses als das für eine Art Typische hervorbringt: der ausgewachsene Baum, der genau die Eigenschaften hat, die ihn als Buche, Eiche oder Fichte kennzeichnen. Das vollständige Sein einer bestimmten Art ist also das, was als Ergebnis eines natürlich geordneten Prozesses unter Absehung von zu vernachlässigenden Abweichungen zum Vorschein kommt. Was in diesem Sinne als natürlich geordnet zu gelten hat, ergibt sich aus dem, was die für eine Art charakteristischen Ursachen hervorbringen. Aus diesem Grund haben es die Naturwissenschaften nicht nur mit den Einzelphänomenen zu tun, sondern mit den zugrunde liegenden Ursachen, die die Einzelphänomene in ihrem Wesen bestimmen: „*Zur Naturwissenschaft gehört es nicht nur die bloß erzählende Beschreibung des Einzelnen aufzunehmen, sondern bei den natürlichen Dingen die Ursachen zu untersuchen.*“[143]

Bei den Gegenständen der Naturwissenschaft handelt es sich um vier Ursachen, durch die das „vollständige Seiende“, von dem die Wissenschaft handelt, in seinem Wesen erfasst wird. Man muss, so das Argument Alberts, die Form und die Materie eines natürlichen Gegenstandes kennen, aber auch um die Wirkursachen und das Ziel, d.h. die angestrebte Endgestalt, wissen, um nicht beliebig Vielfältiges und Veränderliches zu betrachten, wovon es tatsächlich keine Wissenschaft geben kann. Verfolgt man diese Schiene der Argumentation, dann verschiebt sich bzw. erweitert sich das Feld dessen, was Gegenstand der Naturbetrachtung ist. Denn es geht nicht nur darum, natürliche Arten wie bestimmte Pflanzen- oder Tierspezies zu erfassen, sondern viel grundlegender darum, die Mechanismen und die Ursachen zu begreifen, die es überhaupt ermöglichen, innerhalb der belebten und unbelebten Substanzen Organisationsformen zu erfassen und in den Zusammenhängen so zu verstehen, dass man innerhalb der mannigfaltigen Erscheinungsformen überhaupt Ordnungen erkennen kann.

143 Scientiae enim naturalis non est simpliciter narrata accipere, sed in rebus naturalibus inquirere causas. Mineralia II t. 2 c. 1, 30a.

Betrachtet man etwa im Anschluss an Aristoteles die unterschiedlichen Gattungen der Vögel, der Fische und der Landtiere, indem man die jeweiligen Fortbewegungsweisen untersucht, durch die sie sich als fliegende, schwimmende und laufende bzw. kriechende Lebewesen unterscheiden, resultiert hieraus ein entsprechendes Verständnis ihrer jeweiligen Eigenarten. Aber diese spezifischen Differenzen werden nur dadurch erkennbar, dass man sie als Spezifikation einer allgemeinen Form der Bewegung begreift, so dass man als Hintergrundannahme nach der für die Lebewesen im Ganzen zutreffenden Bewegung fragen muss. Diese Form der Bewegung der lebendigen Naturdinge ist aber wiederum von der Bewegung der nicht belebten Naturdinge, z.B. der der Himmelssphären, zu unterscheiden, so dass die Naturkunde es grundsätzlich mit den bewegten Körpern zu tun hat, seien diese belebt oder unbelebt, denn *„in einer jeden naturwissenschaftlichen Disziplin ist ohne Zweifel [der Gegenstand, womit sie es zu tun hat, jeweils] der bewegliche Körper, sowie er der Bewegung unterworfen ist.“*[144] Denn nicht der Körper schlechthin, sondern der bewegliche Körper (*corpus mobile*) ist Gegenstand der Naturwissenschaft.[145] Dass sich jeder Körper, der in der Naturwissenschaft betrachtet wird, auch in Ruhe befinden kann, ist für Albert ein zusätzliches Argument für seine Gegenstandsbestimmung der Naturwissenschaft, denn die Bestimmung, sich in Ruhe zu befinden, ist in diesem Fall ein begriffliches Derivat aus dem Bewegungsbegriff selbst, da dieser der Sachordnung nach grundlegend ist, insofern Ruhe nur verstanden werden kann als ein Mangel an Bewegung.[146] Dieser Bewegungsbegriff impliziert aber auch, so fügt Albert hinzu, dass man nicht nur nach dem Bewegten selbst, sondern auch nach dem jeweils Bewegenden fragt, das möglicherweise selbst unbewegt ist. Aus diesem Grund ist auch im Rahmen der Naturbetrachtung etwa nach dem Beweger der Himmelssphären und der Seele als dem Beweger der belebten Körper zu fragen.[147]

Da es nicht Alberts Projekt ist, im Weiteren ohne sachliche Begründung den Vorgaben der aristotelischen Schriften und des durch diese

144 Hoc autem in omni scientia naturali absque dubio est corpus mobile, prout motui subicitur. Physica I t. 1 c. 3, 5, 25–27.

145 Vgl. Physica I t. 1 c. 3, 5, 80–83.

146 Vgl. Physica I t. 1 c. 3, 5, 84 – 6, 8.

147 Vgl. Physica I t. 1 c. 3, 6, 9–33.

beschriebenen Spektrums zu folgen, bedarf es für die weitere Untersuchung eines Leitfadens hinsichtlich der zu untersuchenden Gegenstände. Dieser sachliche Leitfaden ergibt sich für Albert aus den möglichen Einteilungen, die man hinsichtlich des grundsätzlichen Gegenstandes, also mit Blick auf den beweglichen Körper, vornehmen kann. Wenn alle möglichen Einteilungen verfolgt sind, ist die Behandlung, die innerhalb der Naturwissenschaften zu betreiben ist, vollständig.

„Damit wir aber wissen, welches Ziel wir in der Naturwissenschaft verfolgen, und wann wir alle ihre Einzelteile [erfasst] haben, und wann wir sie nicht haben, und welche von ihnen fehlen, und welche nicht, wollen wir aufgrund der Einteilung des Gegenstandes, den wir eingeführt haben, alle Bücher der Naturwissenschaft vorstellen. Wir wollen also sagen, dass, weil ein bewegungsfähiger Körper der Gegenstand ist, er gemäß allen seinen Unterschieden und Einteilungen in der Naturwissenschaft zu betrachten ist.“[148]

Aus diesem methodologischen Vorgehen ergeben sich für Albert gravierende Konsequenzen auch im Blick auf die zu behandelnden Themen und die Art, wie er sie zu bearbeiten hat. Denn der Leitfaden für seine Arbeit ist nicht allein das *Corpus Aristotelicum*, sondern die sachliche Ordnung von Gegenständen, die sich aus der vollständigen Analyse des Wissenschaftsobjektes, also des beweglichen Körpers, ergeben. Dies soll in groben Zügen an einem Beispiel verdeutlicht werden.

4.1 Die Seele als Prinzip der belebten Natur

In seiner Einleitung zum Aristoteles-Projekt zu Beginn des Physikkommentars diskutiert Albert die möglichen Gesichtspunkte, nach denen der Gegenstand der Naturbetrachtung untergliedert und den verschiedenen Teildisziplinen zugeordnet werden kann. Damit einhergehend nennt Albert die jeweiligen Schriften des Aristoteles, die

[148] Ut autem sciamus, ad quem finem intendimus in scientia naturali et quando habemus omnes eius particulas et quando non habemus eas et quae earum deficiunt et quae non, volumus ex divisione subiecti, quod induximus, ostendere libros omnes scientiae naturalis. Dicamus igitur, quod cum corpus mobile sit subiectum, ipsum habet considerari in scientia naturali secundum omnes differentias et divisiones eius. Physica I t. 1 c. 4, 6, 39–46; (Übersetzung v. Anzulewicz, H.), in: AMI, System der Wissenschaften, 121.

diesen Teilaspekten der naturwissenschaftlichen Betrachtung zugrunde gelegt werden können.[149] Demnach hat es der Naturwissenschaftler, der nicht die einfachen, sondern die aus Verschiedenem bestehenden, also die gemischten Körper betrachtet, mit zwei grundsätzlich unterschiedenen Klassen von Gegenständen zu tun, nämlich den unbelebten und den belebten Dingen. Sind erstere Gegenstand der Disziplinen der Meteorologie und der Mineralogie, verteilt sich die Betrachtung letzterer auf eine Vielzahl von Teildisziplinen. Mit Blick auf die belebte Natur muss selbstverständlich an erster Stelle die Ursache untersucht werden, die dafür ausschlaggebend ist, dass es überhaupt Belebtes gibt. Diese Ursache ist die Seele, denn diese ist nichts anderes als das Lebensprinzip selbst.

4.2 Die Seele des Menschen

Die Behandlung des Lebensprinzips, also der Seele selbst, hat deshalb jeder weiteren Beschäftigung mit den einzelnen Lebewesen vorauszugehen, da diese nur dadurch näher beschrieben werden können, dass man zuvor die grundlegende Eigenschaft erfasst, die sie überhaupt zu Lebewesen macht. Hierbei handelt es sich selbstverständlich nicht um ein beliebiges Merkmal, das an den verschiedenen Lebewesen vorkommen kann aber auch fehlen könnte. Das Besondere dieser grundlegenden Eigenschaft besteht darin, dass nur sie allein alle anderen Eigenschaften überhaupt zu Eigenschaften an einem Lebewesen werden lässt. Deshalb nennt man sie auch treffender die Form oder das formale Prinzip des Lebens, durch das ein Körper zu einem belebten Körper wird.[150] Die Formen des Lebens sind aber durchaus vielgestaltig, denn allein der Blick auf Pflanzen, Tiere und Menschen zeigt, dass es offensichtlich drei grundlegende Arten gibt, in denen sich das Leben und damit das Wirken der Seele in der Körperwelt manifestiert. Zum einen gibt es nämlich ein bloß vegetatives Leben, das die einfachsten Organismen, also die Pflanzen, besitzen, ein sinnenbegabtes Leben, das die Tiere aufgrund ihrer Fähigkeit der Sinneswahrnehmung auszeichnet, und schließlich ein vernunftbegabtes Leben, das in der uns zugänglichen

[149] Zum Folgenden vgl. Physica I t. 1 c. 4, 6, 34 – 8, 13.
[150] Vgl. De anima I t. 1 c. 1, 1, 1–29.

Natur – also unter Ausblendung der Himmelssphäre, in der es keine körperhaften Wesen gibt,– allein den Menschen zukommt.[151]

Allerdings stößt Albert mit dieser Feststellung gleich zu Beginn seiner Beschäftigung mit der Seele auf ein erstes methodologisches Problem. Denn wenn die Seele auf der einen Seite die Form oder die Vollendung des Körpers sein soll, auf der anderen Seite aber in der Weise, wie sie dem Menschen zukommt, eine Vernunftseele ist, scheint damit der Bereich der Naturbetrachtung überschritten zu werden.[152] Denn die Vernunftseele – so der Einwand, den sich Albert gleich im ersten Kapitel seines Kommentars zur aristotelischen Schrift *De anima* selbst macht, – kann scheinbar nicht die Form eines Körpers sein, eben weil sie selbst offensichtlich von allem Körperlichen absieht. Da der Naturforscher die belebten Körper zu untersuchen hat, scheint sich die Vernunftseele und damit das Eigentümliche des Menschen seinem Zugriff zu entziehen.[153]

Dieser Einwand, der auf den ersten Blick allein eine wissenschaftstheoretische Relevanz zu besitzen scheint, betrifft bei näherem Hinsehen das für das menschliche Selbstverständnis fundamentale Verhältnis von Leib und Seele, von Körper und Geist. Ist der Mensch nur das, was durch die Naturwissenschaft beschrieben werden kann, und stellt das, was wir für das uns Auszeichnende halten, nämlich unsere geistigen Kräfte, nur eine Einbildung dar, der kein reales Korrelat entspricht? Oder ist die menschliche Seele auf die materiell verankerten vegetativen und sinnlichen Aspekte beschränkt und stellt jede Annahme von weitergehenden intellektuellen Fähigkeiten der Geistseele eine menschliche Selbsttäuschung dar? Diese Bedenken, so modern sie klingen, werden von Albert ausdrücklich in Betracht gezogen, wenn er auf die Gefahr verweist, solche Einwände könnten sich aus der restriktiven Perspektive des Naturforschers und seiner Einschränkung auf den Bereich des Körperlichen ergeben. Man sollte die Tatsa-

151 Zu Alberts Deutung der menschlichen Seele vor allem in seinem Frühwerk vgl. Lipke, Die Bedeutung der Seele.

152 Zu Alberts Verständnis der menschlichen Seele vgl. Craemer-Ruegenberg, Die Seele; Köhler, De quolibet modo hominis; Köhler, Homo animal nobilissimum; Perler, The Soul; Runggaldier, Die menschliche Seele; Wieland, Zwischen Natur und Vernunft. Hellmeier, Anima et intellectus betrachtet Alberts Verständnis der Seele im Verhältnis zur Deutung, die Thomas von Aquin gibt.

153 Vgl. De anima I t. 1 c. 1, 2, 5–17.

che, dass im Folgenden innerhalb der Naturphilosophie von der Seele gehandelt wird, so der Appell Alberts, nicht dahingehend missverstehen, als wäre damit die These verbunden, dass es die Geistseele, also das den intellektuellen Fähigkeiten des Menschen zugrunde liegende geistige Vermögen, gar nicht gäbe, auch wenn einige als Häretiker bezeichnete Gelehrte dies behaupteten.

„Die Tatsache, dass wir die Wissenschaft über die Seele behandeln und erläutern, soll keinen beeindrucken, der vielleicht darin einen Anlass zum Irrtum erblickt, dass er sieht, dass all unser Wissen in der Sinneswahrnehmung seinen Ursprung nimmt, während uns die Seele, und insbesondere die intellektive, durch keine Sinneswahrnehmung offenbar gemacht wird. Daher nahmen auch die Häretiker den Anlass für die Behauptung, dass es keine derartige Seele gibt.“[154]

Dass dieser vermeintliche Einwand der Häretiker zu kurz greift, so Alberts Gegenargument, liegt daran, dass der Mensch offensichtlich über solche Vermögen verfügt, die zwar auf das sinnlich Wahrnehmbare der Körperwelt bezogen sind, die aber doch in der Lage sind, über das Sinnliche hinauszugreifen. Dies geschieht, indem Fragen nach den Ursachen gestellt werden, deren Wirkungen zwar sichtbar sind, die aber als solche nicht selbst unmittelbar sinnlich zugänglich sein müssen und in diesem Sinne der Wahrnehmung verborgen bleiben. Zum Menschen gehören:

„[…] die Vernunft und de[r] Intellekt, damit Vernunft und Intellekt auf die Sinneswahrnehmung zurückgebogen nicht nur Sinnenhaftes, sondern auch das unter dem Sinnenhaften Verborgene aufnehmen und eingehend behandeln. Unter dem Sinnenhaften liegen nämlich verborgen dessen Wesenheiten und offenbaren sich uns durch Tätigkeiten, so wie auch die nicht-sinnenhaften Ursachen des Sinnenhaften, wenn wir das Sinnenhafte mit seinen Ursachen vergleichen und uns vergegenwärtigen, dass die Eigenschaften der sinnenhaften Wirkungen und die der nicht-sinnenhaften Wirkprinzipien gegensätzlich sind.“[155]

154 Nec movere debet aliquem, quod nos scientiam de anima tractamus et explanamus, qui forte occasionem erroris accipit ex eo quod videt omnem nostram scientiam oriri de sensu, animam autem et praecipue intellectivam nullo sensu nobis manifestari. Ex quo etiam occasionem acceperunt haeretici nullam huiusmodi animam contendentes […]. De anima I t. 1 c. 1, 2, 36–42; (Übersetzung v. Anzulewicz, H., leicht modifiziert), in: AMI, System der Wissenschaften, 175.

155 [Q]uoniam nobis ad hoc rationem et intellectum deus gloriosus dedit, ut ratio et intellectus reflexi ad sensum non tantum sensibilia, sed etiam

Albert hält es für einen Fehlschluss, aus der Tatsache, dass Wirkungen sinnlich wahrnehmbar sind, zu schließen, dass diese Wirkungen nur Ursachen haben können, die auch selbst sinnlich wahrnehmbar sind. Hervorgebrachtes und Hervorbringendes, Wirkungen und Ursachen müssen nicht notwendigerweise die gleichen Eigenschaften aufweisen. Man möge sich die gegensätzlichen Eigenschaften körperlicher Effekte und unkörperlicher Ursachen vor Augen führen, so lautet der entscheidende Hinweis Alberts. Der Unterschied wird uns dann deutlich werden, wenn wir uns den gegensätzlichen Eigenschaften der sinnlichen Wirkungen und ihrer unsinnlichen Ursachen zuwenden (*advertimus*).

Dieser Hinweis Alberts ist auf die unmittelbar zuvor gemachte Feststellung zu beziehen, dass es das Eigentümliche der Vernunftseele des Menschen ist, auf eine Art wirken zu können, die prinzipiell die Möglichkeiten der körperlichen Ursachen übersteigt und die in diesem Sinne universell genannt werden kann. Das Erkennen des Menschen und seine Fähigkeit, Erkenntnisse zu Argumenten und Theorien zu verbinden, übersteigen grundsätzlich den Bereich dessen, was aufgrund von sinnlicher Wahrnehmung erklärt werden könnte. Das Gleiche gilt vom menschlichen Willen, der zu Handlungen in der Lage ist, die nicht allein durch Rekurs auf körperlich Erfahrbares begreifbar gemacht werden können. Damit ist zwar nicht in Frage gestellt, dass menschliches Erkennen mit der sinnlichen Wahrnehmung beginnt und dass Willensäußerungen durch sinnliche Affekte mitunter initiiert werden und letztlich in körperlichen Handlungen münden können, doch sind deshalb Verstand und Wille nicht notwendigerweise selbst körperliche Organe bzw. auf die Wirkung solcher Organe vollständig zurückzuführen. Auf dieser Unabhängigkeit vom Körperlichen beruht das universelle Spektrum möglicher Gegenstände, auf die sich der Wille und der Verstand in ihren Handlungen richten können.

quae sub sensibilibus latent, accipiant et pertractent. Latent autem sub sensibilibus substantiae sensibilium et per operationes innotescunt nobis, sicut etiam sensibilium causae insensibiles, quando comparamus sensibilia ad suas causas et advertimus oppositas esse proprietates sensibilium effectuum et insensibilium efficientium. De anima I t. 1 c. 1, 2, 42–51; (Übersetzung v. Anzulewicz, H.), in: AMI, System der Wissenschaften, 175.

„Die Kräfte der Vernunftseele hingegen wirken ohne irgendein körperliches Werkzeug, weshalb sie auch in Bezug auf alles allgemein wirken. Der Intellekt versteht nämlich alles, die Vernunft folgert aus allem und der Wille ist frei, sich hinzuwenden, wohin er will. Über diese Allgemeinheit und Freiheit verfügt kein anderes Prinzip und keine andere Form oder Kraft, welche mit dem Körper verbunden und auf ihn angewiesen ist."[156]

Das Umfassende unseres Intellekts und der Freiheit unserer willentlich gesteuerten Handlungen spiegeln das spezifische Vermögen der menschlichen Vernunft als Teil der Seele wider. Es geht Albert bei diesem Argument nicht allein darum, auf geistige Vorgänge als Korrelate von einzelnen Erkenntnis- oder Willenshandlungen zu verweisen. Im Vordergrund von Alberts Argument steht vielmehr der sonst nicht zu nachzuvollziehende Gedanke der Universalität bestimmter menschlicher Vermögen. Albert betont ausdrücklich das universelle, nicht partikulär begrenzte, Wirkvermögen von Vernunft und Wille als dasjenige, das eine Erklärung im Bereich des Intellektuellen und damit die Annahme der Geistseele erforderlich macht. Die genannte Universalität der Vermögen besteht gerade darin, alle möglichen Erkenntnisse hervorbringen oder alle möglichen Willenshandlungen bewirken zu können und nicht auf diejenigen beschränkt zu sein, die faktisch jeweils gegeben sind. Über den tatsächlichen Erkenntnisgegenstand hinaus und jenseits des jeweils wirklich Gewollten gibt es immer noch eine unendliche Menge von Gegenständen, die unsere Vernunft erkennen und unser Wille erstreben kann. Diese Gegenstände informieren uns über die möglichen Handlungen, diese wiederum über die zugrunde liegenden Vermögen und die Vermögen schließlich, wie Albert später sagt, über die Seele selbst.[157] Das universelle Spektrum dessen, was er-

156 Vires autem rationalis animae operantur sine aliquo corporis instrumento, propter quod et circa omnia universaliter operantur; intellectus enim de omnibus intelligit, et ratio de omnibus ratiocinatur, et voluntas libera est convertendi se, ad quod voluerit; et hanc generalitatem et libertatem non habet aliquod principiorum neque aliqua formarum vel virium corpori affixarum et obligatarum. De anima I t. 1 c. 1, 2, 5–13; (Übersetzung v. Anzulewicz, H.), in: AMI, System der Wissenschaften, 173–175.

157 Quaedam autem super quae non cadit sensus, sunt occulta nobis in substantia et partibus, sed sunt manifesta nobis ea circa quae operantur, et per illa devenimus in opera et per opera in potentias particulares et per illas

kannt und gewollt werden kann, ist letztlich das sichere Indiz für die Annahme einer Geistseele und die damit verbundene Ablehnung eines Reduktionismus der menschlichen Fähigkeiten auf das allein körperlich Erklärbare. Mit dieser Feststellung wird aus Alberts Perspektive keineswegs der Rahmen der Naturphilosophie überschritten, vielmehr wird dieser erst durch diese Erweiterung richtig ausgelotet, da anders nicht alle Phänomene des Natürlichen erklärt werden können.

Die so verstandene Universalität der geistigen Vermögen, die uns aufgrund der Mannigfaltigkeit der Gegenstände bekannt ist, so lautet Alberts Argument, lässt sich nicht durch einen Reduktionismus alles Seelischen auf die vegetative und sinnenhafte Seele erklären. Die Geistseele des Menschen ist also für Albert kein Gegenstand, der von Häretikern in seiner Existenz bezweifelt werden sollte, sondern es handelt sich um eine Erklärungsinstanz, der wir uns zuwenden (*advertimus*), um die Tätigkeiten in ihrem Ursprung begreifen zu können, die uns als Menschen ausmachen. Die Wirklichkeit dieser Tätigkeiten ist am wenigsten zu bezweifeln, da gerade diese Handlungen der intellektiven Seele uns als Menschen ausmachen und so die spezifische Art des Menschen von der anderer Lebewesen unterscheidbar macht, wie Albert unter Berufung auf den herausragenden Philosophen, nämlich Aristoteles, ausführt.[158]

4.3 Von der Bewegung der Lebewesen

Albert betrachtet das Prinzip des Lebens, nämlich die Seele, nicht nur als solche, wie er es in seinem Kommentar zur aristotelischen Schrift *Über die Seele* tut, sondern er macht sie auch im Blick auf ihre Tätigkeiten, die sie in den Körpern bewirkt, zum Gegenstand der Betrachtung. Hier gibt es zwei Möglichkeiten, denn zum einen sind das die Tätig-

postea coniecturamus de toto, sicut nos investigamus substantias separatas et ipsam animam. De anima I t. 1 c. 5, 9, 71–77.

158 Et hoc est, quod praeclarus Philosophus ait in ethicis suis distinguens quaedam esse naturalia homini ex genere et quaedam ex differentia, quae constitutiva est speciei hominis, communicareque dicit in sentire et concupiscere hominem cum aliis animalibus secundum communionem generis, esse tamen hominem, inquantum homo est, solum intellectum. De anima I t. 1 c. 1, 2, 26–33.

keiten, die die Seele an sich – also unter Absehung von irgendwelchen speziellen Vermögen, die ihr auch noch zukommen können – vollbringt. Gemeint ist also die elementarste Tätigkeit, die die Seele hervorbringt, und diese besteht, wie bereits angedeutet, im Lebendigmachen selbst, weshalb Albert dieses Thema in Anlehnung an die aristotelische Schrift *Über den Tod und das Leben* behandelt. Zum anderen können die besonderen Vermögen, die der Seele zukommen, entsprechend den verschiedenen Teilen der Seele, die Albert im Anschluss an Aristoteles unterscheidet, nämlich dem vegetativen, dem sensitiven und dem vernünftigen Seelenteil betrachtet werden. Die vegetativen Fähigkeiten der Seele werden in Anlehnung an die aristotelischen Schriften behandelt, die sich mit Zeugung, Wachstum und Ernährung beschäftigen. Um die Leistungen des vernünftigen Seelenteils zu behandeln, sieht sich Albert in Ermangelung einer geeigneten Vorlage des Aristoteles oder eines anderen Autors genötigt, eine eigenständige Abhandlung zu verfassen. Die auf diesem Weg entstehende Schrift *Über den Verstand und das Verstehbare*, *De intellectu et intelligibili*, gehört zu Alberts wirkmächtigsten Werken, wenn man allein schon die außerordentliche Verbreitung der Handschriften zugrunde legt.

Mit einer besonderen Ausführlichkeit wendet sich Albert den Tätigkeiten zu, die auf den sensitiven Teil der Seele zurückzuführen sind und die deshalb nur die Lebewesen betreffen, die über den vegetativen Seelenteil, der z.B. auch den Pflanzen zu eigen ist, hinaus ein Vermögen zur sinnlichen Wahrnehmung besitzen und deshalb im engeren Sinne nicht nur Lebewesen sind, sondern Sinneswesen genannt werden können. Auf den sensitiven Seelenteil sind vor allem zwei Tätigkeitstypen der Seele zurückzuführen: zum einen die Sinneswahrnehmung selbst. Diese wird von Albert in drei Perspektiven zum Gegenstand gemacht, nämlich insofern das Wahrnehmungsvermögen aus dem Sinnenwesen hinaus- und in dieses eintritt, insofern das Verhältnis von Wahrnehmung und Wahrgenommenem zu untersuchen ist und schließlich, insofern im Erinnerungsvermögen eine Aufbewahrung bzw. eine Reaktivierung von den in der Seele bewahrten Erscheinungsbildern ursprünglicher Wahrnehmungsakte stattfindet.

Zum anderen ist es die Tätigkeit des Bewegens, die in ihrer Zurückführung auf die Seele zu untersuchen ist. Auch hier unterscheidet Albert wiederum zwei Aspekte, nämlich zum einen die besondere Bewegung, die den Sinnenwesen zukommt, die eine Lunge besitzen, und aus diesem Grund über die spezielle Bewegung der Atmung verfügen. Grundlegender ist allerdings die Beschäftigung mit der Bewegung, die insofern allgemein ist, als sie jedem Sinneswesen zukommt, nämlich die Bewegung, die entweder einen Ortswechsel beinhaltet oder die an einem festen Ort verharrend in Ausdehnen und Zusammenziehen besteht. *„Diese Bewegung eignet allgemein allen in ihrer jeweiligen Unterschiedenheit aufgefassten Sinnenwesen, da ja jedes Sinnenwesen entweder durch eine vorwärts schreitende Bewegung, oder durch eine Bewegung der Dehnung und des Zusammenziehens, oder durch beide [Bewegungsarten] bewegt wird.*"[159] Beide Bewegungsformen, so der ausdrückliche Hinweis von Albert, werden im Werk *Über die Bewegungen der Sinneswesen* behandelt.

Albert weiß offensichtlich davon, dass Aristoteles ein Buch mit diesem Titel verfasst hat, und nennt es als die Quelle, anhand derer das von der dargelegten Systematik her notwendige Thema zu behandeln wäre. Allerdings hat Albert nur indirekt Kenntnis von diesem Werk und besitzt selbst zum Zeitpunkt, als er das gesamte Aristotelesprojekt entwirft, keine Übersetzung der aristotelischen Schrift.[160] Weil es aber die Zeit und die Ordnung erforderlich machen, ist das Problem der Bewegung der Sinnenwesen in einem eigenen Werk zu untersuchen, wie Albert eingangs der Schrift feststellt, die er ohne aristotelische Vorlage, also als eigenständige Abhandlung und nicht in Kommentarform entwirft.[161] Für die anstehende Untersuchung setzt sich Albert einerseits mit den Auffassungen auseinander, die er aus anderen Quellen kennt, andererseits kann er an das anschließen, was er an anderer Stelle, vor allem in seinem De Anima- und seinem Physikkommentar diesbezüglich bereits ausgeführt hat. In einem ersten Schritt wendet sich Albert gegen eine Auffassung, die er sowohl bei Platon und in abgewandelter Form auch bei Demokrit

159 Hic autem motus est generalis omnibus animalibus sub disiunctione acceptis, quoniam omne animal aut movetur motu processivo aut dilatationis et constrictionis motu aut utroque. Physica I t. 1 c. 4, 6, 46–50; (Übersetzung v. Anzulewicz, H.), in: AMI, System der Wissenschaften, 125.

160 Vgl. De Leemans, Introduction Aristoteles, IX-XVIII.

161 Vgl. De mot. animal. I t. 1 c. 1, 257a. Im Folgenden wird auf einen Text zurückgegriffen, der mit den Handschriften Vatikan Vat. lat. 718, f. 71vb–83rb, und Pommersfelden Gräflich Schönbornsche B 103, f. 104ra–113va, korrigiert ist.

zu finden glaubt.[162] Es handelt sich um die Vorstellung, dass die die Sinnenwesen bewegende Seele ihre Tätigkeiten als Teil der Weltseele hervorbringt. Demnach verleiht die Weltseele der sensitiven Seele ein entsprechendes Wirkvermögen, insofern diese aus dem übergeordneten Kosmos, den die Weltseele lenkt, herabgestiegen ist, um später dorthin zurückzukehren.[163]

Mit Avicenna plädiert Albert zwar durchaus dafür, dass die Seele gegenüber den Körpern, in denen sie tätig ist, einen besonderen Status hat, den man als *separatio*, d.h. als Abgetrenntheit verstehen kann. Allerdings würde man das Wesen der Seele wiederum missverstehen, wollte man ihre Tätigkeit mit der der abgetrennten Substanzen identifizieren. Diese Vorstellung liefe darauf hinaus, die Handlungen der Seele mit den Tätigkeiten der von der Materie losgelösten reinen Geistwesen gleichzusetzen, die allein auf bloßen Befehl, d.h. ohne Rückhalt in einer kosmischen Ordnung, Wirkungen in der materiellen Welt hervorbringen. Albert steht einer solchen Deutung kritisch gegenüber, da die Wirkvermögen der Seele auf diese Weise in die Nähe von Monstern und Ungeheuern gerückt würden, die ihre Handlungen ohne direkten Kontakt, allein durch unmittelbare Willensäußerungen der separaten Substanzen zustande bringen.[164] Eine solche Philosophie der magischen Wirkungen hält Albert für einen Irrweg, wenngleich er daran festhält, dass kosmische Konstellationen insofern eine Rolle spielen, als körperliche Phänomene aufgrund einer zugrunde zu legenden Ursachenkette auch mit den himmlischen Substanzen in Kontakt stehen.[165]

Albert sieht, dass die Fähigkeit der Seele zu bewegen einen besonderen Status erfordert, nämlich in dem Sinne, dass sie nicht aufgrund ihrer Verbindung mit dem Körper, sondern eben aufgrund ihrer Abgetrenntheit von diesem Bewegungen bewirken kann. „*Man muss annehmen, dass die [Seele] bewegt, insofern sie abgetrennt und nicht dem Körper verbunden ist.*“[166] Diese Abgetrenntheit der Seele kommt ihr

162 Zu Alberts Umgang mit den platonischen Quellen vgl. Gaul, Alberts des Großen Verhältnis zu Plato.

163 Vgl. De mot. animal. I t. 1 c. 1, 257a–259a.

164 Vgl. De mot. animal. I t. 1 c. 3, 261b.

165 Vgl. De mot. animal. I t. 1 c. 3, 263a–b.

166 Oportet igitur quod moveat in quantum est separata, et non coniuncta corpori. De mot. animal. I t. 1 c. 4, 264b.

in Analogie zu den abgetrennten Substanzen zu, die als Beweger der Himmelssphären die kosmische Ordnung garantieren. Wie der gesamte Kosmos eine Ordnung darstellt, so unterliegt auch das Verhältnis der Seelen zu den von ihnen bewegten Körpern einer geordneten Struktur, die Albert als natürlich begreift. Doch die Tätigkeiten, die von den Seelen auf die mit ihnen verbundenen Körper ausgehen, erschöpfen sich keinesfalls im Körperlichen. Denn Tätigkeiten wie Denken, Vorstellen, Abschätzen oder sich Erinnern sind eher dem geistigen Vermögen der Seelen als dem ursprünglichen Wirken der ihnen verbundenen Körper zuzurechnen.[167] Doch diese Abgetrenntheit bedeutet für Albert keineswegs eine lokale Geschiedenheit von Körper und Seele, sondern wird ausdrücklich als eine Loslösung der Seele von den körperlichen Eigenschaften und als eine Unabhängigkeit von den „Verpflichtungen" (*obligationes*) des Körperhaften, also als eine Loslösung von den Gesetzmäßigkeiten verstanden, die die Welt der Materie bestimmen. Die Seele befindet sich nur in dem Sinne außerhalb des Körpers, als sie *„über die Verpflichtung der Materie ihres Körpers hinaus gehoben ist"*.[168] Zusammenfassend interpretiert Albert den Status der Seele deshalb wie folgt:

> *„Die Seele wird deshalb als abgetrennt bezeichnet, weil sie, obwohl sie einer zugrunde liegenden Materie des Körpers innewohnt, gegenüber diesem dennoch nicht verpflichtet ist, sich in irgendeiner Hinsicht seinen Eigenschaften zu unterwerfen. Und deshalb ist die [Seele], die weder durch eine Unterteilung des Körpers unterteilt, noch durch eine Bewegung des Körpers bewegt wird, noch durch die Instrumente des Körpers handelt, nicht dem Ort nach, sondern von der Verpflichtung der körperlichen Materie, wie einfach auch immer sie sein mag, abgetrennt."*[169]

[167] Redit ergo haec sententia, quod animae sunt moventes corpora sua sibi conjuncta per naturam, et eas habere hanc facultatem ex similitudine ad substantias caelestes moventes in operatione divina, et per hoc quod sunt corporibus non omnino immersae quin etiam habeant actionem propter corpus omnino, ut est intelligere, aut actionem magis est animae quam corporis, sicut est imaginari, et aestimare, et memorari et huiusmodi. De mot. animal. I t. 1 c. 3, 263b. Albert beschreibt die Analogie der Bewegungen der Lebewesen zur kosmischen Bewegung eingehend in ebd. II t. 1 c. 2, 286a–288b.

[168] [U]ltra materiae sui corporis obligationem elevata. De mot. animal. I t. 1 c. 4, 265b.

[169] Sed dicitur ideo separata, quia cum insit alicui subiectae materiae corporis, non est obligata eidem ut in aliquo subiaceat proprietatibus eius.

Was Albert mit diesem metaphorischen Begriff der Verpflichtung und der Nicht-Unterwerfung unter die Eigenschaften der Materie zum Ausdruck bringt, ist die Einsicht, dass die Seele nicht als eine lokal vom Körper losgelöste Substanz in Erscheinung tritt, sondern Wirkungen erkennen lässt, die nicht durch die Eigenschaften des rein Körperlichen erklärt werden können, da sie offensichtlich nicht den Gesetzen folgt, denen die reine Materie in ihren Abläufen gehorcht. Augenscheinlich verfolgt Albert eine Doppelstrategie, die es einerseits erlaubt, die Wechselwirkung von Seele und Körper in den Blick zu nehmen und die lokale Ungeschiedenheit zu betonen, da die Wirkungen der Seele sonst, wie er zuvor betont, zur Angelegenheit bloßer Gaukelei gemacht und in die Nähe der Zauberkünste der Magier gerückt würden.[170] Andererseits bietet Alberts Deutung die Möglichkeit, die von der Seele hervorgebrachten Wirkungen nicht allein auf körperliche Eigenschaften und Gesetzmäßigkeiten reduzieren zu müssen. Nur unter dieser Voraussetzung, so wird sich zeigen, kann die Bewegung des Körpers überhaupt erklärt werden, denn *„durch sich selbst wird kein Körper bewegt.“*[171]

Wenn die Seele lokal vom Körper nicht getrennt ist, ergibt sich näherhin die Frage, in welchem Körperteil sie ihre Wirkung, nämlich einen ursprünglichen Bewegungsimpuls, hervorbringt. Gefragt wird also nach dem primären Ort, an dem die gemeinsamen Handlungen von Körper und Seele ihren Ausgang nehmen. In Einklang mit der antiken Tradition fragt Albert deshalb nach dem Körperorgan, in dem die körperlich-seelischen Bewegungsimpulse initiiert werden. Hierbei stehen sich zwei unterschiedliche Auffassungen gegenüber, mit denen sich Albert auseinanderzusetzen hat. Zum einen die vor allem von Platon bestimmte, aber auch von Galen und seinen Gefolgsleuten vertretene Theorie, wonach das Hirn der Ort ist, in dem der Ursprung der Bewegungsimpulse liegt.[172] Dem steht die andere Auffassung gegenüber, die Albert für die peripatetische Lösung hält und die auf Aristoteles zu-

Et ideo quae nec dividitur divisione corporis, nec movetur motu corporis, nec operatur instrumentis corporis, illa separata est, non per locum, sed a corporalis materiae quantumcumque simplicis obligatione. De mot. animal. I t. 1 c. 4, 265a.

170 Vgl. De mot. animal. I t. 1 c. 3, 262a.

171 [N]ullum corpus per se movetur. De mot. animal. I t. 1 c. 5, 266a.

172 Vgl. De mot. animal. I t. 2 c. 1, 269a–271a.

rückgehend von den arabischen Philosophen wie Averroes und Avicenna vertreten wird, die *„behaupten, dass das Herz und nicht der Kopf das erste Bewegende unter den Organen des Körpers ist."*[173] Albert macht gleich zu Beginn seiner Auseinandersetzung deutlich, dass er zwar eine gewisse Präferenz für die aristotelische Lösung hat, doch deshalb nicht auf die positiven Aspekte der platonischen Lösung verzichten wird:

„Von diesen beiden Lehrrichtungen wählt die Masse der Ärzte hinsichtlich der meisten Aspekte ohne Begründung den Weg des Platon. Die Umsichtigsten unter den Philosophen schließen sich aber dem Weg der Peripatetiker an, indem sie sagen, dass das Herz der Ursprung ist von Leben, Lebensgeist, Sinnesvermögen, Bewegung und von all den Dingen, die im Körper sind. Ich aber schließe mich den Philosophen an, auch wenn ich sage, dass ein Teil der Wahrheit in der Auffassung des Platon, des Sokrates und der Ärzte liegt."[174]

So deutlich Albert seine Präferenz für die peripatetische Lehre auch zum Ausdruck bringt, unterlässt er es gleichwohl nicht, die Eigenständigkeit seines Urteils hervorzuheben, indem er eine differenzierte Auffassung ankündigt, die sich nicht den Sachargumenten der platonisierenden Mediziner verschließen will. Uneingeschränkt kann also weder die Lehre vom Herzen als dem Zentralorgan des Körpers vertreten werden, noch diejenige, die nur den Kopf bzw. das Hirn in dieser Rolle sieht.

„Ich sage nämlich, dass das Herz zwar das Prinzip ist, weil von diesem der bewegende Lebensgeist ausgeht und zu ihm zurückkehrt. Der Lebensgeist nämlich ist das Erste, das nach dem Herzen bewegt, weil er bewegt wurde. Wie wir aber sagen, dass die Lebensgeister zum Hirn hin gerichtet sind und dort in den Organen des Wahrnehmens dazu bestimmt werden, dass sie zu Dienern für die Wahrnehmungs[organe] und zu Vergegenwärtigern der Formen der wahrnehmbaren Dinge werden, so scheint hier zu sagen zu sein, dass der Wahrheit gemäß unausweichlich geschlossen wurde, dass das Herz das Prinzip der Bewegung ist und dass dennoch der Lebensgeist sich ausdehnt und zurückzieht durch die Nerven des Hirns, durch die hinteren Teile des Hirns selbst und die Hohlräume und dort

[173] De mot. animal. I t. 2 c. 2, 269a–271a.

[174] Harum autem duarum sectarum medicorum vulgus secundum plurimum rationis expers eligit viam Platonis. Philosophorum autem peritissimi consenserunt in viam Peripateticorum dicentes cor esse principium vitae spiritus, sensus et motus et omnium eorum quae sunt in corpore. Ego autem consentio Philosophis, tamen aliquid veritatis dico esse in opinione Platonis, Socratis et medicorum. De mot. animal. I t. 2 c. 3, 272b.

vollends die Form der Bewegungsmomente annimmt. Und deshalb fühlt man die Nerven und Sehnen sich von jenem Teil zur Vollendung der Bewegung selbst ausdehnen. Und es scheint mir, dass kein Widerspruch in den Worten der Alten liegt, weil die Peripatetiker sehr gut schließen, dass das Herz das erste Prinzip unter den Bewegungsorganen des Lebewesens ist; das nächste aber und das, das das Vermögen hat zu bestimmen, ist der hintere Teil des Hirns, der mittels des dorthin ausgerichteten Lebensgeistes vom Herzen bewegt wird."[175]

Das Bild, das Albert entwirft, ist differenziert und erlaubt ihm deshalb, eine Position zu formulieren, die nach eigenem Bekunden keinen Widerspruch zwischen den strittigen Positionen der von ihm eingangs genannten Autoritäten zulässt. Er hält an seiner Präferenz gegenüber der peripatetischen Lehre insofern fest, als er das Herz als erstes Prinzip der Bewegung begreift. Nur durch das ursprüngliche sich Zusammenziehen und sich Ausdehnen des Herzens kommt der Lebensgeist in Bewegung, so dass er die übrigen Organe und damit auch das Hirn erreichen kann.[176] Diese grundlegende Bewegung findet sich vor jeder Tätigkeit der Sinnesorgane bei allen Lebewesen und zwar bereits im embryonalen Zustand.[177]

175 Dico enim quod cor est quidem principium, eo quod ab ipso procedit et ad ipsum refugit spiritus movens. Spiritus enim primum est quod post cor movet cum motum sit. Sicut autem dicimus spiritus esse directos ad cerebrum et ibi determinari in organis sentiendi ad hoc quod fiant sensitivis ministrantes et praesentantes formas sensibilium, ita videtur hic dicendum quod in veritate inevitabiliter conclusum est cor esse motus principium, sed tamen spiritum extendi et retrahi per nervos cerebri, et cerebri ipsius posteriores partes et cellulas, et ibi induere formam motivorum plene. Et ideo ab illa parte sentiuntur extendi nervi et chordae ad ipsius motus perfectionem. Et videtur mihi quod non est contradictio in verbis Antiquorum, quoniam Peripatetici optime concludunt cor esse principium primum inter organa animalis motus, proximum autem et determinativum est posterior pars cerebri quae per spiritum illuc protensum movetur a corde. De mot. animal. I t. 2 c. 3, 272b–273a.

176 Est autem motus cordis primus in constrictione et dilatatione secundum systolem vel diastolem vel eius membri quod est loco cordis. Quamvis enim hoc aliquando occultum sit, tamen ratio convincit hoc esse necessarium in omni animali, quia aliter non transmutaretur spiritus ab uno membro ad omnia membra quod est principium aliorum. De mot. animal. II t. 1 c. 1, 283b–284a.

177 Vgl. De mot. animal. II t. 1 c. 1, 284a.

Allerdings integriert Albert die entgegengesetzte Auffassung der Platoniker und Mediziner, indem er den hinteren Teil des Hirns als das dem Herzen unmittelbar nachgeordnete Bewegungsorgan versteht, dem eine eigentümliche Funktion zukommt, die offensichtlich vom Herzen allein so nicht ausgefüllt wird. Das Hirn ist nämlich ein *principium determinativum*, also ein Vermögen Bestimmungen vorzunehmen in dem Sinne, dass im hinteren Teil des Hirns der Lebensgeist, der vom Herzen ausgeht, die *forma motivorum* annimmt. Damit scheint gemeint zu sein, dass die ursprünglich aus dem Herzen stammende Bewegungskraft erst im Hirn eine zielgerichtete und damit zur Motivation bestimmter Bewegungen taugliche Ausrichtung erhält. Dies ist der Fall, weil der Lebensgeist erst im Dienst der Sinnesorgane, also im Hirn, Repräsentationen von wahrnehmbaren Sachverhalten der äußeren Wirklichkeit, *praesentantes formas sensibilium*, bilden kann. Nach außen gerichtetes Handeln und damit die entsprechenden Bewegungsimpulse, wenn sie denn auf ein Ziel in der äußeren Wirklichkeit gerichtet sein sollen, bedürfen also der bestimmenden Kraft, die der Lebensgeist erst im Hirn erhält. In Ergänzung des ursprünglich vom Herzen ausgehenden Impulses ist deshalb das Hirn das bestimmende, weil mittels Repräsentationen sich vollziehende Bewegungsprinzip.

4.4 Die Lehre vom Lebensgeist

Von zentraler Bedeutung für diese Theorie der vom Herzen ursprünglich ausgehenden Bewegung ist das Lehrstück des dort hervorgehenden Lebensgeistes, der durch seine unterschiedliche Beschaffenheit – sei dieser klar, fein, warm oder feucht, oder habe er die jeweils entgegengesetzten Eigenschaften – die Stimmungen und Leidenschaften des Sinneswesens prägt, wie Albert ausführlich erörtert.[178] Der Lebensgeist hat aber nicht nur Einfluss auf die affektive Disposition der Sinneswesen, sondern ist auch das zentrale Medium, durch das die Ortsbewegung aller Sinneswesen verursacht wird. Er ist also das Erste, was von der ursprünglichen Bewegung des Herzens selbst bewegt und auf diese Weise zum Ausgangspunkt der unterschiedlichsten Be-

[178] Albert führt das im Detail aus. Vgl. De mot. animal. I t. 2 c. 4–7, 274a–281b.

wegungsarten wird, die bei den Sinneswesen aufgrund ihrer jeweiligen körperlichen Beschaffenheit und ihres spezifischen Lebensraumes in großer Mannigfaltigkeit vorkommen, wie Albert systematisch im zweiten Buch von *De motibus animalium* erläutert.

Aber was genau ist dieser Lebensgeist, der im Lateinischen mit dem sehr weit gefassten Begriff ‚*spiritus*' bezeichnet wird?[179] Anders als es der als lateinische Übersetzung des griechischen Pneuma-Begriffs dienende Ausdruck ‚*spiritus*' vermuten lässt, handelt es sich bei diesem Lebensgeist bzw. bei diesen Lebensgeistern – denn der Begriff wird auch im Plural verwendet – um körperliche Phänomene. Die den Sinneswesen grundsätzlich oder auch nur den Menschen aufgrund ihres Beseeltseins zukommenden Eigenschaften, die überall auftreten oder auch nur im Einzelfall vorkommen, finden sich körperlich im Lebensgeist repräsentiert, der vom Herz ausgeht (*corporaliter in spiritu qui a corde procedit repraesentata*).[180] Der Lebensgeist selbst ist körperlich zu denken. Er ist ein Körper, der aus Elementen, vor allem aus Luft und Wasser, zu einem geringen Teil auch aus Feuer und unter weitgehendem Ausschluss von Erde zusammengesetzt ist und der der Seele bei der Ausübung aller das Leben betreffenden Handlungen dient.[181] Er ist weder wie die Seele oder ein bestimmter Körperteil selbst, noch ist er ein Zwischending, also keine vermittelnde Entität, die man sich als Übergang zwischen körperlicher und unkörperlicher Substanz vorstellen müsste. Ein solches Mittleres zwischen den körperlichen und den unkörperlichen Substanzen, wie es etwa die platonisch-neuplatonische Tradition im Himmelslicht (*lux caeli*) glaubt namhaft machen zu können, kann es nach Albert nicht geben.[182] Vielmehr ist der Lebensgeist ein Werkzeug, ein Instrument der Seele, das

179 Zur Geschichte des Begriffs ‚spiritus' im lateinischen Mittelalter vgl. Hamesse, Spiritus. Zu Alberts Deutung dieses Begriffs vgl. insbes. ebd., 180–184; ebenso vgl. Bono, Medical Spirits, hier mit Blick auf Albertus Magnus vor allem, 119–128.

180 De mot. animal. I t. 2 c. 5, 278a.

181 Dicamus igitur spiritum vivorum esse compositum corpus ex elementis, habens formam aeris, animae organice deserviens ad omnes vitae actus. De spir. et resp. I t. 1 c.4, 219b.

182 [H]oc est falsum, quia nullum tale medium esse potest inter incorpoream et corpoream substantias. De animalibus XX t. 1 c. 7, 1294. Vgl. Hamesse, Spiritus, 181.

ihr nur insofern zukommt, als sie bereits mit dem Körper vereinigt ist, so dass ein Dualismus von Körper und Seele gar nicht zur Diskussion steht. Ausdrücklich schließt Albert mit einer gewissen antidualistischen Stoßrichtung die Möglichkeit aus, die Seele könne den Lebensgeist als Werkzeug ihrer Tätigkeiten nutzen, bevor sie mit dem Körper vereinigt ist, also getrennt vom Körper zu denken wäre.[183]

Gleichwohl verkennt Albert keineswegs die unterschiedlichen Wirkweisen, die er einerseits der Natur, andererseits der Seele im Besonderen zuschreibt. Dieser Unterschied wird gerade darin offensichtlich, wie Natur und Seele jeweils auf den Lebensgeist bezogen sind, wenn sie ihn als Werkzeug benutzen. In seinem ebenfalls ohne aristotelische Vorlage verfassten Werk *Über den Geist und die Atmung* beschreibt Albert die unterschiedlichen Wirkweisen von Natur und Seele und betont die Angewiesenheit der Seele auf den als Werkzeug dienenden Lebensgeist, um als einheitliches Ganzes überhaupt verschiedene Wirkungen hervorbringen zu können:

„*Aber es darf uns nicht verborgen sein, dass die Seele und nicht die Natur dieses Werkzeug benutzt. Die Natur nämlich verbindet sich mit der Materie ohne ein Mittleres und bringt in dieser ihre Handlungen ohne ein Mittleres zum Abschluss, weil sie nur essentiell und durch sich handelt, wenn sie als ein Einziges [handelt], weshalb sie des Werkzeugs nicht bedarf. Die Seele aber bringt nichts so hervor, dass sie es nicht irgendwann verliert oder verlieren könnte und sie tut vieles essentiell. Weil sie selbst aber eine einzige und unteilbar ist, kann sie durch sich allein nicht dieses viele tun. Und deshalb ist ihr ein Werkzeug verbunden, aus dessen formaler Verschiedenheit sie vieles zu tun in der Lage ist. Ich spreche aber von einer formalen Verschiedenheit, insofern der aus dem Herzen zu den anderen Gliedern gesandte Lebensgeist Formen dieser [Glieder] herbei bringt, um die Kräfte jener Glieder in den Körper hineinzutragen, wie er im Hirn die Form der Wahrnehmung und der Bewegung annimmt und in der Leber die Form der natürlichen Kräfte aufnimmt und in den Hoden die formende Kraft, die von den Philosophen göttlich genannt wird.*“[184]

183 Anima enim non utitur spiritu, nisi iam unita corpori. Et ideo patet quod secundum naturam prius est unita corpori quam spiritu utatur. De animalibus XX t. 1 c. 7, 1293.

184 Sed oportet nos non latere, quod hoc instrumento anima et non natura utitur. Natura enim iungitur materiae sine medio et perficit in ea suas operationes sine medio, eo quod ipsa non operatur essentialiter et per se nisi unum, propter quod instrumento non indiget. Sed anima nihil ita

Nicht nur die Seele wird als ursprüngliche Einheit gedacht, auch der Lebensgeist selbst ist in dem Sinne zunächst einer, dass er einen einheitlichen Ursprung da hat, von wo er ausgeht, nämlich eine ursprüngliche Einheit im Herzen. Als wirkende Kraft ist der Lebensgeist aber in der Lage, vielfältig (*multiplex*) zu wirken. Er gelangt in die verschiedenen Glieder, aus denen ein komplexer Körper besteht, und bewirkt im Verbund mit deren eigentümlichen Wirkkräften dann jeweils Spezifisches. So bewirkt und steuert der Lebensgeist als Werkzeug der mit dem Körper verbundenen Seele rein natürliche, die Lebensfunktion betreffende und die Sinneskraft hervorbringende Prozesse:

„Es ist zwar wahr, wenn jemand sagt, dass der Lebensgeist von einer vielfältigen Form ist, aber der Grund für seine Verschiedenheit ist nicht der, den man als Grund anführt. Vielmehr wirkt der Geist, der entsprechend seinem Ursprung, da er im Herzen entsteht, ein einziger ist, abgeleitet zu den ursprünglichen [Körper]gliedern, die ebenfalls der Verursachung fähige Kräfte besitzen, in vielfältiger Weise, so dass der eine [Lebensgeist] natürlich, der andere belebend und der dritte der eines Sinneswesens genannt wird. So wirkt er nicht nur auf vielfältige Weise, sondern nimmt auch in jedem Glied eine Vielheit der Form an, weil es kein Glied gibt, das nicht eine eigentümliche Kraft bzw. Handlung besitzt, wie wir in diesem Buch gesagt haben, als wir von der Anatomie und den Kräften der Glieder gesprochen haben."[185]

operatur quod non cesset vel cessare possit aliquando ab illo, et operatur multa essentialiter. Cum igitur ipsa sit una et indivisibilis, per se solam haec plurima operari non potest, et ideo iunctum est ei instrumentum, ex cuius formali diversitate plurima valeat operari. Dico autem formalem diversitatem secundum quod spiritus a corde transmissus ad alia membra inducit formas illorum ad vehendum virtutes illorum membrorum in corpus, sicut in cerebro accipit sensus et motus formam, et in hepate virtutum naturalium formam induit, et in testiculis virtutem formativam quae a Philosophis vocatur divina. De spir. et resp. I t. 1 c. 4, 220b–221a. Der Text ist korrigiert mit der Handschrift Vatikan, vat. lat. 718.

185 Quod autem dicunt spiritum multiplicis esse formae, verum quidem est, sed non habet eam causam suae diversitatis quam inducunt pro causa, sed potius unus secundum originem existens spiritus quia in corde oritur, derivatus ad membra principalia quae etiam causatrices habent virtutes, efficitur multiplex: ita quod unus naturalis et alter vitalis et tertius animalis vocatur: nec hoc modo solum efficitur multiplex, sed etiam in quolibet membro multiplicitatem formae accipit, eo quod nullum membrum est

Der Lebensgeist ist für Albert einerseits ein als Einheit zu verstehendes Werkzeug, durch das die Seele im Körper wirkt. Dass die Seele vieles und auf vielfältige Weise bewirken kann, kommt andererseits dadurch zustande, dass der Lebensgeist die Fähigkeit besitzt, da, wo er vom Herzen ausgehend hingelangt, die Prägung anzunehmen, die durch das jeweilige Körperglied oder die entsprechende Körperfunktion bestimmt wird. Auf diese Weise bleibt nicht nur die ursprüngliche Einheit des Lebensgeistes, sondern auch die der Seele gewahrt, gleichwohl wird aber erklärbar, warum Seele und Lebensgeist so Unterschiedliches, wie es sich im gesamten Reich der belebten Natur offenbart, bewirken können. Der Lebensgeist ist wohl kaum als eine ontologische Zwischeninstanz zu verstehen, die Seele und Körper als ein drittes Element zu vermitteln sucht. Eher stellt er so etwas wie eine Übersetzung einer ursprünglichen Lebenskraft in die vielfältigen Instanzen dar, in denen sich mehr oder weniger komplexe Lebensformen manifestieren.

Dieses Verständnis, das Albert von der Vielfältigkeit der vom Lebensgeist bewirkten Funktionen entwirft, macht es für den Naturforscher notwendig, alle Einzelbereiche, in denen sich Eigentümlichkeiten der Körperglieder und -organe zeigen, aufzusuchen, um sie auf ihre nicht deduzierbaren Zusammenhänge hin zu untersuchen. Eine hieraus hervorgehende Systematik, die sich dann eventuell in den Bereichen der Botanik, der Zoologie oder auch der Menschenkunde ergibt, kann nicht der erfahrungsunabhängige Ausgangspunkt, sondern nur das Ergebnis einer vielfältigen Untersuchung sein, wie sie Albert zum Teil am Leitfaden der aristotelischen Schriften, zum Teil in eigenen Entwürfen durchführt.

4.5 Die Frage nach der Ursache: Die Natur der Seele

Das leitende Interesse, das Alberts Erörterung von den Lebensgeistern zugrunde liegt, besteht darin, eine Antwort auf die Frage zu geben, wie die Bewegung der belebten Körper zustande kommt. Angesichts der sehr unterschiedlichen Formen, in denen sich die jeweils

quod non propriam habeat virtutem et operationem, sicut diximus in hoc libro ubi de anathomia et virtutibus membrorum locuti sumus. De animalibus XX t. 1 c. 7, 1294.

eigentümliche Weise des Bewegtseins bei den verschiedenen Lebewesen realisiert, ist Albert gezwungen, sehr differenzierte Antworten als Erklärungen von sehr differenzierten Bewegungsformen zu geben: Pflanzliche Bewegung ist anders zu erklären als die einfacher Lebewesen oder gar komplexerer Tiere, die ein ausgeprägtes Wahrnehmungsvermögen besitzen. Bewegungen, die durch die menschliche Seele hervorgerufen werden, die nicht nur vegetativ und sensitiv arbeitet, sondern auch rationale Fähigkeiten besitzt, erfordern zunehmend komplexere Erklärungen, um verstehen zu können, wodurch sie zustande kommen. Die Leitfrage für Albert ist aber im Prinzip immer die gleiche, nämlich die nach den Ursachen, die man kennen muss, um die spezifische Bewegungsform belebter Körper verstehen zu können: Was ist der Grund dafür, dass dieses Lebewesen sich genau so verhält und sich in der Weise bewegt bzw. verändert, wie es durch den Wissenschaftler beobachtbar ist? Die Vorgehensweise, die in dieser Frage zum Ausdruck kommt, hat eine entscheidende Konsequenz, denn wer sich diese Maxime zu eigen macht, wird so viele Ursachen ausmachen müssen, wie er unterschiedliche Lebens- bzw. Bewegungsformen beobachten kann. Der gesamte Gegenstandsbereich, der in einer Wissenschaft behandelt wird, die sich mit den bewegten oder auch nur mit der Teilmenge der belebten Körper beschäftigt, ist strukturiert und gegliedert durch die sich unterscheidenden Ursachen, die jeweils unterschiedliche Lebensformen – vegetative, sensitive oder rationale – prägen. Wissensgebiete und Ursachen, Wissenschaften und Klassen von Gründen korrespondieren einander.

Die aus diesem Zusammenhang resultierenden methodologischen Fragen stellen sich Albert immer wieder neu, auch während er schon längst an seinem naturphilosophischen Großprojekt arbeitet. Selbst als er die letzten Schriften dieser Werkgruppe verfasst, nämlich während er Ende der 50er Jahre an seiner Tierkunde, d.h. dem am Ende 26 Bücher umfassenden Werk *De animalibus* schreibt, reflektiert Albert über die methodologischen Grundsatzfragen[186] und die damit verbundenen Konsequenzen für die Reihenfolge und Zusammenset-

[186] Als methodologische Reflexion tritt vor allem das elfte Buch von De animalibus hervor. Vgl. De animalibus XI t. 1, 761–780; lat. Text sowie Einleitung und Übersetzung von Möhle, H. in: AMI, System der Wissenschaften, 229–277.

zung seiner Schriften. Während die ersten 19 Bücher dieses Werkes Kommentare zu den biologischen Schriften des Aristoteles darstellen, handelt es sich bei den beiden folgenden um eigenständige Schriften Alberts. Die abschließenden fünf Bücher, die man mitunter auch als Tierlexikon bezeichnen kann, orientieren sich in einem hohen Maß an den entsprechenden enzyklopädischen Vorlagen des Thomas von Cantimpré und des Vincent von Beauvais.[187] Die ursprünglichen an das 19. und das 21. Buch anschließenden Schriften haben jeweils eine besondere Geschichte. Die Schrift *De animalibus* ermöglicht zudem spezielle Einsichten in die Arbeitsweise Alberts, weil sie neben verschiedenen Abschriften auch in der Urfassung erhalten ist, die Albert von eigener Hand angefertigt hat und die heute noch im Autograph erhalten ist. In Codex W 258a des Historischen Archivs der Stadt Köln befindet sich auch die heute als Einzelwerk bekannte Schrift *Über die Natur und den Ursprung der Seele*, die als ursprünglich an das 19. Buch anschließende Schrift für das Verständnis von Alberts methodologischen Vorgehen von besonderer Bedeutung ist.

Die minuziöse Untersuchung des Autographs hinsichtlich der Zusammensetzung der Lagen, der Vollständigkeit der Blätter, der unterschiedlichen Tinten, der Rasuren und anderer Korrekturvorgänge, sowie der Vergleich des Textbestandes mit anderen Handschriften, die dieses Werk überliefern, zeigen, dass Albert die Schrift *Über die Natur und den Ursprung der Seele* zuerst als eigenständige Schrift plante, um sie dann in das Gesamtwerk von *De animalibus* zu integrieren, wovon das Autograph Zeugnis gibt.[188] Schließlich löst Albert diese Schrift dann doch wieder aus diesem Kontext heraus, um sie einzeln zu publizieren, weshalb Bernhard Geyer sie als eigenständige Schrift im Band 12 der Editio Coloniensis herausgibt.

Dieses Vorgehen allein lässt schon wichtige Schlüsse auf Alberts Deutung der Lehre von den Sinnenwesen zu. Besonders interessant wird der Befund Geyers aber dadurch, dass er seinerzeit erstmals auf

[187] Einen knappen Überblick über den Inhalt und den Aufbau der Schrift bietet Stehkämper, Albertus Magnus, Nr. 170, 149–152. Für den Zusammenhang mit den anderen Teilen der Naturphilosophie vgl. Asúa, Minerals Plants and Animals; Balss, Albertus Magnus als Biologe.

[188] Vgl. Geyer, Die ursprüngliche Form; Anzulewicz, Über die Natur und den Ursprung der Seele, 16–23.

einen Text aufmerksam macht, dessen Ursprung nur aus der paläographisch rekonstruierten Entstehungsgeschichte der Schriften *De animalibus* und *De natura et origine animae* erklärbar wird. Um die ursprünglich für die Einzeledition vorgesehene Schrift *Über die Natur und den Ursprung der Seele* in das umfassendere Werk *De animalibus* integrieren zu können, schreibt Albert ein Einleitungskapitel, das dem Zweck dient, die Einzeluntersuchung über die Seele dem Gesamtkontext des umfassenderen Werkes *Von den Sinnenwesen* systematisch zuzuordnen.

Albert resümiert in diesem Text sein bisheriges Vorgehen bei der Abfassung seines zentralen naturwissenschaftlichen Werkes und entwirft in wenigen Sätzen seine eigene Vorstellung davon, wie eine naturwissenschaftliche Untersuchung zu verfahren habe. Immerhin umfasst der Kommentar, den Albert bis dahin zu den insgesamt 19 aristotelischen Büchern verfasst hat, bereits mehr als 1270 Seiten in der heute vorliegenden Druckfassung. Zwar habe er bisher über die Glieder, die Entstehung, die Natur und die beiläufigen Eigenschaften der Sinnenwesen den aristotelischen Vorlagen folgend gehandelt – so stellt Albert fest – doch sei die bisherige Lehre nach wie vor unvollkommen. Und zwar deshalb, weil die vereinzelt und versprengt angesprochenen Gegenstände noch nicht auf die gemeinsamen Prinzipien zurückgeführt worden seien, um dann wiederum aus den gemeinsamen Prinzipien die Gegenstände durch eine angemessene Unterteilung auf ihre eigentlichen Naturen hin zu bestimmen. Nur so dürfe nämlich, so bemerkt Albert weiter, eine Lehre von den Sinnenwesen beschaffen sein, wenn diese vollkommen und hinreichend sein solle.[189] Aus all dem bisher Dargelegten sei aber noch nichts über die Natur und die eigentümlichen Bestimmungen des Sinnenwesens, insofern es Sinnenwesen ist, bekannt geworden: weder über die Sinnenwesen als körperliche oder als beseelte Wesen noch über diese als Einheiten von Körper und Seele. Desgleichen wisse man bislang nichts über die Ordnung und die Einteilung der Sinnenwesen in Gattungen

[189] Videtur autem nobis imperfecta adhuc esse doctrina, eo quod ea quae particulariter et sparsa dicta sunt, ad communia non sunt reducta et ex communibus iterum divisione congrua non sunt in propriis naturis determinata. Sic enim perfecta doctrina animalium sufficiens esse videbitur. De natura et origine animae (Incipit liber vicesimus de animalibus), 1, 13–18.

und Arten bzw. etwas über die den Gattungen und Arten entweder eigentümlichen oder gemeinsamen natürlichen Bestimmungen.[190] So habe man zwar bislang von den verschiedenen Bewegungsweisen von Schildkröten und Schwämmen und anderen halbsphärischen Lebewesen, deren Körpersubstanz dem Eiweiß ähnlich sei, gehört – vermutlich denkt Albert hier an Quallen –, aber um eine vollkommene Wissenschaft (*scientia perfecta*) der Natur der Sinnenwesen zu erlangen, sei eben darüber hinaus ein Wissen von den Unterschieden und den Gründen dieser Unterschiede sowohl im Einzelnen als auch im Allgemeinen notwendig.[191]

Vor allem aber fehlt der bisherigen Betrachtung der Sinnenwesen die genaue Untersuchung der Natur der Seele.[192] Die Seele ist nämlich in der Sicht Alberts der letzte Erklärungsgrund für all die Einzelheiten, die die bisherige Untersuchung, also die vorausgehenden 19 Bücher von *De animalibus*, aufgezeigt hat. Die bloße Aufzählung und Beschreibung dieser beobachtbaren Einzelheiten, also das, was eine empirisch verfahrende Naturwissenschaft in einem ersten Schritt leistet, bleibt solange vom Anspruch der Wissenschaftlichkeit ausgeschlossen, bis die begründenden Prinzipien, die dieser Mannigfaltigkeit zugrunde liegen, aufgezeigt sind. Letztlich ist also das zunächst empirisch deskriptiv Erfasste bis auf das Grundprinzip des Lebendigen, nämlich die Seele und ihre jeweilige Ausprägung in den verschiedenen Arten der Lebewesen zurückzuführen. Weil alles Verhalten der Sinnenwesen in einem letzten Schritt durch die grundlegende Bedeutung der Seele erklärbar wird, ist eine Wissenschaft vom Lebendigen erst dann wirklich erreicht, wenn die Seele im Zusammenspiel mit dem Körper erfasst wurde. Die Voraussetzung hierfür liegt aber wiederum in einer Kenntnis der Seele selbst begründet; sie verweist damit auf eine Untersuchung der Natur der

190 Vgl. De natura et origine animae (Incipit liber vicesimus de animalibus), 1, 19–28.

191 Vgl. De natura et origine animae (Incipit liber vicesimus de animalibus), 1, 37–50.

192 Quod autem ante omnia alia determinandum est, est de natura animarum animalium, de quibus nil omnino determinatum est, nisi qualiter quaedam educuntur de materia in generatione et qualiter quaedam sunt ab extrinseco materia. De natura et origine animae (Incipit liber vicesimus de animalibus), 2, 18–22.

Seele, die diese außerhalb des funktionalen Zusammenhangs mit dem Körper und insofern in ihrem eigenen Ursprung betrachtet, denn „*weil die Seele das Prinzip des Lebens, der Bewegung, der Sinneswahrnehmung und generell der Erkenntnis und des Strebens der Lebewesen ist, können wir nur dann die natürlichen Handlungen und Widerfahrnisse der Lebewesen kennen, wenn wir die Natur der Seele kennen.*"[193]

Die Natur der Seele zu untersuchen, bedeutet aus Alberts Sicht, auch den von Aristoteles in seiner Schrift *Über die Seele* eingenommenen Fragehorizont zu übersteigen und die Untersuchung der Seele nicht von vornherein auf ihren funktionalen Zusammenhang mit dem Körper zu beschränken. Diese begrenzende Perspektive wird dadurch überschritten, dass man die *anima separata*, also die Möglichkeit einer vom Körper losgelösten Seele in den Blick nimmt und nach deren Ursprung sowie nach deren vom Körper unabhängigen Existenzform fragt.[194] Mit dem Blick auf die *anima separata* eröffnet Albert einen Fragehorizont, den man eine nicht-funktionalistische Perspektive nennen kann, insofern die Seele eben nicht von vornherein auf die Handlungs- und Reaktionsweisen eingeschränkt wird, die sie in der Verbindung mit dem Körper entfaltet, auch wenn sie ihre äußeren Handlungen nur unter Rückgriff auf die Körperlichkeit durchzuführen vermag. Das Steuern eines Schiffes oder das Lenken eines Wagens, so die Bilder, die Albert bemüht, erschöpft sich nicht in den beobachtbaren äußeren Handlungen und ist nicht allein durch Rückgriff auf physische Ereignisse zu erklären.

„*Wenn die [Seele] nämlich vollendet wie ein Beweger das vollendet, was er bewegt – so wie ein Seemann ein Schiff und ein Wagenlenker den Wagen [bewegt] –, muss man die Frage untersuchen, ob jede Seele, die so den Körper bewegt und lenkt, losgelöst werden kann, oder ob das nur dann der Fall ist, wenn sie so lenkt und bewegt, dass sie dem Sein und der Substanz nach nicht vom Körper abhängt, auch wenn der Akt ihrer Bewegung und die Handlung ihrer*

[193] Cum enim anima sit principium vitae et motus et sensus et universaliter cognitionis et appetitus animalium, non possunt sciri animalium naturales operationes et passiones, nisi sciatur animae natura. De natura et origine animae (Incipit liber vicesimus de animalibus), 2, 46–49.

[194] Vgl. De natura et origine animae (Incipit liber vicesimus de animalibus), 2, 50–57.

Lenkung nicht ohne den Körper ausgeführt werden können. In der Weise wird auch nicht die Handlung des Seemanns oder des Wagenlenkers ohne Schiff oder ohne Wagen ausgeführt, obwohl Seemann und Wagenlenker weder das Sein noch das Bewegen vom Schiff oder vom Wagen her annehmen. Wenn es sich aber um eine losgelöste Seele handelt und sie ohne den Körper Bestand haben kann, ist, damit die Lehre vollkommener wird, zu fragen, was ihr Status und was eine Handlung ohne Körper ist."[195]

Diese Bezugnahme Alberts auf die Seele und ihre vom Körperlichen losgelöste Existenzform resultiert in diesem Kontext keineswegs primär aus einer durch die Auferstehungsproblematik motivierten theologischen Besinnung auf die Gottebenbildlichkeit des durch die Seele Belebten. Vielmehr handelt es sich hier um die Pointe einer grundlegenden wissenschaftstheoretischen Reflexion, die für Alberts Deutung der Naturwissenschaft von ausschlaggebender Bedeutung ist. Dies zeigt sich aufgrund der Textgeschichte des zwischenzeitlich von Albert intendierten Einleitungskapitels, auch wenn er später den gesamten Text von *De natura et origine animae* als eigenständige Schrift betrachtet und die ursprüngliche Einleitung obsolet wird. In diesem kurzen Text nennt Albert nämlich die Gründe für seinen zwischenzeitlichen Plan, die eigenständige Schrift *Über die Natur und den Ursprung der Seele* in die umfassende naturwissenschaftliche Behandlung *Über die Sinnenwesen* einzufügen. Hierbei reflektiert er rückblickend das bislang Geleistete, das sich in der Bearbeitung der aristotelischen Vorlage ergeben hat. Er betont aber auf der anderen Seite auch noch in der endgültig redigierten Textfassung, dass er bei der von ihm angestrebten Untersuchung der Natur und des Ursprungs der Seele, der die Frage nach

[195] Si enim perficiat, sicut perficit motor id quod movet sicut nauta navim et auriga currum, oportet inquirere, utrum omnis anima sic movens et gubernans corpus sit separabilis an solum illa quae sic gubernat et movet, quod secundum esse et substantiam non dependet a corpore, licet actus sui motus et operatio suae gubernationis non sine corpore valeat exerceri; sicut neque operatio nautica aut aurigae sine navi et curru exercetur, quamvis nauta et auriga nec esse neque movere accipiant a navi aut a curru. Si autem est separata anima et subsistere habens sine corpore, ut perfectior sit doctrina, oportet quaerere, quis est status eius et operatio sine corpore. De natura et origine animae tr. (Incipit liber vicesimus de animalibus), 2, 58–71; vgl. De intell. et int. II t. un. c. 11, 519.

deren Unsterblichkeit beinhaltet, keineswegs die Grenzen der Naturphilosophie zu überschreiten gedenke.[196]

Die aus Alberts kritischer Perspektive spätestens ab Buch 19 von *De animalibus* als unzureichend erscheinende Konzeption, die ihm in der bislang kommentierten Vorlage der aristotelischen Schriften offensichtlich wird, veranlasst ihn, die ursprünglich als eigenständige Werke konzipierten Texte in dieses monumentale naturkundliche Werk einzubauen, um auf diese Weise die Systematisierung und letztlich die Verwissenschaftlichung des vorliegenden Materials zu erreichen. Albert ist also nicht nur der unermüdliche Sammler und Beobachter des Natürlichen, sondern er ist ein über Aristoteles hinausweisender, wissenschaftstheoretisch reflektierender Naturphilosoph. Er verbindet in seinem Vorgehen die deskriptive Erfassung möglichst der gesamten Mannigfaltigkeit der Erscheinungen mit einer erklärenden Deutung der Einteilungsprinzipien, die diese Vielheit auf die gemeinsam geteilten Gesetzmäßigkeiten zurückführt. Diese wissenschaftstheoretische Zuspitzung, die in ihrer systematischen Bedeutung durch ihre von Geyer seinerzeit in philologischer Kleinarbeit aufgewiesene argumentationslogische Stellung im Gesamtwerk deutlich wird, verbindet zwei Momente miteinander. Einerseits versteht Albert Natur als die nicht reduzierbare Vielheit der nur empirisch zu vergegenwärtigenden Einzelphänomene. Andererseits hebt Alberts Kritik an der bloß beschreibend und aufzählend verfahrenden naturkundlichen Forschung die Notwendigkeit hervor, Einheit stiftende Erklärungsgründe zu suchen, die die Phänomene erst als das hervortreten lassen, was sie ihrem Wesen nach sind. Das ist der Grund, weshalb Albert eine eigene Untersuchung der Seele als des eigentlichen Prinzips des Belebten fordert. Dieser Grund ist aber wissenschaftstheoretisch motiviert. Dieser in Alberts Schriften feststellbare methodische Leitfaden hat ein sachliches Fundament, das sich aus der Auseinandersetzung ergibt, die Albert mit der aristotelischen Wissenschaftstheorie führt, worauf noch einzugehen sein wird.[197]

[196] Vgl. De natura et origine animae t. 2 c. 13, 37, 63–66.

[197] Vgl. unten Kap. 5.

4.6 Die Frage nach dem Verstand: Zwischen Seins- und Erkenntnisordnung

Albert begnügt sich bei seiner Frage nach der Seele keineswegs mit dieser bereits erweiterten Perspektive, in der er die Seele als solche in den Blick nimmt und sie außerhalb des funktionalen Zusammenhangs mit dem Körper betrachtet. Nicht nur die Seele als solche ist nämlich Gegenstand von Alberts Fragen, sondern auch in der Innenperspektive kann der Blick weiter geschärft werden. Dies ist dann der Fall, wenn Albert die unterschiedlichen Ausprägungen der Seele betrachtet und dabei die Sonderstellung der verstandesbegabten Seele gegenüber der vegetativen und sensitiven Seele untersucht. Nur der intellektiven Seele, also dem Verstand (*intellectus*) kommt es zu, unabhängig von einem Zusammenwirken mit dem Körper tätig zu sein. Aus diesem Grund widmet Albert diesem Gegenstand mit der Schrift *Über den Verstand und das Verstehbare* (*De intellectu et intelligibili*) einen eigenständigen Traktat,[198] den er im Kontext seiner Beschäftigung mit den naturkundlichen Schriften des Aristoteles verfasst und der zu einem der wirkmächtigsten Texte wird, die er je verfasst hat.[199] Selbstverständlich greift Albert das Thema des Intellekts nicht erstmalig in dieser Schrift auf, gleichwohl kommt in diesem Traktat, wenn man eine gewisse Entwicklung von Alberts Intellektlehre annimmt, eine besonders ausgearbeitete Deutung dieses Lehrstücks zum Ausdruck.[200] Albert ist sich wohl bewusst, dass er sich mit diesem Untersuchungsgegenstand im Grenzgebiet zwischen Naturkunde und Metaphysik bewegt, doch betont er immer wieder, mit seiner Deutung strikt auf naturkundlichem Boden zu verbleiben, eben weil seine Untersuchung für das naturphilosophische Unterfangen notwendig sei. Für das Selbstverständnis des Menschen ist die Untersuchung des Intellekts zudem unabdingbar, da er in seinem Wesen al-

[198] Zu Alberts Traktat im Ganzen sowie zu dessen Voraussetzungen und Wirkungsgeschichte vgl. die ausführliche Studie Winkler, Albert der Große.

[199] Zur Ordnung der naturwissenschaftlichen Werke Alberts vgl. Donati, Scientiae naturales.

[200] Zur Entwicklung von Alberts Intellektlehre vom Frühwerk bis zur reifen Position in den späten Schriften vgl. Anzulewicz, Intellekttheorie des Albertus Magnus. Anzulewicz sieht im Traktat *De intellectu et intelligibili* den „Höhepunkt“ von Alberts Darlegung zum Thema des Intellekts, vgl. ebd. 200.

lein durch den Intellekt bestimmt ist (*cum sit solus intellectus*), also in erster Linie Geistwesen ist.[201] – Nur auf diese Weise wird der Mensch im übrigen die Prinzipien kennen lernen, aus denen die kontemplative Glückseligkeit, von der Aristoteles in der *Nikomachischen Ethik* spricht, hervorgeht.[202]

Der Grund, weshalb Albert am naturkundlichen Charakter seiner Untersuchung der Verstandesseele festhält, scheint wesentlich darin zu liegen, dass die anderen Seelenvermögen, der vegetative und der sensitive Seelenteil, auf die zugrunde liegende Verstandesseele als ihren Erklärungsgrund zurückgeführt werden. Als Beispiel für diesen Begründungszusammenhang mag die Botanik dienen, wenn man sich etwa klar macht, dass das Wesen einer Eiche oder Buche nur dann begriffen werden kann, wenn zuvor die spezifische Art der Laubbäume im Gegensatz zu den Nadelbäumen und wiederum diesem vorausgehend die allgemeine Art der Bäume in Abgrenzung zu anderen Pflanzen und schließlich die Pflanzen im Unterschied zu allen anderen Lebenwesen erfasst werden. Auch an dieser Stelle kommt die Frage nach dem Zugrundeliegenden nicht zu einem Ende, sondern verlangt nach einer weitergehenden Klärung, die auch irgendwann das Lebensprinzip selbst, also die Seele betrifft, die in ihrer allgemeinsten Betrachtung die Grundlage für jegliche spezifischeren Betrachtungen alles Lebendigen ist.

Albert lehnt ausdrücklich die Vorstellung ab, dass man die Seele dadurch begreifen könne, dass man die Lebensfunktion des Vegetativen als grundlegend, die des Sensitiven als darauf aufbauend und schließlich die Verstandesseele als eine weitere Hinzufügung zu den beiden zugrunde liegenden Seelenteilen annähme.[203] Dieser Versuch, die höheren Funktionen der Seele im Ausgang von den niederen zu erklären, beinhaltet nach Albert eine Fehleinschätzung. Der Grund, warum es sich gerade umgekehrt verhält, nämlich in der Weise, dass die Verstandesseele etwas Primäres ist, dem die anderen Seelenteile

201 Zum rationalen Seelenteil des Menschen gehört aber auch der Wille, dem eine besondere Bedeutung bei der Erlangung menschlicher Vollkommenheit zukommt,vgl. hierzu Möhle, Der Wille in der Intellekttheorie.

202 Vgl. De intell. et int. I t. 1 c. 1, 478.

203 Zu Alberts Deutung der Einheit der menschlichen Seele vgl. auch Söder, Über Natur und Vernunft, insbes. 386–397.

nachgeordnet werden, besteht darin, dass man die Seele nicht als etwas zu denken hat, das durch Hinzufügung von einer einfachen Lebenskraft zu einem komplexen Erkenntnisvermögen wird. Vielmehr muss man umgekehrt das einfachere Vermögen als sachlich nachgeordnete Einschränkung einer ursprünglichen Fülle begreifen. Denn letztlich fließen alle Vermögen der Seele aus einer übergeordneten Ursache, die all das beinhaltet, was die Seele von ihren umfassendsten bis zu ihren einfachsten Funktionen auszeichnet. In dieser Weise verstanden stellen der sensitive und der vegetative Seelenteil zunehmend eingeschränkte Kräfte eines zugrunde liegenden Vermögens dar, das ursprünglich weit mehr vermag und das nur durch die Eingrenzung auf die Sinnlichkeit und das bloße Überleben differenziert und damit geschwächt wird. In diesem Sinne ist die Erkenntnisfähigkeit allgemeiner und früher (*generalius et prius*) als die anderen Vermögen. Wie ersichtlich wird, nimmt Albert keine evolutionsbiologische Perspektive ein, sondern rekurriert auf einen Begründungszusammenhang, der sich aus dem Übergang einer ursprünglich universellen Wirkkraft zu einer Vielheit partikularer Manifestationen ergibt. Das Erkennen steht aufgrund seines größeren Wirkbereichs der ersten Ursache allen Seins näher und ist deshalb als Fundament anzusehen, das durch die Sinnlichkeit und das bloße Leben eingeschränkt wird. Die erste Ursache versteht Albert als die intellektuelle Natur (*intellectualis natura*) selbst, eben weil sie keinerlei Einschränkung auf eine bestimmte Wirkweise unterliegt. Aus ihr gehen in Bezug auf die Seele zunächst das intellektive Vermögen und dann in fortschreitender Einengung und Beschränkung die weiteren Seelenvermögen hervor:

„Und so lässt [die erste Ursache] zuerst das einfließen, das der Erkenntnisordnung nach allgemeiner und früher ist, weil nichts Sekundäres einfließt, wenn das Verursachungsvermögen des Ersten nicht gegeben ist, wobei das Erste einfließt, auch wenn das Verursachungsvermögen des Sekundären nicht besteht. Ähnlich verhält sich das hinsichtlich der Ursache, die die Quelle des Lebens und der Erkenntnis ist, denn das Lebendige fügt nicht etwas anderes [zum Erkennen] hinzu, weil sein Lebendigsein nichts anderes ist als sein Erkennen.“[204]

204 Et sic [causa prima] prius influit quod secundum ordinem intelligendi est generalius et prius, eo quod remota causalitate primi non influit aliquid secundorum, sed remota causalitate secundi adhuc influit primum. Similiter autem in causa quae est fons vitae et cognitionis vivum non addit

Was in dieser Aussage zum Ausdruck kommt, ist folgende Annahme: Statt das Komplexere und Wirkmächtigere durch Addition des vielfältig Eingeschränkten zu erklären, müssen die übergeordneten Vermögen, die die umfassendere Wirkkraft besitzen, als Erklärungsgrund für das Untergeordnete betrachtet werden. Aus diesem Grund dürfen die fundamentalen Ordnungsprinzipien der Welt – Albert spricht von den Formen der Welt – nicht von den Formen her gedacht werden, die wir in der uns umgebenden Welt als die der Materie gestaltgebenden Formen kennen. Letztere sind zwar der Materie selbst übergeordnet, aber gleichwohl auf diese bezogen; sie sind eben die Formen materieller Dinge, also solche Gestaltungsprinzipien, die sich nur durch Aufnahme von materiellen Bestandteilen realisieren. Fragt man nach den Gründen und den Ordnungsprinzipien, denen die mit der Materie verbundenen Formen entsprechen, und fragt man damit nach der Ordnung der Welt als solcher, verlässt man nicht nur den Bereich des Materiellen selbst, sondern auch der geistigen Vermögen, die sich nur in Verbindung mit den Körpern realisieren. Die menschliche Seele stellt in dieser Hinsicht eine Schnittstelle dar, weil sie als vegetative und sinnliche Seele einerseits auf die Körper bezogen ist, sich aber als intellektive Seele eben nicht unmittelbar auf eben diese Körperwelt richtet. Aus diesem Grund ist sie in der Lage, das Allgemeine zu erkennen, d.h. dasjenige zu begreifen, das nicht von vorneherein aufgrund seiner Verbindung zur Materie als individuell und partikulär gedacht werden muss.[205]

Es ist ein offenkundiger Grundzug des gesamten Traktates *Über den Verstand und das Verstehbare*, dass Albert zwei Perspektiven miteinander verbindet, die einerseits zusammengehören, die aber andererseits nicht gleichgesetzt werden dürfen. Zum einen nämlich entwickelt Albert am Leitfaden der Begriffe der ersten Ursache, der Intelligenzen und des ausströmenden Lichtes ein ontologisches Grundmodell, das die Entfaltung des Kosmos, der sublunaren Welt, der lebendigen Wesen und der bloßen materiellen Dinge als einen Ausfluss eines im Ursprung als Einheit zu denkenden Lichtes versteht, das sich stufenweise differenziert, vereinzelt und materialisiert.[206] Zum anderen verfolgt

aliquid super alterum, quia suum vivere est suum intelligere. De intell. et int. I t. 1 c. 3, 481.

205 Vgl. De intell. et int. I t. 2 c. 1, 490–492.

206 Vgl. unten Kap. 8.2.

Albert in dieser Schrift eine erkenntnistheoretische Perspektive, die die Wirkweise und die Leistungsfähigkeit der Vernunftseele, also des menschlichen Verstandes, erklären soll. Das Verhältnis dieser beiden Aspekte und damit ein Kerngedanke der gesamten Schrift kommen an einer Schlüsselstelle zu Beginn des zweiten Buches zum Ausdruck.

Zunächst entfaltet Albert sein ontologisches Leitmotiv, wonach alle Vorkommnisse und jede Ordnung in der Welt durch das von der Intelligenz ausgehende Licht und durch die von diesem bestimmten Formen geprägt sind. Dieses von der Intelligenz ausgehende Licht wird zunehmend differenziert und vereinzelt, bis es schließlich auf der untersten Stufe die Gestalt des erdenhaften Grundbestandteils annimmt, den Albert als Bodensatz, ja als Kot (*faex*) der Elemente bezeichnet:

„Man muss sich das so vorstellen, dass die Kraft der Intelligenz den Dingen, die sie bewegt, zugrunde liegt. Und sie umringt diese und flößt diesen die Formen ein, die das sind, was sie selbst ist, und die nicht als erworbene in ihr sind. Und sie enthält alles in ihrem Licht, weil sie ohne ein Mittleres mit allem, was sie tut, verbunden ist. Und dieses Licht ist mit den Formen, die in der Seele existieren, verbunden. Und unterhalb der Handlungen dieses Lichts bewegen die Formen die Seele sowie unterhalb der Handlung des äußeren Lichtes die Farben das Sehvermögen bewegen. Von der ersten Intelligenz aber steigen derartige Formen herab. Und je weiter sie von ihr entfernt sind, um so mehr werden materielle und minderwertige [Formen] hervorgebracht, so dass die letzte Form im Abstieg elementar ist. Und die niedrigste [Form] des Elementes ist die Erde, die man den Bodensatz der Elemente nennt. Und der Abstieg geschieht in der Weise der Zusammensetzung der Form mit den Dingen, denen die Formen innewohnen. Und es ist gleichsam so, dass die Formen von der Intelligenz zu den Materien bewegt werden, in denen sie vorkommen, ohne gänzlich das Licht der Intelligenz zu verlieren, solange sie Formen bleiben.“[207]

207 Sic oportet imaginari, quod virtus intelligentiae supponitur his quae movet. Et ambit ea et influit eis formas quae sunt hoc quod ipsa est et non acquisitae in ea. Et continet omnia in lumine suo, quoniam sine medio coniungitur omnibus his quae agit. Et hoc lumen coniungitur formis in anima existentibus et sub actu huius luminis formae movent animam, sicut sub actu lucis exterioris colores movent visum. Ab intelligentia autem prima descendunt huiusmodi formae. Et quo magis distant ab ipsa, eo magis efficiuntur materiales et ignobiles, ita quod ultima in descensu est forma elementalis. Et infima elementi est terra, quae esse dicitur faex elementorum. Et est descensus per modum compositionis formae cum rebus in quibus sunt formae, et est quasi moveantur formae ab intelligentia ad materias in

Albert legt damit ein Modell zugrunde, wonach sich in einer hierarchisch geordneten Welt Vorkommnisse der untersten Ebene, also etwa der materiellen Dinge, als ein an Kraft verlierender Ausfluss einer ursprünglich mächtigeren Wirkmacht begreifen lassen. Ein einfacher Organismus oder gar ein lebloser Stein sind beispielsweise das, was sie sind, nur als Ausfluss einer ursprünglichen und zu allem befähigten ersten Ursache, die sich auf diese konkrete Weise im Bereich des Materiellen manifestiert. Auch der Mensch ist in diesem System einer sich in die Vielheit ergießenden ursprünglichen Macht verortet, nämlich als ein Wesen, das einerseits mit seinem Körper zu dem Bereich gehört, der sich nur in der Materie realisiert, und das andererseits aufgrund seiner Geistseele das Vermögen besitzt, sich von der Materie zu lösen. Der Mensch bzw. die menschliche Geistseele verwirklicht diese Fähigkeit in dem von ihr ausgehenden Erkenntnisprozess, womit die epistemologische Perspektive dieser Schlüsselstelle hervortritt. Durch eine im Erkennen sich vollziehende Abstraktion vom materiell Vereinzelten, also vom konkret sinnlich wahrnehmbaren Einzelgegenstand, wendet sich der Mensch den zugrunde liegenden Formbestimmungen zu und beschreitet damit den Weg, die zugrunde liegenden Ursachen, letztlich die Erkenntnis der ersten Ursache selbst zu erstreben. Albert beschreibt diesen epistemologischen Weg als einen Auf- oder Ablösungsprozess, in dem der Mensch sukzessive die Gegebenheit der materiellen Welt auf die zugrunde liegenden Form- und Bestimmungsprinzipien hin überschreitet.

„Das Gegenteil ist in der Seele der Fall, weil die Seele, da sie eine der Materie verbundene Form ist, die Formen nur aufnehmen kann, indem sie dies von der Materie her aufnimmt, die ihr am nächsten ist. Sie nimmt sie also nur durch eine Auflösung von der Materie auf, und sie schreitet im Auflösungsprozess kontinuierlich fort, bis sie zur ersten Ursache gelangt, und dort sind der Endpunkt ihrer Vervollkommnung und das Ziel des Verstandes. Und etwas, was diesem wiederum ähnlich ist, findet sich in der Bewegung des Lichtes, das von der Sonne zu den farbigen Dingen [reicht] und in der Rückkehr der Farben zum Durchsichtigen und zum Sehvermögen als einem belebten Spiegel, den man Auge nennt.“[208]

quibus sunt non in toto amittentes lumen intelligentiae quamdiu formae manent. De intell. et int. II t. un. c. 2, 505 (korrigiert mit Pommersfelden, B 103, f. 172rb; Neapel BN VIII c 37, f. 84va).

208 Et hoc est per contrarium in anima, quoniam cum anima sit forma quae-

Bezeichnenderweise leitet Albert diese Reflexion, die sich unmittelbar an den zuvor zitierten Text anschließt, mit dem Hinweis auf die Andersartigkeit der Verhältnisse in Bezug auf die erkennende Seele ein (*et hoc est per contrarium in anima*). Die ontologische Ordnung, die die Ursprünglichkeit und die Vorordnung der ersten Ursache und die Abkünftigkeit und Nachordnung der materiellen Dinge betont, wird in Bezug auf die erkennende menschliche Seele geradezu umgekehrt. Da die Seele eben nicht nur ein geistiges Vermögen, sondern auch eine mit der Materie verbundene Form ist, kann sie nicht unmittelbar dasjenige erkennen, was ihr als eigentlicher Erkenntnisgegenstand korrespondiert, nämlich das Universelle, was nach gemeinsamer Überzeugung der Philosophen als eigentlicher Gegenstand des Verstandes zu betrachten ist.[209] Nur durch einen Abstraktionsprozess, der das Allgemeine vom Besonderen abhebt (*resolutio*) und in dem die Seele sich auf dem Weg einer fortschreitenden Loslösung von den materiellen Dingen bis zu der ihr möglichen Erfassung der ersten Ursache erhebt, verwirklicht die Verstandeskraft des Menschen ihr gesamtes Potential.[210] – Ist dies erreicht, wird die Geistseele des Menschen zum *intellectus adeptus*, d.h. zum Verstand, der durch die Mühe des Studiums seine Vollendung erlangt hat.[211]

dam iuncta materiae, non potest accipere ipsa formas nisi accipiendo a materia quae proxima est ei. Non igitur accipit nisi per resolutionem a materia et continue procedit resolvendo donec veniat in causam primam: et ibi est ultimum perfectionis ipsius et finis intellectus. Et huius iterum simile est in motu luminis a sole in colorata et reditu colorum in perspicuum et in visum speculum animatum, quod est oculus. De intell. et int. II t. un. c. 2, 505 (korrigiert mit Pommersfelden, B 103, f. 172rb; Neapel BN VIII c 37, f. 84va).

209 [E]t sic relinqitur quid sit universale obiectum intellectus, et sic concorditer tradunt [philosophi] quod sit universale obiectum intellectus. De intell. et int. I t. 2 c. 1, 490.

210 Albert scheint hier eine weitgehende Abkehr von einer Erkenntistheorie vollzogen zu haben, die im Sinne des Augustinus menschliche Erkenntnis aufgrund eines Illuminationsvorgangs zu erkären sucht. Zur Abkehr von der augustinischen Erleuchtungstheorie in den frühen Schriften Alberts vgl. Blankenhorn, Early Albertus Magnus.

211 Sicut igitur in priori istius scientiae libro diximus, adeptus est qui acquiritur per studium. Adeptus igitur intellectus est, quando per studium aliquis verum et proprium suum adipiscitur intellectum, quasi totius laboris uti-

Der ontologische Prozess, der von oben nach unten verläuft, wird in der epistemologischen Blickrichtung umgekehrt und verläuft vom Materiell-Besonderen der Dinge zum Universell-Umfassenden der ersten Ursache. Albert ist sich wohl bewusst, dass es sich hierbei um eine gegensätzliche Bewegungsrichtung handelt. Für das Verständnis von Alberts Seelenlehre ist es wichtig, diesen von ihm selbst so bezeichneten Gegensatz nicht als einen Dualismus von Geist und Materie bzw. von Verstand und Leib zu begreifen.[212] Vielmehr ist dieser Gegensatz auf eine jeweils andere Perspektive zurückzuführen. Während man in der einen Perspektive den Entstehungsprozess des Kosmos und damit auch die Genese der menschlichen Seele und des von ihr Erkennbaren als Teile des Kosmos in den Blick nimmt, wird in der anderen der Erkenntnisvorgang beschrieben, in dem der Mensch zu einem Wissen von je unterschiedlichen Gegenständen gelangt.

Diese Verknüpfung von ontologischer und epistemologischer Perspektive, also die Verbindung von Seinsordnung und Wissensordnung, so wie sie sich im Erkenntnisvorgang ergibt, kommt konsequenterweise auch in Alberts Begriff des Universellen selbst zum Ausdruck.[213] Nach dem Status des Allgemeinen gefragt, nämlich ob es in den Sachen liege und aus diesen herausgelöst werden müsse, oder ob es den Dingen selbst vorgeordnet sei, antwortet Albert, indem er einen Mittelweg beschreitet, der sowohl seine ontologischen Vorgaben, aber auch seine Deutung des Erkenntnisprozesses widerspiegelt.

„Sollte jemand einwenden, dass entsprechend dem Gesagten das Universelle vor der Sache und nicht nach ihr ist, weil Aristoteles sagt, dass das Universelle entweder gar nichts oder etwas nach [der Sache] sei, sagen wir, dass das, was das Universelle ist, ohne Zweifel vor der Sache ist; allerdings ist der Akt ihrer Universalität, den der handelnde Intellekt hervorbringt, aus der [Bestimmung]

litatem et fructum. De intell. et int. II t. un. c. 8, 514. Vgl. hierzu Sturlese, Vernunft und Glück; Köhler, De quolibet modo hominis, 31–35.

212 Zur Diskussion dieses vermeintlichen Dualsimus bei Albert, vor allem im Gegensatz zu einer nicht dualistischen Seelenlehre, wie man sie bei Thomas von Aquin ausgearbeitet sieht, vgl. Hellmeier, Anima et intellectus, vor allem die Ergebnisse seiner Deutung, 334–341.

213 Zu Alberts Theorie des Universalen vgl. De Libera, Universalienstreit, 254–261.

heraus, die die in der Sache existierende Washeit der Sache ist, die wahrhaft von der Sache selbst ausgesagt wird. Und insofern ergibt sich, dass [das Universelle] von der Sache selbst abstrahiert wurde. Und so ist offensichtlich, wie die vorgenommenen Bestimmungen zu verstehen sind und dass beide Schulen in einer gewissen Weise etwas Wahres sagen."[214]

Das, was erkannt wird, also das Universelle, muss einerseits die übergeordnete Seinsordnung und damit die Herkunft aus der ersten Ursache widerspiegeln und ist in diesem Sinne den Einzeldingen vorgeordnet. Andererseits muss es aber auch eine unmittelbare Verankerung in den am Anfang des Erkenntnisprozesses stehenden materiellen Einzelgegenständen haben, da wir nur so durch die Aussage des Allgemeinen von einem Partikulären tatsächlich etwas Sachhaltiges zum Ausdruck bringen können. Selbst wenn man weiß, was der universelle Begriff des Steins bedeutet, sagt der Satz „Dies ist ein Stein" nur dann etwas von diesem konkreten Gegenstand aus, wenn das Steinsein in diesem individuellen Ding tatsächlich verhaftet und instanziiert ist. Das, was das Universelle ist (*id quod universale est*), also das ontologische Fundament, und der Akt der Universalität (*actus suae universalitatis*), also die Vergegenwärtigung des Universalen im Erkenntnisprozess, sind nicht einfach ineinszusetzen, sondern werden von Albert – trotz aller Bezogenheit – klar unterschieden. Nur so ist zu erklären, was es bedeutet, von einem Ding zu erkennen, was es ist. Alberts Erklärung verbindet zwei entgegengesetzte Blickrichtungen miteinander: die von der ersten und universellen Ursache absteigende Kette der Hervorbringung des Partikulären einerseits und die aufsteigende, sich eines Resolutionsverfahrens bedienende Erkenntnisleistung der Vernunftseele andererseits.

214 Si autem quis obiiciat quod secundum dicta universale est ante rem et non post ipsam, cum Aristoteles dicat quod universale aut nihil est aut posterius est, dicimus quod id quod universale est absque dubio est ante rem; sed actus suae universalitatis quem facit agens intellectus est ex eo quod est in re quidditas rei existens quae vere praedicatur de re ipsa, et quoad hoc est consequens esse abstractum de re ipsa. Et sic patet intellectus praedeterminatorum et quod sectae ambae secundum aliquid dicunt verum. De intell. et int. I t. 2 c. 3, 494 (korrigiert mit Vatikan, Vat. lat. 718 f. 133rb; Pommersfelden, B 103, f. 170va).

5 Die Wissenschaftstheorie des Aristoteles: Die Zweiten Analytiken

Da nicht alles, was man weiß, deshalb gleich im engeren Sinne als Wissenschaft gelten kann, untersucht Aristoteles im Rahmen seiner der Logik gewidmeten Werke in der Schrift mit dem Titel *Zweite Analytiken* die Bedingungen, die ein Zusammenhang von gewussten Inhalten erfüllen muss, um im strengen Sinne Wissenschaft sein zu können. Diese Schrift ist Ende des ersten Viertels des 12. Jhs. auch in lateinischer Übersetzung zugänglich und sollte die Gelehrten, die gerade ein Aufblühen auf allen Gebieten menschlichen Wissens erleben und mit einer Flut neuer Texte konfrontiert werden, in besonderer Weise interessieren. Denn eine Systematisierung der unterschiedlichen Gegenstandsbereiche, wie sie etwa in der partikulären Alltagserfahrung, den Freien Künsten, den neu erschlossenen Texten der antiken Gelehrsamkeit oder auch in den Offenbarungen der *Heiligen Schrift* vorliegen, scheint auf eine methodologische Reflexion über die Bedingungen von Wissenschaft und die Abgrenzung ihrer Inhalte, wie sie die *Zweiten Analytiken* bieten, kaum verzichten zu können.

Doch allem Anschein nach passiert das Gegenteil. Das aristotelische Werk wird bestenfalls für schwierig und unverständlich gehalten[215] oder einfach ganz ignoriert. Was ist der Grund für die Zurückhaltung der mittelalterlichen Autoren im Umgang mit dieser Schrift? Warum beginnt eine konstruktive Auseinandersetzung erst hundert Jahre nach Bekanntsein der lateinischen Übersetzung[216] und weshalb kommt sie auch dann zunächst nur zögerlich in Gang? Neben der Schwierigkeit der Schrift selbst mag ein Grund darin liegen, dass Aristoteles in diesem Werk einen Typ von Wissenschaft skizziert, der nur schwer auf die Wissensbereiche übertragbar ist, die die Autoren des 12. und zu Beginn des 13. Jhs. tatsächlich interessieren. Blickt man auf die Beispiele, die Aristoteles selbst in den *Zweiten Analytiken* immer wieder anführt, wird klar, dass es sich hierbei um einen Idealtyp von Wissenschaft handelt, der nur schwer in ein Verhältnis

[215] Vgl. z.B. die kritischen Bemerkungen bei Johannes von Salisbury, Metalogicon c. 6, 145, 2–20.

[216] Vgl. Corbini, Teoria della Scienza IX-XVII, hierzu auch Gauthier, Preface, 1*–77*, 55*–66*.

zur Theologie und den naturwissenschaftlichen Fächern zu setzen ist. Am ehesten entspricht die aristotelische Konzeption einem Werk, wie es mit den *Elementen* des Euklid, also mit dessen grundlegender Schrift zur antiken Geometrie, vorliegt.

5.1 Das Ideal der Geometrie

Die Geometrie des Euklid nimmt ihren Ausgang bei der Definition von Grundbegriffen wie Punkt, Linie, Fläche, Dreieck und ähnlichen Termini. Es schließt sich die Festlegung bestimmter Grundprinzipien an, die als Postulate oder Axiome bezeichnet werden und z.B. festhalten, dass Gleiches zu Gleichem hinzugefügt jeweils Gleiches ergibt. Auf dieser Grundlage ist Euklid anschließend in der Lage, weitergehende Aussagen über bestimmte geometrische Figuren und ihre Eigenschaften zu machen und diese durch zunehmend komplexere Beweise zu begründen. So lässt sich etwa die Winkelsumme eines beliebigen Vierecks bestimmen, wenn zuvor die Winkelsumme des Dreiecks bewiesen wurde und man zudem zeigen kann, wie sich jedes Viereck aus zwei Dreiecken mit einer entsprechende Summe der Innenwinkel zusammensetzt. In diesem Sinne ist die Geometrie eine streng deduktive Wissenschaft, die aus allgemeinen Prinzipien konkrete Anwendungsfälle ableiten kann. Eine Idealwissenschaft stellt sie insofern dar, als dass jede Aussage, die sie macht, bis in die grundlegendsten Voraussetzungen hinein bewiesen werden kann.

Albert hat nach eigenem Bekunden einen Kommentar zur Geometrie des Euklid verfasst. Auch wenn letzte Zweifel an der Autorschaft Alberts aufgrund der Quellenlage nicht auszuräumen sind, ist dieser nur in einer einzigen Handschrift überlieferte Text kürzlich in der *Editio Coloniensis* kritisch ediert worden.[217] Dieser Kommentar enthält ein kurzes *Prooemium*, das in wenigen Abschnitten den besonderen Status der Geometrie als Wissenschaft entfaltet. Die idealtypische Charakteristik einer deduktiv verfahrenden Disziplin kommt demnach dadurch zustande, dass die Geometrie auf wenige Grundbegriffe zurückzuführen ist, die zudem untereinander in einem bestimm-

217 Zur Authentizität und allen weiteren Fragen, die mit der Edition verbunden sind, vgl. Tummers, P, Prolegomena, Super Euclidem, XIV-XVII.

ten Ableitungsverhältnis stehen. Der Gegenstand der Geometrie ist nach diesem Text die unbewegliche Quantität (*quantitas immobilis*). In dieser Wissenschaft werden also nicht konkrete Körper, die alle eine bestimmte Größe oder Ausdehnung haben, betrachtet, sondern die abstrakten Bedingungen, unter denen Quantität überhaupt vorkommen kann. Es gibt insgesamt drei Erscheinungsformen oder Arten von Quantität, nämlich die Linie, die Oberfläche und den Körper. Sind einerseits Flächen durch eine Bewegung der Linie konstruierbar (*constituere*) – nämlich dann, wenn die Linie nicht bloß gerade im Sinne ihrer Verlängerung bewegt wird –, und sind andererseits Körper durch eine entsprechende Bewegung der Flächen konstruierbar, so geht die Konstruktion der Linie auf das eigentliche Grundelement der Geometrie, den Punkt, zurück.[218] Auch wenn der Punkt selbst, weil er ausdehnungslos ist, noch keine Quantität im engeren Sinne darstellt, ist er doch das konstitutive Moment (*constituit*), auf das jede Form von Ausdehnung – zuerst die der Länge, dann die der Fläche und schließlich die des Körperhaften – zurückgeführt werden kann.

In wissenschaftstheoretischer Hinsicht ergibt sich daraus eine klare Hierarchie der Elemente der Geometrie mit Blick auf ihren Prinzipiencharakter. Für die vorliegende Fragestellung ist von besonderem Interesse, dass in der Geometrie nicht nur irgendwelche Prinzipien angenommen werden, sondern dass es möglich ist, diese über ein entsprechendes Ableitungsverhältnis bis auf ein erstes Urprinzip, nämlich den Punkt, zurückzuführen:

„Hieraus kann man herleiten, dass der Punkt das schlechthinnige Prinzip des Kontinuums ist, aber die Linie, wenn man sie mit dem Punkt vergleicht, das vom Prinzip Bewirkte ist, und wenn man sie im Verhältnis zur Oberfläche betrachtet, das Prinzip ist. Der Körper aber existiert nur als etwas vom Prinzip Bewirktes. Der Grund hierfür ist, dass das einfache Prinzip alles und unteilbar ist durch die Unterteilung des von ihm Bewirkten. Der Punkt also, der schlechthin unteilbar ist, ist schlechthin das Prinzip des Kontinuums. Die Linie ist insofern Prinzip, als sie unteilbar ist, nämlich hinsichtlich ihrer Breite, und sie ist vom Prinzip Bewirktes, insofern sie als teilbar existiert, nämlich hinsichtlich ihrer Länge. Ähnlich verhält es sich bei der Oberfläche, wenn man sie mit der Linie und mit dem Körper vergleicht.“[219]

[218] Vgl. Super Euclidem, Prooem., 1, 64 – 2, 21.

[219] Ex his colligitur quod punctum continui est principium simpliciter, sed

Der Sonderfall der Geometrie besteht darin, dass sie nicht aufgrund von Beobachtung Aussagen über Einzelfälle und deren Zusammenhang macht, sondern als fortschreitende Entfaltung eines ursprünglichen Grundprinzips konstruktiv vorgeht. Der Text von Alberts Einleitung in diese Wissenschaft verwendet fortlaufend den Terminus *constituere*, um diesen konstruktiven Charakter der Geometrie zu betonen. Hierbei ist nicht an einen Herstellungsprozess realer Flächen oder Körper zu denken, sondern an die idealtypische Entfaltung dessen, was im Begriffsgehalt der Grundprinzipien zum Ausdruck kommt: Es entspricht z.B. der Bedeutung dessen, was eine Linie ist, dass sie durch eine gerade Bewegung eines Punktes, der selbst keine Ausdehnung hat, beschrieben und zur Konstruktion komplexer geometrischer Figuren verwendet werden kann. In diesem Sinne ist der Punkt nicht nur die einfachste geometrische Größe, sondern die Definition des Punktes ist der Ausgangspunkt für die Begriffsbestimmung jeder anderen geometrischen Figur. Aus diesem Grund ist der Begriff des Punktes aus der Sicht Alberts der Ausgangspunkt für die gesamte Geometrie, die, Euklid folgend, mit den Definitionen der wichtigsten Begriffe zu beginnen hat. So heißt es am Ende der Einleitung:

„Weil aber der Punkt das Prinzip aller dieser [geometrischen Figuren] ist, müssen wir von ihm den Ausgangspunkt für die Definitionen nehmen, die in einem bestimmten Sinne die Prinzipien der Beweise sind.“[220]

Der Punkt ist das erste Prinzip der Geometrie, weil er in der Definition aller anderen geometrischen Figuren als grundlegender Begriffs-

linea principiatum si comparatur ad punctum; si vero ad superficiem referatur, est principium. Corpus autem non nisi principiatum existit, cuius causa est quia principium simplex omne est et indivisible divisione sui principiati. Punctum igitur quod simpliciter indivisibile est, simpliciter principium est continui. Linea secundum id principium est secundum quod est indivisibilis, scilicet secundum latitudinem, et principiatum secundum id quod divisibilis existit, hoc est secundum longitudinem. Similiter autem se habet superficies comparata ad lineam et ad corpus. Super Euclidem, Prooem., 2, 37–49.

220 Quia autem omnium horum principium est punctum, ab ipso diffinitionum quae principia quaedam demonstrationum sunt, sumamus exordium. Super Euclidem, Prooem., 2, 63–66.

gehalt enthalten ist und auf diese Weise alle folgenden Beweise dieser Wissenschaft untermauert. Die Geometrie zeichnet sich als Wissenschaft also dadurch aus, dass sie ihre Grundprinzipien nicht durch die Rekonstruktion der einer Vielheit von Einzelfällen gemeinsamen Erscheinungen, also durch Induktion, gewinnt. Vielmehr bringt sie ihre Erkenntnisse durch Konstruktion oder durch Ableitung aus ersten Prinzipien hervor, die letztlich in einem einzigen münden.

5.2 Alberts kausale Deutung des Wissenschaftssubjekts

Was in der Diskussion der Geometrie und ihrem grundlegenden Prinzip, dem Punkt, zum Ausdruck kommt, kann als Idealtyp einer Wissenschaft beschrieben werden, die Aristoteles in den *Zweiten Analytiken* skizziert. Das Idealtypische gerät in der aristotelischen Wissenschaftstheorie allerdings in einer etwas veränderten Perspektive in den Blick, nämlich durch die Diskussion der Frage, worin die Einheit einer Wissenschaft besteht und wodurch sie sich von anderen Wissenschaften unterscheidet. Die aristotelische Antwort lautet, dass dies durch das Subjekt – heute würde man sagen, den Gegenstand oder das Objekt – einer Wissenschaft geschieht. Wie die *Zweiten Analytiken* darlegen, besteht das für eine Wissenschaft eigentümliche Subjekt idealerweise in einem ersten Prinzip oder einem grundlegenden Begriff, der in allen von der Wissenschaft getätigten Aussagen wenn nicht ausdrücklich, so doch implizit immer mitgedacht werden muss. Wie die Auseinandersetzung mit Alberts Einleitung zur Geometrie des Euklid zeigt, lässt sich der Begriff des Punktes in diesem Sinne beispielhaft als ein solches Wissenschaftssubjekt anführen. Das ist der Fall, weil dieser Begriff der implizite Grundbestandteil jedes in dieser Disziplin geführten Beweises und damit der Ausgangspunkt von allem ist, was im Sinne einer Wissenschaft gewusst wird. Albert kann deshalb in der Einleitung von *Super Euclidem* grundsätzlich der aristotelischen Perspektive folgen. Doch gilt dies auch für jede andere wissenschaftliche Disziplin?

Virulent wird diese Frage vor allem, wenn Albert daran geht, den einschlägigen Text des Aristoteles, die solange vernachlässigten *Zweiten Analytiken* selbst zu kommentieren. Paradigmatisch zeigt sich Alberts Haltung, wenn er im Anschluss an Aristoteles die zentrale Frage diskutiert, was die Gattung (*genus*), nämlich der einer Wissenschaft die Einheit verleihende Gegenstandsbereich eigentlich ist.[221] Der Begriff der Gattung wird in diesem Zusammenhang gleichbedeutend mit dem des Wissenschaftssubjektes verwendet, so dass Albert folgende überraschende Antwort gibt:

„Gattung nennen wir hier aber nicht ein einziges Aussagbares oder ein Erstes entsprechend der Ordnung des Prädikates."[222]

Was Albert in diesem scheinbar unspektakulären Satz ausschließt, ist eine Deutung des Wissenschaftssubjektes, wie er sie selbst für die Geometrie offensichtlich befürwortet. Der ausgezeichnete Gegenstand einer Wissenschaft ist nicht ein erster Begriff, wie dies nach Alberts Ausführungen im Fall der Geometrie hinsichtlich deren grundlegenden Prinzips, nämlich des Begriffs des Punktes, durchaus zutrifft. Die Einheit der Geometrie lässt sich tatsächlich durch das Erste in der Ordnung der Prädikate begründen, nämlich durch den Begriff, der allen anderen einen wesentlichen Teil ihrer Bedeutung verleiht: Linien lassen sich nicht ohne Punkt und Flächen nicht ohne Linien denken, etc.

Dies ist aber eher ein Sonderfall und gilt nach Alberts Aussage in seinem Kommentar zu den *Zweiten Analytiken* keineswegs grundsätzlich. Vielmehr betont er offensichtlich als erster der Kommentatoren dieses grundlegenden Textes des Aristoteles,[223] dass das Wissenschaftssubjekt nicht als Begriff zu interpretieren ist. Vielmehr muss man die einheitsstiftende Gattung einer Wissenschaft mit einem Prinzip oder einer Ursache gleichsetzen:

„Vielmehr nennen wir Gattung dasjenige, das Prinzip der Hervorbringung ist, wie die Ursache."[224]

221 Vgl. Möhle, Vielheit der Wissenschaften, insbes. 307–309.

222 Genus autem hic non dicimus praedicabile unum vel primum secundum ordinem praedicati. Anal. Post. I t.2 c. 16, 60.

223 Vgl. Möhle, Vielheit der Wissenschaften, insbes. 309–310.

224 [S]ed dicimus genus, quod est generationis principium sicut causa. Anal. Post. I t. 2 c. 16, 60.

Zwar verwendet Albert auch hier den Ausdruck des Prinzips, doch ist damit etwas ganz anderes gemeint als ein allgemeinster Begriff, von dem ein deduktiver Prozess seinen Ausgang nehmen könnte. Stattdessen betont Albert, es handle sich um ein Erstes in einem Hervorbringungsprozess, also um eine erste Ursache in einer Kausalkette. Die Pointe der beiden zitierten Sätze besteht darin, dass eine Wissenschaft nicht Hierarchien von Begriffen zu verfolgen hat und in diesem Sinne deduktiv verfährt. Vielmehr ist es die Aufgabe des Wissenschaftlers, Kausalketten nachzuzeichnen, die ihren beobachtbaren Anfang bei den Wirkungen haben und in diesem Sinne den umgekehrten Weg von der Vielheit der Phänomene zu den zugrunde liegenden Ursachen nehmen. Albert versteht diesen Paradigmenwechsel von einem ersten Begriff zu einer grundlegenden Ursache als einen tatsächlichen Gegensatz, den er durch die adversative Konjunktion ‚*sed*' deutlich zum Ausdruck bringt.

Das, was Ursache in Alberts Wissenschaftstheorie meint, bedarf aber der näheren Bestimmung, um das konkrete Vorgehen in den Wissenschaften verständlich machen zu können. Hinsichtlich der naturkundlichen Untersuchungen Alberts ist festzuhalten, dass es sich bei den Kausalketten, die es dort zu verfolgen gilt, um solche handelt, die der Natur „eingepflanzt" sind. Die vom Naturwissenschaftler zu betrachtenden Phänomene kommen also nur als natürliche in Betracht, auch wenn man die gesamte Natur selbst, in einem anderen Sinne von Ursache, auf einen ersten Werkmeister, nämlich Gott, zurückführen kann:

„Die natürlichen Gegenstände sind weder durch Zufall noch durch einen Willen, sondern durch eine handelnde Ursache, die sie vollendet. Auch haben wir nicht bei den natürlichen Dingen zu untersuchen, wie Gott als Werkmeister entsprechend seinem vollkommen freien Willen die von ihm geschaffenen Dinge für ein Wunder, durch das er seine Macht verkündet, nutzt. Vielmehr haben wir zu untersuchen, was bei den natürlichen Dingen aufgrund der der Natur eingepflanzten Ursachen auf natürliche Weise geschehen kann."[225]

225 [N]aturalia non sunt a casu nec a voluntate, sed a causa agente et terminante ea, nec nos in naturalibus habemus inquirere, qualiter deus opifex secundum suam liberrimam voluntatem creatis ab ipso utatur ad miraculum, quo declaret potentiam suam, sed potius quid in rebus naturalibus secundum causas naturae insitas naturaliter fieri possit. De caelo et mundo I t. 4 c. 10, 103, 5–12.

Albert gelingt es mit seiner offensichtlich bis dahin singulären Deutung der *Zweiten Analytiken*, der in vielen Schriften geübten Praxis seiner naturkundlichen Forschung ein wissenschaftstheoretisches Fundament zu geben, dass das Vorgehen in der Geometrie als Ausnahme und die von ihm durchweg angewandte naturphilosophische Methode als Regelfall erscheinen lässt. In diesem Sinne hat Wissenschaft nicht mit abstrakten Begriffsverhältnissen, sondern mit realen Kausalbeziehungen zu tun. Da diese Ursachenketten auf jeweils verschiedene Ursachen bzw. Ursachentypen zurückgeführt werden, wie etwa bei der Unterscheidung von natürlichen und übernatürlichen Ursachen offenkundig wird, lassen sich somit auch verschiedene Wissenschaftssubjekte und dadurch auch eine Vielheit von wissenschaftlichen Disziplinen unterscheiden.

5.3 Albert und die Magie

Man kann sogar einen Schritt weitergehen und feststellen, dass Albert auf dem Hintergrund dieser wissenschaftstheoretischen Überlegungen nicht nur in der Lage ist, eine Vielheit von Wissenschaften aufgrund der Verschiedenheit ihrer Gegenstände nebeneinander zu stellen und beispielsweise auf einer Ebene die Zoologie, die Botanik und die Mineralogie als Disziplinen voneinander abzugrenzen. Denn wenn Wissenschaften durch abgegrenzte Kausalzusammenhänge unterscheidbar sind, besteht auch die Möglichkeit, Wissenschaften danach zu differenzieren, wie sich solche Ursachenketten in den Phänomenen niederschlagen. Im Fall der natürlichen Ursachen blickt man ausschließlich auf die Prinzipien, durch die ein natürliches Phänomen als solches, d.h. so wie es in der Natur vorkommt, bestimmt ist. Der Blick darüber hinaus, also etwa auf Gott als den Schöpfer, der diese Natur erst hervorgebracht hat, spielt im Kontext der Naturphilosophie keine Rolle, wie Albert mehrfach betont, wenn er das Wunderwirken Gottes in methodologischer Perspektive für irrelevant erklärt. Natürliche Ursachen kommen nur in der beobachtbaren Natur und nicht jenseits von dieser vor.

Wie bereits in der Diskussion um die Bewegung der Lebewesen deutlich wurde,[226] unterscheidet Albert mit Nachdruck zwischen den Ursachen, die unmittelbar in der natürlichen Ordnung angesiedelt

226 Vgl. oben Kap. 4.1.

sind und wirken, und den Ursachen, die ihren Ort in den die Himmelssphären bewegenden Intelligenzen haben. Auch wenn letztere bis in die Natur hineinwirken, können sie nicht im engeren Sinne als natürliche Ursachen gelten. Der Grund besteht darin, dass sich das Wirken der kosmischen Intelligenzen nicht unmittelbar in den für uns beobachtbaren Phänomenen niederschlägt, sondern dies nur insoweit geschieht, als es der spezifischen Eigenart der aus Form und Materie zusammengesetzten Naturdinge entspricht. Dies bedeutet, dass es durch die unterschiedliche Aufnahmefähigkeit der natürlichen Dinge, die in ihrer wechselhaften materiellen Beschaffenheit begründet ist, zu unterschiedlichen Wirkungen in der Natur kommen kann. Aussagen über solche Phänomene, die man auf ein direktes Einwirken kosmischer Intelligenzen oder himmlischer Ursachen, wie Albert auch sagt, zurückführen möchte, können aus diesem Grund nicht in dem Sinne wissenschaftliche Gewissheit beanspruchen, wie es die Aussagen der Naturphilosophie tun.

Diesen Diskurs über Ereignisse oder Erscheinungen, die man unter Rückgriff auf solche himmlischen Ursachen beschreiben oder auch beeinflussen kann, nennt Albert Magie. Magie ist in dem Sinne keine Zauberei, insofern sie auf tatsächliche Ursachen rekurriert, aber sie ist eben auch keine Wissenschaft, weil ihre Aussagen nur von einer bedingten Zuverlässigkeit sein können, nämlich abhängig davon, wie sich das Wirken der kosmischen Ursachen unter den wechselhaften, kontingenten Bedingungen der materiellen Wirklichkeit niederschlägt.

Dies zeigt sich an einem Beispiel, das Albert im zweiten Buch seines Werkes *Über die Mineralien* diskutiert.[227] Es geht in diesem Fall um Steine, die durch ihre Färbung, Vertiefungen oder Erhebungen Bilder aufweisen, die entweder von Natur aus gegeben sind, oder aufgrund einer Kunstfertigkeit den Steinen zugefügt wurden. Was den letzten Fall betrifft, denkt Albert offensichtlich nicht an beliebig durch den Menschen bearbeitete Steine, sondern an solche, die aufgrund der ursprünglichen Kunst himmlischer Ursachen Bilder oder dreidimensionale Gravuren aufweisen, die zwar vom Menschen ausgeführt, aber nicht ohne den vorliegenden Einfluss der himmlischen Kräfte hätten hergestellt werden können. Solche „Gemmen" genannte Steine,

[227] Für das Folgende relevant ist Mineralia II t. 3 c. 3, 51a–52b. Hierzu auch die weiter ausholende Darstellung bei Anzulewicz, Magie.

so berichtet Albert, haben von alters her das Interesse der Magier auf sich gezogen, denn sie zeichnen sich dadurch aus, dass die ursprünglich kosmischen Kräfte, die ihren Ort in den Sternen der himmlischen Sphären haben, durch die Formgebung in den Stein hineinfließen und dieser somit wundersame Dinge bewirken kann.

In einem gewissen Sinne kann man also das Wissen um die Gemmen und ihre besonderen Wirkkräfte als Wissenschaft bezeichnen, denn auch bei diesen Phänomenen bezieht man sich auf ursprüngliche Ursachen, die ihre kausale Kraft (*causalitas*) durch eine Kette, die Ursachen und Wirkungen miteinander verbindet, in den Steinen, mit denen wir es in der diesseitigen Welt zu tun haben, entfaltet:

„Wir zweifeln keineswegs daran, dass alles, was auf eine bestimmte Weise die Ursache einer Ursache ist, auch auf eine bestimmte Weise die Ursache von etwas Verursachtem ist. Wenn also die Kraft und der Hauch der Gestirne eine gewisse Kausalität, die in der Kunst steckt, dem Künstler einflößen, werden sie sicherlich, wenn es kein Hindernis gibt, jedem Werk der Kunst etwas von ihrer Kraft einflößen. […] Was aber ein Erstes ist in der Gattung und der Ordnung der hervorbringenden [Kräfte], flößt ohne Zweifel seine Kausalität allem Folgenden auf eine jeweils angemessene Weise ein.“[228]

Weil also die Gemmen, auch wenn sie nicht natürlich entstanden sind, sondern vom Menschen hergestellt werden, als dessen Werk anzusehen sind, überträgt sich die Kraft, die von den Gestirnen in der Kunstfertigkeit des herstellenden Menschen wirkt, auf die Steine selbst, die vom Künstler behandelt werden. Dieser ganze Vorgang ist eine Übertragung einer ursprünglich kosmischen Kausalität auf die vom Magier in ihrer Wirkkraft erkannten und genutzten Steine.

Allerdings warnt Albert davor, diese Art des Wissens in seiner Fehlbarkeit zu unterschätzen; schließlich handle es sich nicht um physikalisches Wissen im engeren Sinne. Denn auch wenn es auf kausale Zusammenhänge rekurriert, so kommt die ursprüngliche

[228] Non autem dubitamus, quin omne quod est causa aliquo modo causae, est etiam aliquo modo causa causati. Si igitur vis et afflatus siderum influit quamdam causalitatem artis in artifice, pro certo nisi impediatur, influet omnibus operibus artis aliquid suae virtutis. […] Quod autem primum est genere et ordine generantium, absque dubio causalitatem suam per modum cuique congruum, omnibus influit sequentibus. Mineralia II t. 3 c. 3, 51b.

Wirkung, die im Kosmos ihren Ausgang hat und die es eigentlich zu erkennen gilt, nur unvollkommen in der sublunaren Welt an, gelangt also nur bedingt in die mit der Materie behaftete Sphäre unterhalb des Mondes, in der wir Menschen leben. Deshalb sagt Albert über das Verhältnis der in den höheren Sphären wirkenden Ursachen zu den niederen Dingen der uns bekannten Welt:

„[W]ir wissen ganz sicher, dass die Kräfte aller niederen Dinge von den höheren herabsteigen. Die höheren nämlich flößen durch die Substanz, das Licht, den Ort, die Bewegung und durch die Gestalt den niederen alle wertvollen Kräfte ein, die in ihnen stecken. Doch gilt dieser Ausspruch in der Naturwissenschaft nur unvollkommen, auch wenn er für die astronomischen und magischen [Wissenschaften] vielleicht hinreichend wäre. Das ist der Fall, weil in der Naturwissenschaft eine Ursache das genannt wird, was in der Materie als ein Handelndes vorkommt. Eine solche [Ursache] ist elementar oder es handelt sich um Qualitäten von Elementen, wie sie in einem gemischten Ding vorkommen, bzw. es handelt sich um eine substantielle Form, die sich aus solchen Zusammensetzungen ergibt. Ptolomäus nämlich lehrt in seinem Buch, das ‚Alarba' genannt wird, dass die Wirkungen der Sterne deshalb verschieden und unsicher ausfallen, weil sie in die niederen Dinge im Fluss nur indirekt und akzidentell gelangen.“[229]

Die Materie unserer Welt ist nicht immer in der gleichen Weise disponiert, diese kosmischen Kräfte aufzunehmen, denn manchmal gehen sie ganz verloren oder werden nur zu einem Teil in den hiesigen Dingen wirksam.[230] Dies ist der entscheidende Unterschied zwischen den kosmischen und den natürlichen Ursachen: Auf erstere ist kein Verlass, und mithin die Magie nur eine unvollkommene Wissenschaft,

229 [S]cimus pro constanti omnium inferiorum virtutes a superioribus descendere. Superiora enim substantia et lumine et situ et motu et figura influunt in inferioribus omnes nobiles virtutes quae sunt in ipsis. Tamen hoc dictum imperfectum est in physicis, licet forte in astronomicis et magicis esset sufficiens, quia in physicis dicitur causa quae est in materia operans; talis autem est elementalis aut qualitates elementorum prout sunt in commixto, vel forma substantialis tales complexiones consequens. Docet enim Ptolemaeus in libro qui *Alarba* dicitur, effectus stellarum ideo esse diversos et incertos, quia in inferioribus in fluxu proveniunt ad ipsa per aliud et per accidens. Mineralia II t. 1 c. 3, 27b.

230 Vgl. ebd.

während letztere sicher und somit Grundlage aller naturkundlichen Disziplinen sind. Bei allen Einschränkungen, die Albert hinsichtlich der Gewissheit der Magie vorbringt, zieht er ihre Nützlichkeit genauso wenig in Zweifel, wie er sie dem Verdacht aussetzt, dem dämonischen Wirken des Teufels Raum zu geben.[231] Der Schlüssel für die ausgewogene Zuordnung von Wissenschaft und Magie liegt in Alberts Deutung der aristotelischen Wissenschaftstheorie der *Zweiten Analytiken*, der zur Folge wissenschaftliches Wissen am Leitfaden der kausalen Verknüpfung von Ursachen und Wirkungen gewonnen wird. Insofern nicht alle Kausalketten gleichermaßen verlässlich sind, wie das Beispiel der sublunar nur bedingt wirksamen kosmischen Ursachen zeigt, kann der Magie nicht im gleichen Sinne der Status einer Wissenschaft zukommen, wie dies in der Naturkunde der Fall ist, die unmittelbar die in der materiellen Welt tätigen Ursachen und ihre Wirkungen zum Gegenstand hat.

231 Dieser Gefahr einer Missdeutung von Alberts Wirken entgegenzuwirken, ist ein entscheidendes Motiv für die Entstehung und Konzeption der Albert-Viten des 15. Jhs. Vgl. Collins, Albertus Magnus or Magus, insbes. 22–25.

6 Ethik und Politik

Als Albert zu Beginn seines Physikkommentars das von ihm beabsichtigte Aristoteles-Projekt skizziert, beschränken sich seine Pläne auf die Realphilosophie, also auf die Bereiche der Naturphilosophie, der Metaphysik und der Mathematik. Die praktische Philosophie findet zunächst keinerlei Erwähnung. Was ist der Grund für dieses Schweigen? Es ist nicht auszuschließen, dass sich die frühe Skizze des Projektes nur auf die Realphilosophie erstreckt, ohne dass damit etwas über die Absicht gesagt würde, auch die anderen Bereiche der Philosophie zu behandeln. Dies scheint die naheliegende Erklärung zu sein, zumal Albert nicht nur die Erwähnung der praktischen Philosophie, sondern auch des gesamten Bereichs der wissenschaftstheoretischen und logischen Schriften unterlässt, obwohl er in den folgenden Jahren nicht nur die entsprechenden Schriften des Aristoteles kommentiert, sondern auch sachlich gebotene Ergänzungen durch die Auseinandersetzung mit Schriften anderer Autoren vornimmt. Für die praktische Philosophie kommt hinzu, dass Albert zum Zeitpunkt seiner Projektskizze im Physikkommentar bereits eine erste Kommentierung der *Nikomachischen Ethik* vorgenommen hat und der andere wichtige Text des Aristoteles, nämlich die *Politik*, noch nicht ins Lateinische übersetzt vorliegt.

6.1 Die Ethik des Aristoteles: Albert als *homo politicus*

Gleichwohl unternimmt Albert eine zweite Kommentierung der aristotelischen Ethik (um 1262), die den ersten Kommentar, der zu Beginn der 50er Jahre entstanden ist, ergänzt und von dem sie sich durch den stärker systematisch ausgerichteten Stil unterscheidet. Vermutlich das letzte Werk der Aristoteles-Paraphrase dürfte der Kommentar zur *Politik* sein, der ab 1265 nach der Fertigstellung der lateinischen Übersetzung entsteht.[232]

Ein Blick auf das Leben Alberts, das dieser unabhängig von seinen wissenschaftlichen Tätigkeiten führt, enthüllt die seelsorgerischen,

[232] Zur Frage nach der Einheit der praktischen Philosophie Alberts mit Blick auf die Ethik im engeren Sinne und die Politik vgl. Bertelloni, Regimen ipsius – regimen alterius.

kirchen- und ordenspolitischen sowie die bürgerschaftlichen Aufgaben, mit denen er in einem Maße betraut ist, dass seine gleichzeitige akademische Arbeitsleistung unser heutiges Vorstellungsvermögen in besonderer Weise in Anspruch nimmt und mitunter auch übersteigt. Von seinem politischen Geschick und seiner Reputation zeugt bereits der Blick auf seine Beteiligung an 24 verschiedenen Schiedsverfahren,[233] von denen allein in Köln so bedeutende wie der Kleine (1252) und der Große Schied (1258), aber auch die komplizierte Schlichtung der Auseinandersetzung der Kölner Bürger mit Erzbischof Engelbert von Falkenburg (1263 und 1271) hervorzuheben sind.[234] Die vielen Aufgaben, die Albert während dieser Zeit übernimmt, fordern von ihm in besonderer Weise eine organisatorische, politische und im weitesten Sinne soziale Kompetenz, so dass man sich nicht vorstellen kann, dass er an der praktischen Philosophie nicht in einem hohen Maße interessiert gewesen sein soll, zumal er sich sehr wohl bewusst ist, dass das private Wohl vom ökonomischen, und dieses wiederum vom politischen, also bürgerschaftlichen Gelingen und dem damit verbundenen Wissen abhängt.[235] Dass dies z.B. für sein bürgerschaftliches Eintreten bei der Konzeption des Großen Schieds ausdrücklich der Fall ist, zeigen die neuesten Untersuchungen des unter der Führung Alberts entworfenen Schiedsspruchs von 1258,[236] der auch nach den zeitgenössischen Quellen maßgeblich mit seinem Namen in Verbindung gebracht wird.[237] Nicht weniger deutlich tritt Alberts Eintreten für ein gelingendes Miteinander in seinen Augsburger Predigten, in denen er sich ausführlich mit dem Leben in der Stadt beschäftigt, zu Tage.

233 Vgl. Stehkämper, Pro bono pacis. Eine Auflistung der Verfahren bietet die Beilage.

234 Vgl Stehkämper, Politisch ausweglose Situationen in Köln.

235 Bonum ergo privatum non potest disponi sufficienter, nisi per oeconomicam [i.e. potentiam], nec bonum oeconomicum ordinatur nisi per civilem; et sine civili et oeconomica proprio bono intendatur, manifestum non erit, qualiter bonum hoc disponatur quod ad optimum perfectum hominis perveniat. Ethica VI t. 2 c. 24, 442b (korrigiert mit Erlangen, Univers. Bib., cod. 263 f. 157vb).

236 Vgl. Groten, Großer Schied.

237 Vgl. Gottfried Hagen, Reimchronik, 42, 1173.

6.2 Die Augsburger Predigten aus dem Jahr 1257

Die Augsburger Predigten Alberts sind, soweit bekannt, in einer einzigen Handschrift überliefert. Der zentrale Gegenstand dieses Zyklus ist der Satz der Bergpredigt: *„Es kann die Stadt, die auf einem Berge liegt, nicht verborgen sein“* (Mt 5,14).[238] Da die Predigten in der Festoktav des Heiligen Augustinus, also mit Blick auf einen der großen Kirchenlehrer, gehalten werden, geht Albert im Besonderen der Frage nach, inwiefern die heiligen Lehrer mit einer Stadt zu vergleichen sind. Aus dem Text der Predigten geht hervor, dass diese vom 28. August bis zum 4. September gehalten wurden, wobei der 2. September ein Sonntag war. Aufgrund kalendarischer Überlegungen hält der Herausgeber der Texte, Johannes Baptist Schneyer, die Jahre 1257 und 1263 für mögliche Datierungen.[239] Das Jahr 1263 scheint hierfür allerdings nicht in Frage zu kommen. Ein erster Grund, der dies ausschließt, besteht darin, dass Albert in der fünften Predigt von seinen Zusammentreffen mit Papst Alexander IV. berichtet und in dem entstandenen Dialog, von dem er in der Predigt erzählt, die Anrede *frater Albertus* verwendet, was nach Auffassung von Simon Tugwell auf eine Datierung vor der Bischofsweihe verweist.[240] Überzeugender als sich auf Alberts Selbstbezeichnung „Bruder Albert“ zu verlassen, scheint die Tatsache, dass Albert nachweislich am 25. August 1263 in Köln ist und als Zeuge eines Vertrages zwischen dem Kölner Erzbischof Engelbert von Falkenburg und der Stadt Köln urkundlich genannt wird,[241] gegen die Datierung der Augsburger Predigten in das Jahr 1263 zu sprechen. Dass Albert drei Tage später in Augsburg sein soll, scheint auch bei allem Respekt vor Alberts Reisetätigkeiten unrealistisch.

Sofern man das kalendarisch mögliche Jahr 1268 ausscheiden mag, was naheliegend, aber nicht zwingend ist,[242] ist es wahrschein-

238 Vgl. zum Folgenden Meier, Mensch und Bürger, 35–47.

239 Vgl. Schneyer, Predigtzyklus, 101.

240 Vgl. Tugwell, Albert and Thomas, 14–15. Die Stelle in der Predigt lautet: *Exemplum de papa Alexandro, qui fratri Alberto dicenti: Domine, terret me majestas vestra, respondit: Terra sum, cinis sum, nihil sum.* Schneyer, Predigtzyklus, 132.

241 Vgl. Ennen, Quellen Bd. 2, Nr. 460, 483.

242 Die Eingrenzung Schneyers auf einen Zeitraum unmittelbar nach einem Romaufenthalt Alberts, den er in der 3. Predigt erkennen will (Vgl.

lich, dass er die genannten Predigten im Jahr 1257 in Augsburg hält, kurz bevor dort Ende September das Provinzkapitel der Dominikaner tagt.[243] Albert hätte demnach die Predigten Ende August bis Anfang September 1257 in Augsburg gehalten, bevor er dort auf dem Weg von Florenz nach Köln am Provinzkapitel teilnimmt. Der Predigtzyklus steht damit in einem engen zeitlichen Kontext mit Alberts Tätigkeit als Schiedsrichter während der ersten Hälfte des Jahres 1258 in Köln. Was man im Detail im Kölner Schiedsspruch von 1258 beobachten kann, erhält mit Blick auf die Augsburger Predigten ein staatstheoretisches Fundament.

Bereits in der *Nikomachischen Ethik*, also vor Bekanntwerden der lateinischen Übersetzung der *Politik*, konnte Albert die Überlegungen des Aristoteles zur besten Staatsform kennen lernen. Demnach unterscheidet Aristoteles drei Formen staatlicher Organisation, denen er dann jeweils drei Verfallsformen zuordnet, in die sie übergehen können. Mit Blick auf diese Alternativen hält Aristoteles die Monar-

Schneyer, Predigtzyklus, 101), scheint nicht zwingend zu sein. Der 6. Predigt kann ein Hinweis auf einen Romaufenthalt entnommen werden, der aber zeitlich nicht näher eingrenzbar ist. Die Formulierung in der zweiten Predigt *cum essem Romae* verweist zwar zwingend auf einen Aufenthalt in der Stadt, der sich aber zeitlich ebenfalls nicht eingrenzen lässt. Vgl. ebd., 114, 170; 138, 177–179. Das Jahr 1268 kommt also aufgrund der kalendarischen Gegebenheiten, der nicht nachweisbaren Nähe zu einem Romaufenthalt Alberts und der nicht nachweisbaren Präsenz Alberts an einem anderen Ort für die Augsburger Predigten in Frage, da der für das Jahr 1268 angenommen Aufenthalt in Straßburg nur bis zum 7. Juli urkundlich bezeugt ist. Allerdings scheint sich Albert auch im Oktober noch in der Umgebung von Straßburg aufzuhalten, da seine Anwesenheit in Kolmar und Villingen belegt ist. Vgl. Scheeben, Chronologie, 83 u. 146. Ein Aufenthalt in Augsburg auf der Reise von Florenz nach Köln im Jahre 1257 scheint eher wahrscheinlich als eine Besuch von Straßburg in Augsburg mit anschließender Rückreise in einem verhältnismäßig kleinen Zeitfenster im Jahr 1268 zumal Albert bereits im fortgeschrittenen Alter war.

243 Die von Schneyer angeführten Verweisstellen auf die Politik des Aristoteles scheinen sich nicht notwendig auf diesen erst 1265 ins Lateinische übersetzten Text zu beziehen, so dass hieraus keine Bedenken für die Datierung resultieren. Eine Kenntnis der Nikomachischen Ethik hingegen scheint man voraussetzen zu müssen, so dass die Datierung auf 1257 auch in dieser Hinsicht durchaus möglich ist.

chie in ihrer reinen Form für die beste, die Timokratie hingegen, also die Verfassung, in der diejenigen herrschen, denen aufgrund ihres Vermögens eine entsprechende Ehre entgegengebracht wird, für die schlechteste. So heißt es bei Aristoteles:

„Der Staat aber hat drei Arten oder Formen, und es gibt ebenso viele Ausartungen, gleichsam Verderbnisse dieser Formen. Die Staatsformen sind das Königtum [Monarchie], die Aristokratie und drittens die auf einer Vermögenseinschätzung beruhende Verfassung, die man eigentlich als Timokratie bezeichnen sollte. […] Von diesen ist die beste das Königtum, die schlechteste die Timokratie."[244]

Aristoteles kennzeichnet die sechs Staatsformen – also die Monarchie und ihre Verfallsform der Tyrannis, die Aristokratie und die ihr entgegengesetzte Oligarchie sowie die Timokratie und ihre Entartung in Form der Demokratie – als Alternativen, die besser oder weniger gut bzw. schlechter oder weniger schlecht sind. In jedem Fall diskutiert er diese Modelle als sich ausschließende Entwürfe, ohne dass er die Frage nach einer Synthese aus den verschiedenen Vorzügen dieser Verfassungen in der *Nikomachischen Ethik* stellt. Genau dies tut aber Albert, indem er den Gedanken sich ausschließender Alternativen gar nicht erst aufkommen lässt und eine Verbindung der drei Elemente annimmt:

„Nun haben wir über die Verfassung der Stadt [urbanitate civitatis] zu sprechen, die wir ‚Ordnung', ‚Macht', oder auf Deutsch ‚Gemeinschaft' nennen können, nämlich derjenigen, die sich in einer Stadt unter städtischen Gesetzen aufhalten. Diese Verfassung, d.h. diese Bürgerschaft [Geburscaph][245] *bzw. Ordnung besteht in dreierlei entsprechend der Auffassung der Philosophen und auch dem göttlichen Gesetz entsprechend. Diese [drei Bestandteile] sind insofern für jede Stadt notwendig, weil einer nicht ohne den anderen sein kann. Brüder, ohne diese drei kann eine Stadt niemals eine mit Weisheit und gut eingerichtete Stadt sein. Man nennt diese drei: Monarchie, Aristokratie und Timokratie. Und dass dies richtig ist, ist schon viele Jahre zuvor in den Büchern der Heiden gesagt worden und wir finden es in unserem Gesetz und in vielen Zeugnissen, die davon handeln. Überall nämlich, wo eine Menge von Menschen versammelt ist, ist es unmöglich, dass*

244 Aristoteles, Nik. Ethik VIII c. 12 (1160a31–36).

245 Das mittelhochdeutsche Wort *Geburscaph*, verweist nicht auf den Wortstamm von Geburt, sondern auf den Wortstamm von Bürger, ist also ein politischer, kein biologischer Begriff.

man sie ohne diese, nämlich ohne die Herrschaft, [die Aristokratie und die Timokratie] jemals würde regieren können. Die Herrschaft [nämlich die Monarchie] können wir die Macht nennen, die beim König liegt; die Aristokratie die Macht, die bei denen liegt, durch deren Weisheit sowohl der König als auch die ganze Stadt geleitet werden; die Timokratie die Macht, die im Gegensatz hierzu bei den Reichtümern liegt und er [Aristoteles?] hat sie die Macht der Reichen genannt."[246]

Wenn man nicht in Alternativen denkt – wie das etwa auch in dem zeitgenössischen Werk *Livres dou Tresor* der Fall ist –,[247] sondern wie Albert die Synthese sucht, stellt sich natürlich die Frage nach einem Zuordnungsverhältnis der zu vereinigenden Elemente mit einer besonderen Dringlichkeit. Albert geht davon aus, dass eine zivile Gesellschaft nur dann gelingen kann, wenn alle von Aristoteles zur Diskussion gestellten Elemente ergänzend miteinander verbunden sind, und zwar in einer Weise, dass der Primat bei der Durchsetzungskraft und Machtbefugnis der Herrschenden liegt. Diese können aber nur durch den Rat und die Urteilskraft derjenigen, die eine entsprechende Fähigkeit haben, etwa als Richter zu wirken, den Staat lenken. Weder Herkunft noch Reichtum, sondern allein die persönliche Eignung befähigen diese Ratgeber zu ihrer Aufgabe, die Machthabenden zu unterstützen. Zum Gelingen der Bürgerschaft muss aber auch eine entsprechende ökonomische Grundlage vorhanden sein, wie Albert realistischer Weise annimmt. Im Extremfall, also etwa im Krieg, wenn

246 Modo dicendum est de urbanitate civitatis, quam vocare possumus ordinem sive potestatem vel in theutonico *Gemeyscaph* illorum, qui in civitate sub civilibus legibus commorantur ista urbanitas idest *Geburscaph* sive ordo consistit in tribus secundum philosophos et etiam legem divinam, que adeo necessaria sunt cuilibet civitati, quod unum non potest esse sine alio. Fratres sine istis tribus umquam non potest esse civitas sapienter et bene ordinata. Vocantur autem tria haec monarchia, aristocratia et thimocratia, et quod haec vera sint, ante dictum est multis annis in libris gentilium et in lege nostra multa de eis testimonia invenimus. Ubicumque enim multitudo hominum congregata est sine hiis nequam poterit gubernari, videl. sine regno etc. Regnum dicere possumus potestatem, quae consistit in rege, aristocratiam potestatem, quae consistit in illis, per quorum sapientiam tum rex quam tota civitas regitur Thimocratia potestatem, quae contra in divitiis et vocavit eam divitum potestatem. Schneyer, Predigtzyklus, 111, 17–31.

247 Vgl. Meier, Mensch und Bürger, 13–14.

der Broterwerb für viele nicht möglich ist, befürwortet Albert sogar eine Vergesellschaftung privaten Eigentums und erhebt damit das Prinzip der Solidarität zum notwendigen Bestandteil dessen, was er *urbanitas*, also Stadt- oder Staatsverfassung, nennt. Nur die Verbindung all dieser Komponenten kann dauerhaft zu einer friedlichen Lebensform in der Bürgerschaft führen.

„Deshalb haben die [Philosophen] gesehen, dass, so machtvoll der König auch ist und so tugendhaft und weise auch jene sind, durch deren Vorausblick und deren Rat der [König] selbst und die Bürgerschaft regiert werden, dies nichts wert ist, wenn die Reichtümer fehlen. Deshalb haben sie drittens angeordnet, dass es in der Stadt auch reiche Leute geben müsse, die in Zeiten der Not Waffenträger unterhalten und anderen mit finanziellen Ausgaben helfen können. Und diese Leute haben sie Timokraten, also finanziell Mächtige genannt. Wenn nämlich alle reichen Leute arm wären, wäre es notwendig, dass sie sich zu Zeiten einer Belagerung wegen des Mangels an Vorräten sofort den Feinden auslieferten, z.B. wenn alle Schuster, Landarbeiter oder Tagelöhner, sobald ein Krieg ausbricht, weder Brot noch [andere] Lebensmittel erwerben können und am folgenden Tag den Mut verlieren und vor Hunger und Durst vergehen und sich als Gefangene den Feinden ausliefern. Und dies haben die Philosophen gesehen und deshalb haben sie äußerst weise angeordnet, dass in der Stadt zuerst die Monarchen sein sollen und dann später solche Richter oder Ratgeber, wie gesagt wurde, und dann auch die Reichen, deren Güter in Kriegszeiten Gemeingut sein und dem Staat dienen sollten. Und hierin besteht die Verfassung der Stadt. Unter diesen Bedingungen aber war das Volk im Frieden.“[248]

[248] Propterea viderunt, quod quantumcumque rex potens esset et quantumcumque virtuosi essent illi et sapientes de quo praevisu et consilio ipse et civitas regerentur nihil essent, si divitiae abessent.Propter hoc ordinaverunt terio, ut etiam aliqui [statt *aliquid*] divites essent in civitate, qui tempore necessitatis possent armatos tenere et expensas aliis ministrare et istos vocaverunt thimocratos scil. potentes in divitiis. Si enim omnes divites essent pauperes, necesse esset, quod tempore obsidionis propter expensarum defectum statim se redderent inimicis, verbi gratia si omnes sutores aut sartores aut cotidiani laboratores quando ingruente bello panem aut victum non possent acquirere uno die sequenti deficerent et fame ac siti tabescerent et inimicis traderent se captivos, hoc, inquit, viderunt philosophi et propter hoc ordinaverunt prudentissime, ut in civitate primo essent monarcha et postea tales judices sive consiliarii, ut dictum est, et etiam divites, quorum bona tempore belli forent communia et rei publicae deserverint et in istis consistit urbanitas civitatis. Sub istis autem populus fuit in pace. Schneyer, Predigtzyklus, 112, 50–66.

Dass aus dieser Einschätzung Alberts durchaus Realitätssinn spricht, zeigt sich rund zehn Jahre später in einer Episode während der kriegerischen Auseinandersetzung zwischen dem Kölner Erzbischof Engelbert und seinen Getreuen auf der einen Seite und den Kölner Bürgern auf der anderen. Nachdem Engelbert bereits inhaftiert und seine Gefolgsleute aus der Stadt vertrieben sind, unternehmen bischofstreue Truppen den Versuch, heimlich in die Stadt zurückzukehren. Wie die Kölner Reimchronik des Gottfried Hagen kaum mehr als zwei Jahre nach den Ereignissen berichtet,[249] beruht das Unternehmen darauf, dass man die Hilfe eines offensichtlich verarmten Kerzenhändlers in Anspruch nimmt. Dieser „Habenichts" [*Haveneit*] genannte Mann ist aufgrund seiner Armut durch eine Summe Geldes bestechlich, die in keinem Verhältnis zum Reichtum Kölns steht: *„Derselbe Mann hieß Habenicht/ trug Kerzen auf das Land, gut Licht,/ die zu verkaufen war sein Brauch./ So galt die gute Stadt Köln ihm auch,/ so reich an Gut sie ist und stark,/ nicht mehr, denn fünf und zwanzig Mark."*[250] Er wohnt unmittelbar an der Kölner Stadtmauer auf Höhe der Ulrepforte, was die Aggressoren ausnutzen, indem sie den mittellosen Kölner Bürger durch eine Zahlung von 25 Mark dazu bewegen, von seinem Haus aus unter der Stadtmauer einen ausreichend großen Tunnel zu graben, so dass bei Nacht die feindlichen Truppen in die Stadt eindringen können, um ihren Überfall durchzuführen. Zwar können die Kölner den Kampf, der in der Nacht vom 14. Oktober 1268 stattfindet, letztlich für sich entscheiden, gleichwohl hat sich rückblickend genau das ereignet, was Albert in seiner Augsburger Predigt befürchtet, wenn die Not des einfachen Mannes, der sich in Bedrängnis befindet, nicht durch die gelindert wird, die dazu in der Lage sind.

Diese wenigen Andeutungen lassen erkennen, dass Albert – wie auch im Großen Schied deutlich wird – ein Modell politischer Differenzierung in Machtbefugnisse und Aufgaben bei gleichzeitiger Annahme eines Solidaritätsprinzips befürwortet, wobei Anspruch und Inanspruchnahme der in der Bürgerschaft Vereinigten nur aufgrund der persönlichen Eignung und nicht wegen eines bestimmten Vermögens oder einer entsprechenden Herkunft erfolgen kann.

249 Vgl. Gottfried Hagen, Reimchronik, 5082–5983, 196–232. Hierzu vgl. Groten, Köln im 13. Jh., 288.

250 Gottfried Hagen, Reimchronik, 5360–5365, 207. Übersetzung zitiert nach: Gottfried Hagen, Reimchronik (Übers.), 204.

6.3 Der Große Schied von 1258

Albert ist im Laufe der Jahre in eine ganze Reihe von Verfahren als Schiedsrichter und Streitschlichter involviert. In Köln ist er bereits 1252 am Zustandekommen des so genannten Kleinen Schieds beteiligt, in dem ein Ausgleich zwischen den Ansprüchen des Erzbischofs von Köln, Konrad von Hochstaden, auf die Erhebung von Zöllen und die Ausübung des Münzrechtes einerseits und den wirtschaftlichen Interessen der Kölner Bürgerschaft andererseits vereinbart wird. In die Schlichtung des Konfliktes der Kölner mit dem späteren Erzbischof Engelbert von Falkenburg greift Albert gleich zweimal ein, nämlich 1263, als der vereinbarte Frieden nicht von Dauer ist, und 1271, als der Frieden durch einen erneuten Vertrag, den Albert maßgeblich ausgehandelt hat, besiegelt wird.[251]

Die größte Bedeutung dürfte seiner Mitwirkung beim Zustandekommen des so genannten Großen Schieds zukommen, der 1258 den eskalierenden Konflikt zwischen dem Kölner Erzbischof und der Kölner Bürgerschaft beilegen soll.[252] Dieser Schiedsspruch ist weit mehr als ein bloßer Interessenausgleich zwischen dem Kölner Landesherrn, Erzbischof Konrad von Hochstaden, und dem selbstbewussten Kölner Bürgertum bzw. dessen politischen Vertretern. Nach der oft zitierten Aussage Jacob Burckhardts ist der Große Schied *„eins der wichtigsten politischen Denkmäler des deutschen Mittelalters."*[253] Woher nimmt diese Auffassung, die Burckhardt Mitte des 19. Jhs. äußert und der eine bis heute in der Forschung fortbestehende Tradition folgt, ihre Legitimation; noch dazu, wenn man bedenkt, dass der vereinbarte Friede nur wenige Monate hält? Was macht dieses Dokument so bedeutsam, auch wenn es zunächst weitgehend unwirksam bleibt?

Im wesentlichen umfasst der Große Schied drei Teile: Die Klagen, die der Kölner Erzbischof Konrad von Hochstaden gegen die Repräsentanten der Stadt Köln vorbringt, die Klagen, die seitens der Stadt

251 Vgl. Stehkämper, Pro bono pacis, 297–382.

252 Zum Hintergrund, den Einzelheiten und dem Wortlaut des Großen Schieds vgl. Strauch, Der Große Schied; Groten, Köln im 13. Jhd., insbes., 180–193; vgl. auch Ennen, Kölner Wirtschaft, 151–160; Scheeben, Albertus Magnus, 103–121.

253 Burckhardt, Conrad von Hochstaden, 217, Anm. 7.

gegen ihren Erzbischof erhoben werden, und schließlich die Erwiderung der Klagepunkte durch die Schiedsrichter. Unabhängig davon, welche von den streitenden Parteien am Ende mehr Zuspruch erfährt und in einem höheren Maß eigene Interessen durchsetzen kann, scheint es vor allem die eigenständige politische Vision des Schiedsspruchs zu sein, die über die Klagen hinausgehend und beide Seiten korrigierend die Anerkennung der Nachwelt gefunden hat. Albert, den man als den konzeptionellen Geist hinter dem Entwurf vermutet, mag den territorialen Bestrebungen und Hoheitsansprüchen Konrads, die dieser zunehmend auch in der Stadt Köln durchzusetzen bestrebt ist, skeptisch gegenüber stehen, doch ist ihm auf der anderen Seite auch die Vorherrschaft nicht entgangen, mit der die Mächtigen, nämlich die in der Bruderschaft der Richerzeche vereinigten reichen Kölner Familien, ihre Interessen nicht nur gegen den Erzbischof, sondern auch gegenüber den einfachen Bürgern durchsetzen. Ein markanter Kristallisationspunkt des Konfliktes betrifft naheliegender Weise die Gerichtsbarkeit. Als dem Herrn der Stadt steht das Hochgericht dem Erzbischof, also Konrad zu. Da dieser es in der Regel nicht selbst ausübt, sondern an den Burggrafen und den Stadtvogt delegiert, diese ihrerseits auch jeweils Vertreter berufen, die so genannten *iudices*, liegt das Gericht faktisch in der Hand der bürgerlichen Repräsentanten der Stadt, zumal bei der Findung der Urteile das Schöffenkollegium maßgeblich beteiligt ist. Das zu diesem Zeitpunkt fünfundzwanzigköpfige Kollegium der Schöffen rekrutiert sich aus den angesehenen und wohlhabenden Kölner Familien, die durch die Beteiligung in diesem Gremium gezielt ihre eigenen Interessen verfolgen können. Aus diesem Grund stellen die Modalitäten der Schöffenwahl und die Regeln ihrer Amtsausübung sowohl für den Kölner Erzbischof wie auch für die städtischen Vertreter einen zentralen Kampfplatz dar, dem in den vorgebrachten Klagepunkten ein besonderes Gewicht zukommt.

Das differenzierte Vorgehen und ein wichtiger Leitgedanke, der an verschiedenen Stellen des Schiedsspruchs zum Tragen kommt, zeigen sich in Alberts Urteil hinsichtlich der Zulassungsbedingungen zum Schöffenkollegium. Zunächst gibt Albert dem Anspruch Konrads statt, als Erzbischof und Landesherr auch in der Stadt Köln in weltlichen wie in geistigen Angelegenheiten das höchste Richteramt innezuhaben, wobei alle anderen dieses Amt nur insofern ausüben können, als sie es vom Erzbischof übertragen erhalten. Allerdings, so stellt Albert fest, gibt es eben solche abhängigen Richter, die aufgrund einer alten Gewohnheit von der Richerzeche gewählt werden und die schwören, ihr Amt nach einer bestimmten Ordnung auszuführen. Und diese Praxis, so sagt Albert, *„trägt viel zur Erhaltung der Stadt bei"*,[254] weshalb sie durch den Erzbischof auch nicht in Frage zu stellen ist. Der Hinweis auf die Verpflichtung, eine bestimmte Ordnung zu befolgen, ist von Albert durchaus ernst gemeint und wird weiterhin genutzt, einen gewissen Missbrauch zu beseitigen, den er offensichtlich bei der Zusammenstellung des Schöffenkollegs wahrnimmt. Allerdings verfolgt Albert dieses Ziel mit Augenmaß, was deutlich wird, wenn man seine Antwort auf die erzbischöfliche Forderung betrachtet, dass Schöffen weder minderjährig, noch unehelich geboren, noch kriminell, noch aufgrund von Zahlungen und Vereinbarungen gewählt sein dürfen:[255]

„Bezüglich dessen, was der vorgenannte Erzbischof von Köln, unser ehrwürdiger Vater und Herr, gegen die Schöffen vorbringt, dass nämlich Minderjährige nicht zum Schöffenamt zugelassen werden dürfen, urteilen wir, dass keiner zugelassen werden darf außer im entsprechenden Alter und mit der entsprechenden geistigen Fähigkeit, damit sie entsprechend ihrer Befähigung und Erfahrung beim Finden und Fällen von Urteilen den Ansprüchen genügen können. Über außerehelich Geborene entscheiden wir, dass diese nicht zugelassen werden sollen, wenn nicht ehrliche Verdienste und Weisheit ihnen bescheinigen, dass sie den Makel ihrer Geburt getilgt haben, und dadurch legitimiert worden sind. Bezüglich gerichtlich Belangter entscheiden wir, dass öffentlich Ehrlose oder wegen Verbrechen Verurteilte nicht als Schöffen gewählt werden dürfen. Auch sagen wir ebenso wie die Bürger, dass niemand zum Schöffen gewählt werden darf, wenn dabei Geld oder Absprachen eine Rolle spielen."[256]

254 Der Text des Großen Schieds wird zitiert mit den Seitenangaben bei Strauch, Der Große Schied (III ad I 1–2), 220.

255 Vgl. Strauch, Der Große Schied (I 4), 201.

256 Ad hoc quod proponit venerabilis pater et dominus noster Coloniensis archiepiscopus predictus contra scabinos, quod minores annis non debent assumi ad scabinatum, videtur nobis, quod assumi non debeant nisi in etate et animi qualitate, in quibus pro capacitate et exercitio sufficientes sunt invenire et dictare sententias. De illegitimis autem videtur nobis, quod illegitimi non debent assumi, nisi probitatis merita et sapientia reddant eis, quod natales abstulerunt et sint legitimati. De criminosis videtur nobis, quod infames vel condempnati de crimine non debent eligi in scabinos. Similiter dicimus cum civibus, quod nullus in scabinum eligi debeat pretio

Alberts Antwort ist ganz darauf ausgerichtet, die Schöffen aufgrund ihrer persönlichen Eignung zur Übernahme ihres Amtes auszuwählen, weshalb auch an vielen Stellen des Schieds das persönliche Gewissen der Richtenden zum Leitfaden ihrer Entscheidungen erhoben wird. Aus diesem Grund muss eine gewisse Lebenserfahrung und Urteilsfähigkeit vorausgesetzt werden, die erst in einem bestimmten Alter erreicht wird; der Schiedsspruch nennt keine klare Altersgrenze, denn für ihn zählt allein die Befähigung. Dem von Konrad geforderten Ausschluss der außerehelich Geborenen folgt Albert nicht, allerdings fordert er den Nachweis von Verdiensten und von Weisheit. Denn diese Eigenschaften geben den Betreffenden das zurück (*reddant*), was ihre Geburten ihnen, nicht sie selbst sich, genommen haben, nämlich den Status der Legitimität. Die charakterliche Stärke kompensiert den nicht selbst verschuldeten Makel der unehelichen Herkunft. Diese Entscheidung scheint beispiellos zu sein. Nach Alfred Wendehorst hat sie weder im germanischen noch im kanonischen Recht eine Grundlage, ja steht zu diesen sogar im Widerspruch *„und dürfte ein Unikum in der mittelalterlichen Rechtsgeschichte sein.“*[257] Wenn die persönliche Eignung das ausschlaggebende Kriterium für die Zulassung als Schöffe ist, dann ist es konsequent, wenn Albert den anderen Forderungen Konrads folgt und Kriminelle und solche, die aufgrund fremder Unterstützung, nämlich durch äußere Intervention und durch Geldzahlungen in ihr Amt kommen wollen, hiervon ausschließt.

Auch in der Ausübung ihres Amtes unterliegen die Schöffen nach Alberts Vorstellung strengen Prinzipien, so etwa, wenn sie, anders als Konrad es fordert, sich streng an das Mehrheitsprinzip zu halten haben, denn dieses Gewohnheitsrecht, das in Stadt oder Land gilt, darf nicht hintenan gestellt werden.[258] Diese Feststellung Alberts, so selbstverständlich sie heute erscheint, wird für die Köln betreffende Gerichtsbarkeit erstmalig im Großen Schied formuliert.[259] In einer anderen Hinsicht gibt Albert der Forderung Konrads recht, nämlich dass ein Berufungsverfahren, das an den Erzbischof herangetragen wird, nicht von den gleichen Schöffen behandelt werden darf, die

vel pacto intervenientibus. Strauch, Der Große Schied (III ad I 4), 224, vgl. hierzu auch 46–49; die Übersetzung folgt Groten, Großer Schied, 53.

257 Wendehorst, Albertus Magnus, 39.

258 Vgl. Strauch, Der Große Schied (III ad I 39), 233.

259 Vgl. Strauch, Der Große Schied, 80–82.

bereits den ersten Prozess geführt haben.[260] Das dahinter stehende Prinzip von Gewaltentrennung und wechselseitiger Aufsicht leitet auch die schwierige Entscheidung, wie die Erhebung von Steuern zu erfolgen hat, und vor allem, wie sie zu beaufsichtigen ist. Denn Albert erkennt den Vorwurf Konrads gegen eine die arme Bevölkerung bedrohende Steuerpraxis der Mächtigen (*potentiores*) an und spricht den Überforderten ein Recht zu, sich in solchen Fällen an das Gericht des Erzbischofs zu wenden. Diesen selbst nimmt er zudem in die Pflicht, nicht im Eigeninteresse zu handeln, sondern den Betroffenen zu einem gerechten Urteil zu verhelfen.[261] Das ganze Verfahren der Steuererhebung und die Verwaltung der Einnahmen ist durch ein Gremium zu kontrollieren, das sich zu gleichen Teilen aus drei Gruppen zusammensetzt, den Schöffen, den Bruderschaften und den übrigen Bürgern. Dieses Kollegium wird darauf verpflichtet, zum Nutzen des Gemeinwohls (*ad usus rei publice*) zu handeln.[262]

Die Wahrung des Gemeinwohls, so lässt sich eine durchgängige Tendenz des Großen Schieds deuten, wird durch eine Stärkung der bürgerlichen Selbstverwaltung gewährleistet, die allerdings durch eine Verteilung der Machtbefugnisse und der Mitwirkungsrechte auf die verschiedenen Bevölkerungsgruppen gegen Missbrauch zu bewahren ist. Hierzu bedarf es auch der Einspruchsmöglichkeiten, die sich an eine nicht städtische Instanz wenden kann, sowie eines auf die Gerechtigkeit festgelegten Aufsichtsorgans, das in der Person des Kölner Erzbischofs von Albert in dieser Funktion ausdrücklich gegen die Übergriffe der städtischen Oberschicht verteidigt wird. Der Grundgedanke, der den Großen Schied kennzeichnet, scheint darin zu bestehen, dass der Friede und die Einheit der städtischen Ordnung nur dadurch herzustellen und zu bewahren sind, dass eine grundlegende Differenzierung der Kompetenzen nicht nur zwischen Stadt und Erzbischof stattfindet, sondern darüber hinaus auch die innerstädtischen Rechte und Pflichten so verteilt werden, dass einzelne Gruppen nicht ihre eigenen Interessen unter Missachtung des Gemeinwohls verfolgen können.

In dieser Richtung zielt etwa auch das im Schied festgestellte Verbot für die Bruderschaften, bei der Festlegung der Preise für ihre Waren pauschal einen gewissen Anteil für die gemeinsame Kasse der Bru-

260 Vgl. Strauch, Der Große Schied (III ad I 40), 233.
261 Vgl. Strauch, Der Große Schied (I 22; III ad I 22), 205 u. 228.
262 Vgl. Strauch, Der Große Schied (III ad I 23), 228–229.

derschaft zu erheben. Dies ist zwar aufgrund ihrer Monopolstellung möglich, widerspricht aber der mittelalterlichen Vorstellung vom gerechten Preis, wonach der zwar nicht unter die Selbstkosten des Verkäufers fallen, aber auch nicht durch eine sachlich ungerechtfertigte Ausübung eines Monopols in die Höhe getrieben werden darf.[263]

Albert kann mit dieser Konzeption, wonach das Gelingen einer Stadt wie Köln vor allem von einer Differenzierung städtischer Aufgaben und Kompetenzen sowie einer ausgewogenen Verteilung von Macht- und Aufsichtsbefugnissen abhängt, an einen Grundgedanken anknüpfen, den er bereits in seinen Augsburger Predigten, unter Rückgriff auf das aristotelische Staatsmodell, in der Verbindung verschiedener Kompetenzbereiche entwickelt hatte.

6.4 Albert als Kommentator der Ethik des Aristoteles

Selbstverständlich ist Albert 1258 in Köln als Schiedsrichter und 1257 in Augsburg als Prediger gefragt. Aber offensichtlich nimmt er die Aufgaben wahr, indem er einerseits von seiner Auseinandersetzung mit der aristotelischen Philosophie profitiert.[264] Auf der anderen Seite, und das mag der erstaunlichere Befund sein, nutzt Albert seine praktische Erfahrung, um ein vertieftes Verständnis des aristotelischen Textes zu gewinnen. Dies wird offensichtlich, wenn man die Auseinandersetzung betrachtet, die Albert auf die in Frage stehenden Thesen des Aristoteles, wie man sie als Hintergrund des Großen Schieds oder als direkten Bezugspunkt der Augsburger Predigten kennt, mit dem Anfang der 50er Jahre und dem um 1262 entstandenen zweiten Ethikkommentar vergleicht. Der frühe Kommentar, *Super Ethica*, beschränkt sich hinsichtlich des aristotelischen Textes an dieser Stelle ganz auf eine paraphrasierende Wiedergabe der Gedanken ohne eine eigenständige Problemerörterung.[265] Dies wird etwa deutlich, wenn Albert die aristotelische Dreiteilung der Staatsverfassungen und ihrer Verfallsformen als sich gegenüberstehende, ja entgegengesetzte

263 Vgl. Strauch, Der Große Schied (III ad I 1 u. 2), 223; hierzu ebd. 122–123; vgl. auch Ennen, Kölner Wirtschaft, 184.

264 Zum Verhältnis politischer Praxis und philosophischer Ethik bei Albert vgl. Schmidt, Politische Theorie.

265 Vgl. Super Ethica VIII lec. 10 nn. 742–746, 631, 21 – 635, 4.

Alternativen darstellt, ohne den zentralen Gedanken der Augsburger Predigt, nämlich die notwendige Ergänzung dieser Modelle, in Erwägung zu ziehen, geschweige denn argumentativ zu verteidigen. Albert ist an dieser Stelle der Vermittler und nicht der eigenständig verfahrende Anwender des Aristoteles.

Dies ändert sich, als Albert ab 1262 den gleichen Text ein zweites Mal zum Gegenstand eines Kommentars macht.[266] Wie man im Detail sehen kann, sind es im vorliegenden Fall eben auch seine Erfahrungen als Schiedsrichter und Prediger, die ihm den Tenor seiner Deutung vorgeben. Der späte Ethikkommentar, *Ethica*, überwindet das aristotelische Alternativmodell und folgt der von Albert inzwischen im Großen Schied und den Augsburger Predigten geteilten Linie einer synthetisierenden Deutung, die eine Idealgestalt politischer Verfassung in der Kombination monarchischer, aristokratischer und timokratischer Elemente sieht.

Eine vollkommene Stadt- oder Staatsverfassung (*perfecta urbanitas*) besteht demnach aus drei Teilen.[267] Zum einen muss eine Verfassung mit Blick auf eine ausreichende und vollständige Machtbefugnis, was die Ausübung der Regierungsgewalt angeht, betrachtet werden. Insofern alle Machtbefugnis in einer einzigen Instanz zusammenlaufen muss, ist die Monarchie ein konstitutiver Bestandteil der Staatsordnung. Aber man muss die Verfassung auch hinsichtlich der Teile betrachten, in die das Staatswesen sich gliedert. Was die Teile betrifft, kann man diese zum einen in Bezug auf die wesentlichen und zum anderen in Bezug auf die nur als Werkzeug dienenden Elemente in den Blick nehmen. Unter den wesentlichen Teilen versteht Albert die verschiedenen Teilbefugnisse, die durch einzelne Staatsämter repräsentiert sind und die entsprechend den tugendhaften Verdiensten (*secundum meritum virtutis*) und entsprechend der Befähigung zu einer für ein Amt erforderlichen Handlungsweise (*propriam habere oportet virtutem ad propriam suae dignitatis operationem*) zu vergeben sind. In diesem Sinne sind aristokratische Momente konstitutiv. Ein Staatswesen ist aber auch auf äußere Güter (*bona exteriora*) angewiesen, die einen gewissen instrumentellen Charakter haben (*organice deserviunt*), weil sie nicht an

266 Zum ethischen Entwurf Alberts im Ganzen und zu den Differenzen in den verschiedenen Werken vgl. Müller, Natürliche Moral; Ernst, Philosophische Ethik; Wieland, Ethica.

267 Vgl. hierzu auch Arendt, Staats- und Gesellschaftslehre, 44–49.

sich gut sind, sondern dazu beitragen, dass die auf die Durchsetzung der Gerechtigkeit angelegten Regierungshandlungen nicht aufgrund irgendwelcher Notstände erfolglos bleiben. Dieser dritte Aspekt, den Albert für einen Bestandteil einer vollkommenen Staatsordnung hält, beinhaltet Elemente einer timokratischen Verfassung, insofern diese die Herrschaft durch die wegen ihres Vermögens (*a facultate pretiorum et exteriorum bonorum*) zu ehrenden Bürger darstellt.[268]

6.4.1 Die Macht des Geldes

Innerhalb der von Albert angenommenen Synthese der genannten drei Staatsformen mag insbesondere die Integration timokratischer Momente verwundern, denn dass der Besitz von Geld oder anderer Reichtümer eine Beteiligung an der staatlichen Organisation rechtfertigen soll, scheint insbesondere aufgrund Alberts Zugehörigkeit zu dem auf die Armut festgelegten Orden der Dominikaner nicht auf den ersten Blick einsichtig. Sätze aus dem *Alten Testament*, wie „*Wer das Gold liebt, bleibt nicht ungestraft, wer dem Geld nachjagt, versündigt sich.*“ (Sir 31,5) und eine ganze Reihe anderer Texte bringen die biblische Ablehnung gegenüber dem Geld zum Ausdruck, die im Mittelalter durchaus präsent ist.[269] Als Provinzial schrieb Albert nach dem Bericht des Petrus von Preußen seinerzeit folgenden Brief an die Mitbrüder seiner Provinz:

„Die in Christus geliebten Brüder etc. grüßt der Bruder Albert, der Prior der Provinz der Teutonia und der Diener der Predigerbrüder dieser Provinz etc. Damit nicht das Laster persönlichen Besitzes das heilige Gelübde unserer Armut besudele, ist es mein Wille, dass kein Bruder Geld oder andere Dinge verwalte, die nach seinem Gutdünken oder zu seinem oder eines anderen Vorteil verwandt werden, auch dann nicht, wenn sein Vorgesetzter weiß, wo dieses Geld und diese Dinge sich befinden und wie sie verwaltet werden. Wenn jemand hiergegen handelt und ohne Wissen seines Vorgesetzten solche Dinge verwaltet oder die Verwaltung von seiner Zustimmung abhängig macht, werde ich ihn als Eigentümer behandeln und ihn wegen der Verletzung unseres Gelübdes nach der Ordenssatzung bestrafen.“[270]

[268] Vgl. Ethica VIII t. 3 c. 2, 539b–540b.
[269] Eine ganze Reihe Texte nennt Le Goff, Geld im Mittelalter, 9–16.
[270] Vgl. Petrus de Prussia, Vita Alberti, 212–213; hierzu Scheeben, Chrono-

Offensichtlich teilt Albert als Provinzial die Vorbehalte seines Ordens gegenüber dem Umgang mit Geld und anderen Gütern voll und ganz. Umso mehr stellt sich die Frage: Wie kann Albert ausdrücklich eine Staatsverfassung entwerfen, die dem ohnehin im Mittelalter suspekten Geld – so die These Jacques Le Goffs[271] – eine solche Bedeutung zukommen lässt?

Um diese Frage zu klären, ist ein Blick auf Alberts Auseinandersetzung mit der aristotelischen Lehre vom gesellschaftlich verankerten Glück des Menschen zu Beginn der *Nikomachischen Ethik* zu werfen. Die gegenüber der aristotelischen Vorlage integrative Staatslehre Alberts beruht, wie er selbst durch entsprechende Verweise deutlich macht, auf einem Verständnis von Glückseligkeit bzw. einer Deutung von einem gelungenen gesellschaftlich organisierten Leben, das Aristoteles bereits im ersten Buch der *Nikomachischen Ethik* andeutet. Ist es einerseits richtig, dass das menschliche Glück in den wesentlichen Handlungen des Menschen als Menschen (*operatio hominis qua homo est*) besteht, die dieser mit Blick auf die Vervollkommnung seiner Natur ausführt, wenn er seine frei gewählten Handlungen in Einklang mit den Tugenden vollzieht, so ist andererseits auch klar, dass zum gelungenen Leben weit mehr gehört als diese auf die inneren Güter bezogenen Tätigkeiten. *„Es scheint nämlich Bedarf auch an demjenigen zu bestehen, das ein äußeres Gut ist, wie wir sagten. Es ist nämlich unmöglich oder zumindest nicht leicht, dass derjenige vollkommen Gutes tut und zur edelsten Handlung gelangt, der an Mangel und Armut der Vorräte leidet.“*[272]

Ein glückliches politisches Leben, in dem die Amtsträger die Bürger nicht wie Sklaven, sondern wie ihre Kinder behandeln, wie Albert unter Bezug auf das erste Buch der aristotelischen *Politik* formuliert, bedarf vor allem dreierlei Tugenden:[273] einer uneigennützigen und maßvollen Freigebigkeit, die gleichsam der Grundsiche-

logie des Lebens, 161; die dt. Übersetzung in Anlehnung an Scheeben, Albertus Magnus, 90.

271 Vgl. Le Goff, Geld im Mittelalter, 243.

272 Sic enim videtur etiam eorum quae exterius sunt bonorum indigens, quemadmodum diximus. Impossibile est enim vel non facile bona perfecta operari, et ad divinam operationem, eum qui impotens est tribuere ex insufficientia vel paupertate facultatum. Ethica I t. 7 c. 1, 105b.

273 Vgl. Ethica I t. 7 c. 1, 105b–106b.

rung dient (*liberalitas*); einer Bereitschaft, in größerem Umfang für höhere Aufgaben Mittel zur Verfügung zu stellen (*magnificentia*);[274] und schließlich der Gerechtigkeit (*iustitia*), mit der der Amtsträger in einem Abwägungsprozess für die Bürger das Richtige vom Falschen zu unterscheiden weiß. Die vollkommene Bürgergesellschaft, so schließt Albert diese Lehre an den aristotelischen Text an, bedarf also der Freunde – als Grundlage der *liberalitas* –, des Reichtums – als Grundlage der *magnificentia* – und schließlich der politischen Macht – als Grundlage der Rechtsausübung der *iustitia*. Das Gelingen der Gesellschaft hängt davon ab, dass diese Grundgüter, die nicht innere Dispositionen des Menschen sind, sondern als instrumentell einzusetzende äußere Güter fungieren, im bürgerlichen Leben in ausreichendem Maße vorhanden sind. Der instrumentelle Charakter, den Albert hier den äußeren Gütern zuspricht, kennzeichnet gerade auch die timokratischen Elemente der Staatsverfassung, so wie Albert sie im Anschluss an Aristoteles versteht,[275] und verbindet damit die Diskussionen aus dem ersten und dem achten Buch der *Nikomachischen Ethik*. Die für den Bürgerstaat wesentlichen Tugenden der Freigebigkeit können nur dadurch zum Tragen kommen, dass entsprechende Geldmittel in unterschiedlichem Maße bei den unterschiedlichen Bevölkerungsgruppen vorhanden sind und die politische Macht, die Albert ebenfalls als ein äußeres, kein inneres Gut begreift, ausreichend vertreten ist. „*Wenn das Glück [der Gesellschaft] also so verstanden wird, dass es der vollkommene Zustand und die vollkommene Verwirklichung durch den Zusammenschluss aller Güter ist, dann werden nicht nur die genannten Dinge benötigt, sondern sie sind in Fülle von Nöten.*“[276]

274 Zum Verhältnis von liberalitas und magnificentia vgl. Ethica IV t. 1 c. 11, 290a–291b. In seinem frühen Werk *De bono* interpretiert Albert die Tugend der magnificentia noch auf der Basis einer begrenzten Kenntnis des Textes der Nikomachischen Ethik im Anschluss an Cicero, der diese als einen Teil der übergeordneten Tugend der Tapferkeit versteht. Die in *Ethica* anklingende Deutung Alberts des aristotelischen Konzeptes geht in eine ganz andere Richtung. Vgl. De bono t. 2 q. 2 a. 1–2 nn. 151–158, 99, 1 - 101, 86.

275 Vgl. Vgl. Ethica VIII t. 3 c. 2, 540a.

276 Si ergo felicitas accipiatur prout est omnium bonorum congregatione status et actus perfectus, non solum his indiget quae diximus, sed etiam haec requirit in copia. Ethica I t. 7 c. 1, 106b.

Im Anschluss an Aristoteles, aber nicht unbedingt in Einklang mit ihm, spricht sich Albert in seinem späten Ethikkommentar für ein Modell der bürgerlichen Gesellschaft aus, das neben der Bündelung der Macht in einer einzigen Instanz und der tatsächlichen Machtausübung durch eine Reihe jeweils nach Eignung vergebener Ämter in besonderer Weise die Angewiesenheit auf weitere äußere Güter betont. Die politische Macht und die Organisation ihrer Ausübung sind für den vollkommenen Bürgerstaat ebenso notwendig, wie es das Vorhandensein und die Verteilung äußerer Güter sind.

Gerade was diesen letzten Aspekt betrifft, kann Albert an zwei von Aristoteles beschriebene Tugenden anschließen, die er für notwendig hält, damit diejenigen innerhalb der Bürgerschaft, die dazu in der Lage sind, die anderen, die bedürftig sind, durch äußere Güter, die einen Gegenwert im Geld (*pecunia*) haben, unterstützen. Im Grunde genommen handelt es sich um eine einzige Tugend, nämlich um die Bereitschaft, verzichtbare Geldmittel für andere bzw. für gemeinsame bürgerschaftliche Unternehmungen zur Verfügung zu stellen. Je nachdem, ob dies im kleinen Rahmen geschieht, spricht man von dieser Tugend als einer bescheidenen oder einer großzügigen Freigebigkeit; erstere nennt man *liberalitas*, letztere *magnificentia*. Beide sind notwendig, da das Gelingen des Staates auf der Vereinigung aller Güter, *congregatio omnium bonorum*, beruht. Indem der Besitz von Geld nicht als solcher befürwortet, sondern als Grundlage zur Ausübung der Tugend der Freigebigkeit interpretiert wird, kann Albert den timokratischen Aspekt der aristotelischen Staatslehre, also die Vorstellung, dass diejenigen im Staat zu beteiligen sind, die aufgrund ihres Besitzes Ehre erfahren, in sein Konzept integrieren, ohne den Grundzug seiner dominikanischen Herkunft und damit das Anliegen, Bedürftige zu unterstützen, zu verleugnen. Schließlich beruht die Lebensweise der Bettelorden selbst auf der Freigebigkeit derjenigen, die ihren Besitz teilen können.

Albert erkennt die Notwendigkeit des Geldes ebenso an, wie er dessen Missbrauch verurteilt, etwa dann, wenn er in Form ungerechter Steuereintreibungen auftritt. Aus diesem Grund lehnt er etwa eine vor allem auf Lebensmittel erhobene indirekte Verbrauchssteuer, die man in der Volkssprache „*Ungeld*" nennt,[277] ausdrücklich ab. Auf die

[277] Vgl. Isenmann, Die deutsche Stadt im MA, 525–526.

Anfrage des ihm offensichtlich gut vertrauten Franziskaners Berthold von Regensburg, ob man „Ungeld" erheben dürfe, antwortet Albert deshalb, dass er *„das, was in der Volkssprache ‚Ungeld' genannt wird und was eine Zahlung ist, die von denen erhoben wird, die zu den Städten und Festungen, in denen diese Art von Abgabe eingetrieben und eingefordert wird, kommen, oder von denen, die von diesen Orten weggehen – sei es den Einkaufenden oder den Verkaufenden – für unzulässig und verdammungswürdig hielt, hält und halten wird, weil dieses und alles, was ähnlich ist, ohne Zweifel zu Zwangsmaßnahmen bzw. diesen entsprechenden Maßnahmen, die die Heiligen verdammen, führt."*[278] Albert hat die feste Vorstellung, dass Waren einen gerechten Preis haben, der sich u.a. aus dem Aufwand für die Herstellung ergibt, und nicht allein durch das Verhältnis von Angebot und Nachfrage bestimmt ist, wie es zwischen den Handel treibenden Menschen besteht.[279] Er hält es deshalb ebenfalls für verwerflich, wenn man statt einer Steuer die Maßeinheiten, in denen Waren bemessen werden, willkürlich verändert: *„Auch die allgemein üblichen Maße für feste oder flüssige Waren wegen solcher unzulässiger Eintreibungen zu vermindern, ist nicht zulässig, weil der Herr sagt, „dass der Scheffel angemessen und der Krug angemessen sein sollen" [Lev 19,36], was nicht nur so verstanden wird, dass er zwischen den Menschen, die Handel betreiben, angemessen sein soll, sondern dass er auch hinsichtlich des Preises angemessen sein soll."*[280]

Offensichtlich strebt Albert ein ausgeglichenes Verhältnis im Umgang mit Geld und anderen Formen des Besitzes an, insofern er einerseits die Notwendigkeit materieller Güter und des damit verbundenen Handels anerkennt, andererseits aber den Missbrauch von Reichtum durch eine gesellschaftlich gerechtfertigte Rückbindung an entsprechende soziale Tugenden zu unterbinden sucht.

278 Der lateinische Text findet sich in: Rieder, Berthold von Regensburg, 46–47; eine Übersetzung bietet auch Stehkämper, Albertus Magnus, Nr. 142, 119.

279 Le Goff verweist darauf, dass sich der gerechte Preis nicht durch eine Vereinbarung von Vertragspartnern, sondern aufgrund einer „normativen Zielsetzung" mit dem wichtigsten Merkmal der Maßhaltung ergibt, vgl. Le Goff, Geld im Mittelalter, 132–134 u. 236.

280 Rieder, Berthold von Regensburg, 47.

7 Im Dienst von Orden und Kirche

Die äußeren Bedingungen, unter denen Albert sich seinen wissenschaftlichen Aufgaben widmet, lassen keine ausschließliche Konzentration auf seine Lehr- und Forschungsarbeit zu. Seine ausgedehnte Reisetätigkeit und die Beschäftigung mit ganz anders gelagerten Herausforderungen, denen sich Albert immer wieder zu stellen hat, erschweren seine Arbeit als Wissenschaftler immer wieder während längerer oder kürzerer Zeitabschnitte. Erkennbar versucht Albert, auch in Phasen, in denen er durch andere Verpflichtungen in Anspruch genommen ist, seine wissenschaftlichen Interessen so gut wie möglich fortzuführen, etwa wenn er Reisen dazu nutzt, ausgiebige Naturbeobachtungen vorzunehmen oder neuer Texte habhaft zu werden, die ihm bei seiner bisherigen Arbeit fehlen. Wenn sich die Gelegenheit bietet, scheint Albert die Zusammenkunft mit anderen dafür aufgeschlossenen Zeitgenossen für Disputationen und Lehrangebote genutzt zu haben. Dass Albert die Abfassung eigener Werke für einen längeren Zeitraum ganz unterbrochen hat, ist nicht erkennbar. Darüber, wie es ihm über Jahrzehnte hinweg und auch im hohen Alter noch gelungen ist, seine außergewöhnliche Produktivität trotz vielfältiger anderer Verpflichtungen aufrecht zu erhalten, kann man nur spekulieren.

7.1 Provinzial der Teutonia und Abgesandter an der Kurie in Anagni

Albert verbringt sein Leben, während seine wissenschaftlichen Schriften entstehen, keineswegs an einem Ort und schon gar nicht ausschließlich am Schreibtisch einer gut bestückten und immer verfügbaren Bibliothek. Mit einem besonders großen Reiseaufwand ist für Albert das Amt des Provinzial[281] der Teutonia verbunden, das er 1254 übernimmt, als man ihn im September auf dem Provinzkapi-

[281] „Provinzial" ist die um Deutschen übliche Bezeichnung für den Vorsteher einer Ordensprovinz, der in den Konstitutionen des Ordens *prior provincialis* genannt wird. Vgl. Jordan von Sachsen, Anfänge des Predigerordens, 318–319.

tel in Worms zum Prior der deutschen Ordensprovinz wählt.[282] Um die mit diesem Amt verbundene Oberaufsicht über alle Klöster der deutschen Ordensprovinz, die zum Teil weit jenseits der Grenzen des heutigen Deutschlands liegen, auszuüben, sind naturgemäß umfangreiche Reisen notwendig. Ob Albert die zu dieser Zeit bestehenden Konvente visitiert oder auch neue gründet – was während seiner Zeit als Provinzial viermal vorkommt –, in jedem Fall wird er meistens unterwegs gewesen sein. Ein indirektes Zeugnis von der hiermit verbundenen Lebensweise Alberts gibt vielleicht das von seiner Hand geschriebene Werk, das uns in dem Kölner Autograph der Schrift *Über die Lebewesen* erhalten ist. Dieser Codex hat ein auffallend kleines Format und ist äußerst Platz sparend geschrieben, ebenso wie man es sich vorstellt, wenn man das Werk auf ausgedehnten Reisen bei sich hat, um es über einen längeren Zeitraum hinweg zu bearbeiten.

Bescheidenes Reisegepäck wird umso wichtiger gewesen sein, führt man sich vor Augen, dass Albert seine Wege wohl zu Fuß zurücklegt. Es ist kaum vorstellbar, dass er selbst anders gereist ist, wenn unter seiner Leitung das Provinzkapitel zu Worms die Predigerbrüder ausdrücklich dazu ermahnt, ihre Wege grundsätzlich zu Fuß und nur im Notfall unter Zuhilfenahme eines Karrens zurückzulegen. Es müssen Krankheitsfälle und die damit verbundene Gefahr an Leib und Leben oder der dringende Ruf eines Fürsten vorliegen, um von dieser Regel abzuweichen. Aus diesem Grund, so der Beschluss des Kapitels, dem Albert vorsteht, fallen die Strafen, die bei Missachtung zu verhängen sind, auch durchaus drastisch aus, wie der Bericht des Albert-Biographen Petrus von Preußen anschaulich zu schildern weiß.[283] So muss jeder, der gegen diese Vorschrift verstößt, im Beisein aller Ordensbrüder eine Strafe über sich ergehen lassen und in der Mitte des Speisesaals auf dem Boden sitzend seine Mahlzeit aus Brot und Wasser zu sich nehmen.

Diese hier von Albert verhängten Maßnahmen, von denen sein Biograph berichtet, gehen auf die entsprechenden Vorschriften aus den ursprünglichen Konstitutionen zurück und liegen z.B. auch den Be-

282 Zu den Einzelheiten von Alberts Wirken als Provinzial vgl. Scheeben, Chronologie des Lebens, 86–102.

283 Vgl. Petrus de Prussia, Vita Alberti, 204–205; vgl. hierzu Scheeben, Chronologie des Lebens, 86–90.

schlüssen des Generalkapitels zur Bestrafung der Brüder aus Newcastle (*Novo Castro*) auf dem Kapitel in London im Jahr 1250 zugrunde. Die hier genannten Ordensbrüder werden mit der in den Konstitutionen vorgesehenen Strafe belegt, weil sie mit dem Pferd (*in equis*) angereist sind,[284] obwohl es auch möglich gewesen wäre, in Übereinstimmung mit den Ältesten Konstitutionen des Ordens, von einem solchen Verbot zu dispensieren.[285]

Albert ist in seiner Zeit als Provinzial der Teutonia aber nicht nur mit den Angelegenheiten seiner eigenen Ordensprovinz befasst, sondern wird auch als Delegierter des gesamten Ordens mit einem für die Zukunft der Predigerbrüder zentralen Auftrag an die Kurie in Anagni zu Papst Alexander IV. geschickt. Begleitet wird Albert bei dieser Mission von seinem ehemaligen Schüler, Thomas von Aquin. Die vom Orden entsandte Delegation soll sich beim Papst für die Verurteilung einer Schmähschrift des Wilhelm von Saint-Amour einsetzen, in dem dieser Pariser Magister der Theologie den gesamten Orden der Predigerbrüder auf das Schärfste angreift.[286] Das Ziel seines Angriffs ist es vor allem, die Dominikaner durch den Vorwurf der Häresie von der Lehre an der Pariser Universität auszuschließen. Diese Schrift stellt die Zuspitzung des so genannten Mendikantenstreits dar, in dem die keinem Orden zugehörigen Professoren der Universität von Paris, die weltgeistlichen Gelehrten, ihre aus den Bettelorden stammenden Kollegen aus dem Lehrbetrieb zu verdrängen suchen. Der Hintergrund für diese Absicht ist der Konkurrenzkampf der Pariser Theologen, in dem die Weltgeistlichen sowohl in finanzieller Hinsicht als auch des akademischen Erfolges der Orden wegen zunehmend ins Hintertreffen geraten. Die Schärfe von Wilhelms Angriff auf die Bettelorden geht bereits aus dem Titel der von ihm verfassten Schrift hervor und lautet „*Kurzer Traktat über die Gefahren der Endzeit*“ (*Tractatus brevis de periculis novissimorum temporum*).

Alberts Aufenthalt an der Kurie, der wohl von Oktober 1256 bis zum Juni des darauf folgenden Jahres währt – die genaue Dauer ist

284 Vgl. Acta capitulorum, 55.

285 Vgl. Constitutiones antique, 330 u. 334. In deutscher Übersetzung findet sich der Text in: Jordan von Sachsen, Anfänge des Predigerordens, 244–296, 245 u. 267.

286 Vgl. Dufeil, Guillaume de Saint-Amour.

ungewiss[287] –, ist erfolgreich; bereits im Oktober verurteilt Alexander die Schrift Wilhelms und ordnet ihre Vernichtung an. Worin Alberts sonstige Tätigkeiten während des Kurienaufenthaltes bestanden haben, ist nur schwer auszumachen. Wie sich einem Text aus dem zweiten Teil seiner *Summa Theologiae* entnehmen lässt, scheint Albert während seines längeren Aufenthaltes am päpstlichen Hof auch gegen eine andere Irrlehre zu kämpfen, nämlich die averroistische These von der Einheit des Intellektes, was auf eine Lehrtätigkeit an der Kurie hindeuten könnte.[288] Demnach nähme Albert an einer Disputation über die Lehre von der Einheit des Intellektes teil und arbeitet dieses Thema dann nach 1263 zu einem Traktat mit dem Titel *Von der Einheit des Verstandes* aus. Ob diese Schrift tatsächlich auf eine Disputation während Alberts Aufenthalt an der Kurie in den Jahren 1256–57 zurückgeht, scheint allerdings keineswegs unumstößlich festzustehen.[289] Immerhin durch einen Hinweis in einer Handschrift bezeugt ist aber eine andere Disputation Alberts, in der er Fragen über die schicksalhafte Bestimmung des Kosmos behandelt. Die Schrift, die aus dieser Disputation hervorgeht, ist in einer Handschrift mit der Angabe überliefert, Albert habe „*apud Anagniam*“, also an der päpstlichen Kurie, die sich in den fraglichen Jahren 1256–57 in Anagni befindet, eine Disputation *Über das Schicksal, De fato*, abgehalten.[290] Anders als bei der Schrift *De unitate intellectus* gibt es in diesem Fall keinen Hinweis, dass die schriftliche Abfassung des Werkes deutlich später als 1256–57 erfolgt, so dass der Annahme einer entsprechenden Disputation über dieses Thema an der päpstlichen Kurie in Anagni nichts im Wege steht, auch wenn sie nur durch einen Hinweis in einer einzigen Handschrift belegt ist.

Alberts Auftreten an der Kurie hat nicht nur im Orden, der ihn auf dem Generalkapitel in Florenz im Jahr 1257 vom Amt des Provinzi-

287 Spätestens Ende August 1257 ist Albert in Augsburg, ob er dorthin direkt von Italien aus hingelangt, ist wahrscheinlich aber nicht mit Sicherheit zu entscheiden. Vgl. oben Kap. 6.2.

288 Vgl. Summa Theologiae p. 2 t. 13 q. 77 mem. 3, Bd. 33, 100b; vgl. hierzu Hufnagel, Prolegomena, De unit. intell., IX-X.

289 Vgl. unten Kap. 7.3.

290 Questio disputata a fratre alberto apud anagniam de fato. Vatikan, Chigi E IV 109, f. 150r; vgl. hierzu Simon, P., Prolegomena, De fato, XXXIV-XXXVI.

al entbindet,[291] Eindruck hinterlassen, sondern ihn auch beim Papst für weitere Aufgaben empfohlen. Doch bis diese auf ihn zukommen, ist Albert zunächst für zweieinhalb Jahre wieder der Lesemeister von Köln, der sich allerdings nicht darauf beschränkt, nur Vorlesungen zu halten. Als Albert von Italien nach Köln zurückkehrt, hat er nicht nur viel Anerkennung, sondern auch eine Kostbarkeit im Gepäck, nach der er lange Zeit vergeblich gesucht hat. Während er an der Kommentierung der kleinen naturkundlichen Schriften des Aristoteles arbeitet, vermisst er die Übersetzung der aristotelischen Schrift *Über die Bewegungen der Lebewesen*. Albert weiß von der Existenz der Schrift, entschließt sich aber für eine eigenständige Abhandlung des Themas, weil ihm keine Übersetzung des Werkes des Aristoteles zur Verfügung steht. Offensichtlich, so legt sein später verfasster Bericht im Buch *Über die Prinzipien der fortschreitenden Bewegung* nahe,[292] stößt er während seines Aufenthaltes an der Kurie, in Gedanken offensichtlich doch bei seinen wissenschaftlichen Interessen, in Kampanien auf ein Exemplar dieses Textes, dessen er bislang nicht habhaft werden konnte.[293] Auch in dieser Hinsicht war Alberts Italienreise ein Erfolg, denn bald macht er sich an die Kommentierung des mitgebrachten Buches und vervollständigt auf diese Weise seine Auseinandersetzung mit den Schriften des Aristoteles.

7.2 Bischof von Regensburg

Die Zeit als Kölner Lesemeister, die Albert spätestens am 20. März 1258 wieder aufgenommen hat,[294] wird zunächst im Juni 1259 unterbrochen, als Albert auf Wunsch des Ordensmeisters Humbert von Romans zum Generalkapitel nach Valenciennes berufen wird. Zusammen mit anderen namhaften Ordensbrüdern wird Albert von der Ordenslei-

[291] Vgl. Acta capitulorum, 89.

[292] Vgl. De princ. motus proc. t. 1 c. 1, 48, 63–74.

[293] Vgl. De Leemans, Introduction Aristoteles, IX-XVIII. Hierzu auch Anzulewicz, Prinzip der fortschreitenden Bewegung, 18–24 u. 33–40.

[294] Zu diesem Zeitpunkt wird Albert nämlich mit der Bezeichung als Kölner Lesemeisters zum Schiedsrichter in den Streitigkeiten zwischen dem Kölner Erzbischof, Konrad von Hochstaden, und den Kölner Bürgern ernannt. Vgl. Ennen, Quellen Bd. 2 Nr. 381, 376–378.

tung beauftragt, eine reformierte Studienordnung für die Ausbildung im Dominikanerorden zu entwerfen. Den zeitgenössischen und lokal unterschiedlichen Bedingungen Rechnung tragend, zeugen die von Albert und seinen Mitbrüdern entworfenen Regeln von der im Orden vorhandenen Bereitschaft, dem Studium und der Ausbildung des akademischen Nachwuchses zunehmend Raum zu geben und für die notwendigen Voraussetzungen zu sorgen. Das reformierte Programm regelt sowohl die Angelegenheiten des Studiums auf Seiten der Studenten und der Lehrenden als auch die Rahmenbedingungen, unter denen der Studienbetrieb innerhalb des Ordenslebens durchzuführen ist. Das Auswahlverfahren und die Leistungskontrolle für Studenten sind ebenso Gegenstand der Reformbestimmungen wie die Qualifikation und die lokale Flexibilität der Lehrenden. Deutlich tritt das Bestreben hervor, für das Studium den notwendigen Freiraum zu schaffen und alle Ordensbrüder zur Aus- und Weiterbildung heranzuziehen, soweit es der notwendige Einsatz im Orden zulässt. Selbstverständlich werden auch die Lehrenden selbst zur Teilnahme an weiteren Lehrveranstaltungen, insbesondere an den Disputationen, angehalten.[295]

Die zweite Tätigkeit als Kölner Lesemeister endet, als Papst Alexander IV. Albert am 5. Januar 1260 zum Bischof von Regensburg beruft. Er hat dieses Amt mindestens bis Februar, längstens bis Mai 1262 inne, bevor Papst Urban IV. seiner Bitte nachgibt, aus diesem Amt ausscheiden zu dürfen.[296] Die Ernennung durch den Papst und nicht durch das Regensburger Kapitel ist für das 13. Jh. genauso ungewöhnlich wie es das Ernennungsschreiben ist, mit dem Alexander IV. die Fähigkeiten Alberts rühmt und der Hoffnung Ausdruck verleiht, dass er in der Lage sein wird, die offensichtlich schwierigen Verhältnisse im Bistum zu regeln. Alexander kennt Albert persönlich von seinem Aufenthalt an der Kurie drei Jahre zuvor und ist von seinen intellektuellen Fähigkeiten, die er nicht zuletzt im Kontext des Großen Schieds in Köln für den Papst selbst erkennbar unter Beweis gestellt hat, offensichtlich so überzeugt, dass er ihm diese Aufgabe zutraut.

Albert folgt dem Gesuch des Papstes, was wiederum alles andere als selbstverständlich ist. Zwar hat es bereits zuvor Bischofsernennungen

[295] Vgl. Acta capitulorum, 99–100.

[296] Zum Folgenden vgl. Füllenbach, Bischof von Regensburg, 131–150; Schieffer, Albertus Magnus, hier auch weitere Literatur.

von Dominikanern gegeben, doch waren sie die Ausnahme, da es der dominikanischen Grundeinstellung zunächst zuwider ist, solche Ämter anzunehmen und sich der damit verbundenen Lebensweise zu unterwerfen. Hinsichtlich des Regensburger Bischofsamtes kommt hinzu, dass dieses mit der Stellung eines Reichsfürsten verbunden ist und damit Aufgaben jenseits der rein seelsorgerischen Tätigkeiten umfasst.[297] So zögert auch der Ordensmeister Humbert von Romans, als er erste Gerüchte von Alberts bevorstehender Ernennung erfährt, keinen Moment, Albert in einem inständigen Brief zu bitten, das päpstliche Anliegen auszuschlagen: „*Lieber sähe ich meinen vielgeliebten Sohn auf der Totenbahre als auf dem Bischofsstuhl*"[298] heißt es in seinem Schreiben, von dem wir nicht wissen, wann exakt Albert es erhalten hat.

Darüber, was die Gründe Alberts sind, das Amt gegen den Widerstand im Orden, wie er zumindest für den Ordensmeister Humbert einschlägig belegt ist, doch anzunehmen, und was dann wiederum die Gründe sind, es nach so kurzer Zeit wieder abzugeben, kann nur spekuliert werden. Solche Spekulationen setzen mit den ersten Albert gewidmeten biographischen Versuchen ein und sind aufgrund der Interessen der Biographen stark durch die Perspektive des Ordens geprägt, können aber auch weitergehende Argumente in Anspruch nehmen, wie etwa die durch das Bischofsamt ermöglichte Weihetätigkeit zu Gunsten des Ordens.[299] Außer Acht lassen sollte man auch nicht die Tatsache, dass Albert das Amt auf die persönliche Bitte des Mannes übernimmt, der wenige Jahre zuvor den Orden der Dominikaner vor den massiven Anfeindungen einer Gruppe von Weltgeistlichen in Schutz nimmt und auf persönliche Intervention Alberts die für den Orden so wichtige akademische Präsenz der Dominikaner an der Pariser Universität sichert. Es ist nicht unwahrscheinlich, dass das persönliche Engagement Alexanders IV., das sich in dem weit über die übliche Kanzleiroutine hinausgehenden Ton des Berufungsschreibens andeutet,[300] mit ein ausschlaggebender Grund für Alberts Entscheidung ist, das Amt gegen den Widerstand im Orden anzunehmen.

297 Zu den Einzelheiten der Bischofsernennungen im frühen Dominkanerorden vgl. Schieffer, Bischöfe aus dem Dominikanerorden, 405–419.

298 Übersetzt bei Scheeben, Albertus Magnus, 124.

299 Vgl. Füllenbach, Bischof von Regensburg, vor allem 148–150.

300 Vgl. Schieffer, Albertus Magnus, 6.

Fest steht mithin Folgendes: Allem Anschein nach besteht vor der Ernennung Alberts eine so große Spaltung im Bistum Regensburg, dass eine sonst übliche Wahl durch das Domkapitel nicht möglich ist, andernfalls hätte Alexander IV. nicht selbst die Entscheidung getroffen. Offensichtlich traut sich Albert die Aufgabe, die ihn erwartet, zu; schließlich ist es nicht das erste Mal, dass er erhebliche Konflikte als Vermittler hat lösen können, und unerfahren in politischen Dingen ist er schon längst nicht mehr. Schließlich behält er mit seiner Selbsteinschätzung Recht, denn nachdem er das Amt niederlegt, kann sein Nachfolger wieder durch das nun offensichtlich befriedete Domkapitel gewählt werden. Augenscheinlich war das Problem, das zur Ernennung Alberts geführt hat, in dem Augenblick gelöst, als er sich anderen Aufgaben zuwendet.

7.3 Der zweite Aufenthalt an der Kurie

Zu einem Zerwürfnis mit dem seit September 1261 amtierenden Urban IV. ist es auf jeden Fall wegen der Amtsniederlegung Alberts nicht gekommen. Im Gegenteil scheint Urban Albert bei seiner Amtsaufgabe mit einem Privileg belohnt zu haben, das ihm gegenüber dem Orden größte Freiheiten einräumt und u.a. auch künftig den Besitz von Eigentum ermöglicht. Auf diese *exemptio ab ordine*, d.h. auf diese Freistellung von der Ordensdisziplin, wird sich Albert viele Jahre später in seinem Testament berufen, wenn es gilt, über seinen nicht unerheblichen Besitz zu verfügen.[301] Umgekehrt ist Albert dem Papst weiter zu Diensten, zunächst indem er an der Kurie – so die nicht zu beweisende Vermutung –[302] Vorlesungen hält, die den anwesenden Magister Heinrich den Poeten, so die Zuschreibung zutrifft, zu einem überschwänglichen Bericht veranlasst: *„Es ist dort an der Kurie ein Mann, der, wenn die ganze Philosophie auf einmal verschwände, sie aus sich neu schaffen würde. Er würde sogar eine noch bessere Philosophie schreiben und die alten philosophischen Größen überflügeln."*[303]

301 Vgl unten Kap. 10.1, vgl. hierzu auch Vgl. Schieffer, Albertus Magnus, 14–16.

302 Vgl. Scheeben, Chronologie des Lebens, 69–71.

303 Zitiert bei Scheeben, Albertus Magnus, 137. Der lateinische Text, der bei

Sichere Kenntnisse über die Aufenthaltsdauer und Alberts Beschäftigung während seines zweiten Kurienaufenthaltes besitzen wir zwar nicht, doch fügt sich die Annahme einer wissenschaftlichen Tätigkeit Alberts zum geistigen Klima, für das Urban nach allem, was wir u.a. auch durch Heinrich den Poeten wissen, gesorgt haben dürfte. Der Aufenthalt des Thomas von Aquin am päpstlichen Hof während der Jahre der Regentschaft von Urban IV. ebenso wie der Aufenthalt des Aristoteles-Übersetzers Wilhelm von Moerbeke und des Mathematikers Johannes Campanus von Novara belegen die Aufgeschlossenheit des Papstes für die Wissenschaften.

Die Möglichkeit, dass Albert passend zu dieser der Wissenschaft zugewandten Haltung des Papstes während seines zweiten Aufenthaltes an der Kurie auch eine Disputation über die brisante Lehre des arabischen Gelehrten Averroes bezüglich der Einheit des Verstandes hält,[304] wird bislang in der Forschung ausgeschlossen. Dies geschieht unter Berufung auf ein Zitat aus dem zweiten Teil von Alberts *Summa Theologiae*, das diese Disputation zwar erwähnt aber indirekt in die Zeit von Alberts erstem Aufenthalt, also in die Jahre 1256–1257, datiert. Der Text der *Summa*, der eine längere Auseinandersetzung mit der besagten averroistischen These beschließt, scheint in dieser Hinsicht eindeutig, denn er lautet: „*Dies alles habe ich einmal an der Kurie, die auf Geheiß des Papstes, des Herrn Alexanders, besteht, zusammengetragen, und daraus ist ein kleines Buch gemacht worden, welches viele besitzen und das ‚Gegen die Irrtümer des Averroes' betitelt wurde. Und diese Dinge sind auch hier angeführt worden, damit die Wissenschaft der Summe der Theologie umso vollkommener sei.*“[305] Die Datierung der ursprünglichen Disputation hängt von der Nennung Papst Alexanders IV. in dieser Passage ab, denn dieser regiert nur während Alberts erstem Aufenthalt an der Kurie, so dass man

Scheeben sehr frei wiedergegeben wird, findet sich in Grauert, Magister Heinrich der Poet, 111.

304 Zu Alberts Auseinandersetzung mit der arabischen Philosophie im ganzen vgl. Flasch, Meister Eckhart, 67–85; Zimmermann, Albertus Magnus.

305 Haec omnia aliquando collegi in curia existens ad praeceptum Domini Alexandri Papae et factus fuit inde libellus quem multi habent et intitulatur contra errores Averrois et hic etiam posita sunt ut perfectior sit scientia Summae Theologiae. Summa Theologiae p. 2 t. 13 q. 77 mem. 3, Bd. 33, 100b.

nach diesem Text von einer Disputation während der Jahre 1256–57 auszugehen hätte.

Allerdings kommt die Nennung Alexanders nur an dieser Stelle im Text der *Summa* vor. Aber gerade dieser Textabschnitt kann in seiner Authentizität insbesondere durch den Vergleich der *Summa* mit dem Text von *De unitate intellectus* mit gewichtigen Gründen in Frage gestellt werden.[306] Bis die Authentizität des Textes durch eine kritische Edition belegt wird, kann man sich auf dieses Argument also nur bedingt verlassen. Die anderen Belege, die man anführen könnte, sind die handschriftlich überlieferten Aussagen am Ende von vier Textzeugen, die Alberts Werk *De unitate intellectus* enthalten. Alfons Hufnagel führt in der Einleitung seiner kritischen Edition des Werkes diese Handschriften an, die einen Hinweis auf eine Disputation „*in curia romana*" geben.[307] Der exakte Wortlaut in den Handschriften gibt aber keinen Verweis auf Papst Alexander IV., sondern beinhaltet ausschließlich die Nennung der römischen Kurie, womit eben auch die Kurie zu Zeiten Urbans IV. gemeint sein kann. Auf dieser Grundlage kann man also lediglich den institutionellen Rahmen der Disputation, aber keineswegs den Zeitpunkt erschließen.

Eine Datierung besagter Disputation auf die Zeit von Alberts zweitem Aufenthalt am päpstlichen Hof könnte aber aus anderen Gründen naheliegen. Denn die Endredaktion des Werkes *De unitate intellectus* ist mit zwingenden Gründen auf eine Zeit nach 1263 einzugrenzen. Der zeitliche Zusammenhang der vorausgehenden Disputation an der Kurie und die Endredaktion des Textes von *De unitate intellectus* würde auf diese Weise wesentlich enger sein, als wenn man den ersten Aufenthalt Alberts an der Kurie für die Disputation annehmen wollte. Dass eine Disputation Alberts an der Kurie Urbans IV. durchaus der nachweislich wissenschaftsfreundlichen Atmosphäre am Hof entsprechen würde, steht zwar außer Zweifel, aber zwingende Gründe für die eine oder die andere Annahme gibt es bislang nicht. Fest steht aber immerhin, dass Albert im Mai 1263 die Kurie längst wieder verlassen hat und bereits diesseits des Brenners weilt.

[306] Dies geschieht durch Hufnagel, Zur Echtheitsfrage; vgl. unten Kap. 9.3.

[307] Vgl. Hufnagel, A., Prolegomena, De unit. intell., IX u. XII-XIV. In einer Handschrift ist die Rede von einer „questio rome disputata".

7.4 Kreuzzugsprediger

Urban nimmt Albert nicht nur als akademischen Lehrer in Anspruch, sondern betraut ihn mit einer ganz anderen Aufgabe, als er ihn am 13. Februar 1263 zum Kreuzzugsprediger ernennt und Albert ein Amt anträgt, das dieser auch annimmt.[308] – Eine grundsätzliche Flucht aus den kirchlichen Ämtern kann im Rückschluss demnach auch nicht das Motiv für Alberts Rückzug aus dem Bischofsamt gewesen sein. – Während Alberts Wirken als Bischof durch indirekte Berichte und die direkten Zeugnisse der von ihm im Amt ausgestellten Urkunden weitgehend belegt ist, liegt seine Tätigkeit als Kreuzzugsprediger vollständig im Dunkeln. Unstrittig, weil urkundlich belegt, ist allerdings, dass Urban Albert zu Beginn des Jahres 1263 zum Prediger für einen zukünftigen Kreuzzug ernennt. Albert soll mit seinen Predigten dafür werben, möglichst viele seiner Zeitgenossen dafür zu gewinnen, die im Heiligen Land befindlichen christlichen Besitzungen durch einen weiteren Kreuzzug vor den immer weiter vorrückenden Truppen der Mameluken und ihres Führers Baibars zu schützen. Albert wird mit diesem Amt eine Aufgabe übertragen, wie sie sein franziskanischer Zeitgenosse Berthold von Regensburg wenig später auch auf sich nimmt und vermutlich mit sehr viel mehr Eifer und Erfolg betreibt als Albert.

Das Ernennungsschreiben, das Albert erhält, schildert die Leiden der im Heiligen Land zunehmend bedrohten Christen äußert drastisch, so etwa, wenn Urban hierin hervorhebt, dass die dort Lebenden eher den eigenen Tod wählen, als sich weiter der Folter der Angreifer auszuliefern.[309] Urban war vor seiner Ernennung zum Papst Patriarch von Jerusalem und kannte die dortigen Verhältnisse also nicht nur vom Hörensagen, sondern wusste um die zunehmende Bedrohung der christlichen Gemeinde aus eigener Anschauung. Aus dieser Perspektive sieht Urban sich berechtigt, die westliche Christenheit nicht zu einem Angriff, sondern zur Verteidigung des

[308] Scheeben betont Albert sei Nuntius und nicht Legat des Kreuzzugs gewesen und insofern mit weniger Vollmachten ausgestattet gewesen. Vgl. Scheeben, Chronologie des Lebens, 68.

[309] Vgl. den zweisprachigen Abdruck des Schreibens bei Cramer, Albert der Große als Kreuzzugs-Legat, insbes. 15.

genannten Gebietes (*ad defensionem dictae regionis*) aufzurufen, wie es ausdrücklich heißt. Albert obliegt es in seinem neuen Amt, in Deutschland und Böhmen selbst zum Kreuzzug aufzurufen, aber vor allem auch andere, die er für geeignet hält, als Prediger für diese Sache einzusetzen.

Direkte Zeugnisse für ein Wirken Alberts fehlen. Was neben der Ernennungsurkunde des Papstes und der wiederkehrenden Selbstbezeichnung als eines Kreuzzugspredigers (*praedicator crucis*) erhalten ist, ist lediglich eine Urkunde, die ein Formular darstellt, mit dem Albert andere zum Kreuzzugsprediger hätte ernennen können. Dieses zumindest zeitweise im Würzburger Minoritenkloster aufbewahrte Subdelegations-Formular nennt Albert als denjenigen, der die Berufung ausspricht, allerdings findet sich weder ein Namenseintrag für den Ernannten noch ist das Datum vollständig ausgefüllt.[310] Dieses Dokument zeugt also lediglich von der Möglichkeit Alberts, Ernennungen vorzunehmen; ob er diese jemals nutzte, bleibt hingegen ungewiss. Der Versuch, Albert als tatkräftigen Streiter im Amt des Kreuzzugs-Legaten zu stilisieren, wie ihn vor allem Valmar Cramer in den 30er Jahren des letzten Jhs. betrieb,[311] scheint aufgrund der fehlenden Quellen allzu sehr auf tendenziöse Deutungen und Extrapolationen angewiesen zu sein, zumal die nachweisbaren Reisen, die Albert in dieser Zeit unternimmt und auf die Cramer ausführlich hinweist, nicht eindeutig dem Zweck der Kreuzzugswerbung zugeordnet werden können. Bei Heribert Christian Scheeben heißt es diesbezüglich: „*Über diesen Reiseweg sind wir so gut unterrichtet durch Urkunden, in denen Albert für den Besuch von Ordenskirchen oder für die Unterstützung von Kirchenbauten Ablässe erteilt. Dagegen erfahren wir nichts über die eigentliche Mission Alberts. […] Wir besitzen keine einzige Kreuzzugspredigt Alberts, in keiner Chronik wird diese Tätigkeit Alberts erwähnt.*“[312]

Albert hat das Amt zwischen dem 25. August und dem 4. Dezember 1264 niedergelegt, was genau in den Zeitraum fällt, in dem Albert vom Tod Urbans IV. erfahren haben dürfte. Anders als im Fall des Bischofsamtes ist dieser Zeitpunkt also nicht durch die tatsächliche Erfüllung einer Aufgabe, sondern durch den Tod des Auftraggebers

310 Vgl. Scheeben, Chronologie des Lebens, 73.

311 Vgl. Cramer, Albert der Große als Kreuzzugs-Legat, insbes. 70–72.

312 Scheeben, Albertus Magnus, 139–140.

bestimmt. Allerdings dürften zu dieser Zeit für Albert neue Aufgaben schon längst bereit gelegen haben, auch wenn diese von gänzlich anderer Natur sind als die, die er in den vergangenen Jahren im Dienste der Kirche übernahm.

8 Die Metaphysik

Im Anschluss an die intensive Reisetätigkeit, die mit diesen von Orden und Kirche auferlegten Aufgaben verbunden war, wird Albert zunehmend[313] Gelegenheit gehabt haben, sich neben der Bibelkommentierung auch wieder verstärkt dem Projekt zuzuwenden, das er zwar seit langem betreibt, aber bislang nicht abschließen konnte: die Kommentierung der ausstehenden Schriften des *Corpus Aristotelicum*. Neben der Naturphilosophie bildet die „Metaphysik" oder „Erste Philosophie" genannte Disziplin den zweiten bedeutenden Teil der von Albert zu Beginn seines Aristoteles-Projektes zur Kommentierung vorgesehenen Realphilosophie.[314] Der dritte ursprünglich genannte Teil, die Mathematik, wird lediglich, sofern sich die Authentizität bestätigt,[315] in Alberts Kommentar zu den *Elementen* des Euklid behandelt. In der ursprünglichen Beschränkung auf die Realphilosophie noch gar nicht erwähnt ist die praktische Philosophie des Aristoteles. Was die *Nikomachische Ethik* betrifft, ist dieser Text bereits zweimal kommentiert, während die Arbeit an der *Politik* erst nach Vollendung der entsprechenden Übersetzung aufgenommen werden kann und dann vermutlich nach Abschluss, möglicherweise parallel zur Kommentierung der *Metaphysik* geschieht.

Die Arbeit an der *Metaphysik* dürfte sich über einen Zeitraum von 1264–67 erstreckt haben und sich damit in etwa an seine Zeit im Dienst der Kurie angeschlossen haben. Vermutlich hält sich Albert während der Arbeit an seinem Metaphysikkommentar weitgehend in Würzburg auf, wo er in dem Konvent lebt, dem sein leiblicher Bruder Heinrich als Prior vorsteht. Spätestens für Dezember 1264 ist Alberts Anwesenheit in Würzburg nachweisbar.[316] Gegenstand dieses Projektes ist nicht allein die Kommentierung der aristotelischen Schrift der *Metaphysik*, so wie wir sie heute kennen.[317] Als Albert seine Kommen-

313 Auch für die Würzburger Zeit sind neben den wissenschaftlichen Arbeiten viele Aktivitäten Alberts nachweisbar, die ihn als Schiedsrichter, als Ablassgewährenden oder als Zeugen in Anspruch nehmen. Vgl. Scheeben, Chronologie des Lebens, 78–81.

314 Vgl. oben Kap. 3.2.1.

315 Vgl. hierzu die Tummers, P., Prolegomena, Super Euclidem, XIV-XVII.

316 Vgl. Scheeben, Chronologie des Lebens, 79, Anm. 4.

317 Alberts lateinische Vorlage dieser Schrift enthält nicht das Buch XI nach

tare schreibt, ist noch nicht bekannt, dass das so genannte *Buch von den Ursachen* (*Liber de causis*) keine Schrift des Aristoteles und auch keine Kompilation aus dessen Werk darstellt, wovon Albert auszugehen scheint, sondern einen ganz anderen Ursprung hat. Es handelt sich um eine ursprünglich arabische Kompilation, die in großen Teilen aus der im 5. Jh. entstandenen *Elementatio theologica* des neuplatonischen Autors Proklos geschöpft ist und deren wahre Herkunft Albert noch unbekannt ist. Albert sieht in dieser Schrift eine notwendige Ergänzung der authentischen Metaphysik des Aristoteles, die er zu kommentieren hat, weil nur hierdurch das metaphysische Gesamtunternehmen abgeschlossen werden kann.[318] Dieses Argument zeigt, dass das Motiv für Alberts Kommentar zum *Liber de causis* nicht nur die vermeintliche Autorschaft des Aristoteles ist, sondern dass die sachliche Ergänzung den Grund darstellt, weshalb sich Albert nach Abschluss des ersten Kommentars diesem Werk zuwendet.

Will man die Thesen, die in den beiden Kommentaren zum Ausdruck kommen, als Einheit begreifen, was ganz offensichtlich Alberts Intention ist, wirft dies erhebliche Interpretationsprobleme auf.[319]

heutiger Zählung. Das Buch Lambda, das man heute als Buch XII zählt und das die aristotelische Lehre vom ersten Beweger enthält und in diesem Sinne mitunter die Theologie des Aristoteles genannt wird, ist in der lateinischen Fassung also als Buch XI gezählt.

318 In hoc ergo libro ad finem intentionis pervenimus. Ostendimus enim causam primam et causarum secundarum ordinem et qualiter primum universi esse est principium et qualiter omnium esse fluit a primo secundum opiniones Peripateticorum. Et haec quidem quando adiuncta fuerint XI Primae philosophiae, tunc primo opus perfectum est. De causis II t. 5 c. 24, 191, 17–23.

319 Zum Metaphysikverständnis Alberts liegen eine vielzahl von Untersuchungen vor, die in unterschiedlicher Weise die aristotelischen und neuplatonischen Elemente betonen und den Zusammenhang der verschiedenen sich mit dem Thema befassenden Schriften Alberts mehr oder weniger als Einheit begreifen oder als sich ergänzende aber heterogene Teiluntersuchungen verstehen. Vgl. Aertsen, Medieval Philosophy, 177–207; Craemer-Ruegenberg, Albertus Magnus, 68–92; Honnefelder, Metaphysik; De Libera, Métaphysique et noétique; Möhle, Metaphysik als Theologik; Noone, Albert the Great; Steel, Der Adler und die Nachteule; Thomassen, Metaphysik als Lebensform; Wieland, Untersuchungen zum Seinsbegriff; Wieland, Albert der Große.

Diese werden noch dadurch verstärkt, dass sich Albert bereits in seinen Kommentaren zum *Corpus Dionysiacum* mit einschlägigen metaphysischen Begriffen und Thesen konfrontiert sieht, deren Verhältnis zu den aristotelischen und pseudo-aristotelischen Schriften unter der Maßgabe zu klären ist, eine widerspruchsfreie Gesamtdeutung zu geben. Wie bei der sehr unterschiedlichen Herkunft der autoritativen Texte nicht anders zu erwarten ist, kann eine solche Gesamtinterpretation nicht vollständig spannungsfrei verlaufen. Diese Spannungen zeigen sich prägnant, wenn man die grundlegende Frage aufwirft, womit sich denn die Metaphysik bzw. die wissenschaftliche Disziplin, der man in der aristotelischen Tradition diesen Namen verliehen hat, überhaupt beschäftigt bzw. was sie neben den anderen Wissenschaften leistet.

8.1 Aufgabe und Gegenstand der Metaphysik: Die Begriffsresolution

Wozu bedarf es überhaupt einer solchen Wissenschaft der Metaphysik? Gerade der Blick auf das breite Spektrum der von Albert behandelten wissenschaftlichen Disziplinen, das neben der Theologie eine reiche Vielfalt vor allem naturkundlicher Wissensbereiche behandelt, lässt die Frage aufkommen, ob eine weitere Disziplin überhaupt noch von Nöten ist. Unterstellt man, dass alle Bereiche möglichen Wissens durch Einzelforschungen und spezielle Disziplinen abgedeckt sind, bedarf es dann noch einer weiteren Wissenschaft, von der man so leicht gar nicht sagen kann, wovon sie überhaupt handeln soll? Lässt sich die Sonderstellung der Metaphysik nur noch durch sprachliche Spitzfindigkeiten zum Ausdruck bringen, indem man sie als frei (*liber*), die anderen Disziplinen aber mit Blick auf den Kanon der Sieben Freien Künste als freiheitlich (*liberalis*) bezeichnet?[320]

Alle Disziplinen haben zwar einen eigenen Gegenstand, von dem sie handeln und wodurch sie sich jeweils von allen anderen unterscheiden. Doch ist es ebenso offensichtlich, dass Wissenschaften auch verwandte Gegenstände behandeln und sich vielleicht nur

320 Vgl. Metaph. I t. 2 c. 7, 24, 13–74. Zu Alberts Deutung dieser Gegenüberstellung vgl. Aris, Albertus Magnus, 324–325.

durch die hinzutretende spezielle Perspektive unterscheiden, in der sie von ihren Objekten handeln. Dies wird etwa deutlich, wenn man Alberts vielfältige Auseinandersetzungen mit der Seele als vegetativem, sensitivem oder geistigem Lebensprinzip betrachtet und zudem beachtet, dass die Untersuchung der Seele selbst oder ihrem Zusammenhang mit einzelnen Organen oder Bewegungsformen gelten kann.

Offensichtlich behandeln einzelne Wissenschaften zwar eigentümliche Gegenstandsbereiche, allerdings tun sie dies, indem sie bestimmte Grundbegriffe und Grundprinzipien oder andernorts erörterte Sachverhalte aus anderen Wissenschaften übernehmen oder zumindest mit diesen teilen, ohne sie selbst noch einmal eigens zu hinterfragen. Ob es Prinzipien, wie das logische vom ausgeschlossenen Dritten, oder Vorstellungen, wie die geometrischen von Punkt, Linie oder Kreis, oder ob es die realwissenschaftlichen Begriffe sind, wie die von Körper, belebten oder unbelebten Substanzen: Nicht jede Wissenschaft hat die Aufgabe, alle Voraussetzungen, die sie macht, eigens selbst zu reflektieren. Nicht jede Wissenschaft muss das leisten, was in einer anderen Disziplin bereits geleistet wurde – etwa indem spezielle Sachverhalte, Grundbegriffe und Prinzipien dort und nicht hier reflektiert wurden, indem z.B. die Geometrie einerseits die numerischen Grundgrößen, die in den Zahlen zum Ausdruck kommen, von der Arithmetik übernimmt, und auf der anderen Seite die Grundformen der Ausdehnung eigens zum Gegenstand macht, die dann wiederum von den physikalischen Disziplinen übernommen werden.

Legt man dieses Verständnis zugrunde, entsteht konsequenterweise die Frage, woher schließlich die ersten Grundbegriffe und die fundamentalen Prinzipien herkommen, da dieser Prozess nicht zirkulär verlaufen kann, sondern an einer Stelle zum Stillstand kommen bzw. von einer grundlegenden Wissenschaft, die nicht noch einmal auf andere verweist, seinen Anfang nehmen muss. Genau dieser Gedanke ist es, der dazu führt, nach einer Fundamentaldisziplin zu fragen, die keine der Einzelwissenschaften sein kann, weil sie diesen in der geschilderten Weise zugrunde liegen muss.[321] Eine solche Fundamen-

[321] Zu Alberts Deutung der Metaphysik als einer solchen Fundamentaldisziplin vgl. Honnefelder, Metaphysik.

talwissenschaft ist eben deshalb grundlegend, weil sie das in den anderen Disziplinen bereits Vorausgesetzte eigens thematisiert und so diesen die nicht eigens reflektierten Grundlagen bereit stellt.

Der Begriff einer Fundamentalwissenschaft lässt sich aber auf zweifache Weise interpretieren und für beide Interpretationen gibt es im Werk Alberts Anhaltspunkte. Zum einen kann eine solche Wissenschaft deshalb grundlegend genannt werden, weil sie einen Sachverhalt oder eine erste Ursache behandelt, die für alle Erscheinungen, die die Einzelwissenschaften betrachten, im Sinne eines Kausalverhältnisses verantwortlich ist. Auf diese Deutung wird zurückzukommen sein.[322]

Nach einer anderen Deutung kann eine Disziplin als Fundamentalwissenschaft verstanden werden, weil sie die überall zugrunde gelegten Begriffe thematisiert, die zumindest implizit, d.h. in den sprachlichen Strukturen verborgen, bei jeder Beschreibung eines einzelwissenschaftlichen Phänomens Verwendung finden. In diesem Sinne enthält sie alles, nämlich in Gestalt der allgemeinsten Begriffe und Prinzipien, weshalb man sie eine Universalwissenschaft nennen kann.

Wenn es eine solche Wissenschaft gibt, bleibt die Frage, womit sie sich näherhin beschäftigt, denn nur über ihren Gegenstand kann sie letztlich identifiziert werden. Der naheliegenden Vermutung, die Theologie sei eine solche Fundamentalwissenschaft, weil sie sich mit dem Höchsten, nämlich mit Gott beschäftigt, hat Albert bereits früh eine Absage erteilt, wenn er etwa in seiner Dionysius-Paraphrase feststellt, „*dass die Theologie, über die wir im Augenblick sprechen, nicht die grundlegende [Wissenschaft] ist aufgrund der Allgemeinheit [ihres] Gegenstandes, unter den die Gegenstände der anderen Wissenschaften wie unter etwas Allgemeines untergeordnet werden; und deshalb fällt es nicht ihr zu, die Prinzipien der anderen Wissenschaften zu beweisen, sondern der Metaphysik. Vielmehr dienen ihr die anderen, insofern sie diese zur ihrem Dienste nutzt.*“[323] Die Theologie ist in diesem Sinne zwar eine Universal-, aber keine Fundamentalwissenschaft, da sie –

[322] Vgl. unten Kap. 8.2.

[323] Ad quartum dicendum, quod theologia, de qua nunc loquimur, non est principalis universalitate subiecti, sub quo ordinentur subiecta aliarum scientiarum sicut sub universali; et ideo non est suum probare principia aliarum scientiarum, sed metaphysicae, sed aliae famulantur ei, inquantum ipsa utitur eis ad suum obsequium. Super Dion. Epist. VII, 503, 33–39.

wie bereits ausgeführt – nicht den Charakter einer rein betrachtenden, sondern affektiven Wissenschaft hat.[324] Eine Wissenschaft, die im genannten Sinne eine Grundlegungsfunktion für andere Disziplinen hat, scheint aber die Metaphysik zu sein. Deshalb beantwortet Albert die Frage nach der gesuchten Fundamentalwissenschaft zu Beginn seines Metaphysikkommentars in enger Anlehnung an die dort vertretene Lehre vom Gegenstand bzw. vom Subjekt – wie es dort heißt –, der Metaphysik und stellt hierbei die These in den Vordergrund, dass die Metaphysik das Seiende als Seiendes zum Gegenstand hat:

„Deshalb scheint es angemessen, in Übereinstimmung mit allen Peripatetikern, die die Wahrheit sagen, zu behaupten, dass das Subjekt [der Metaphysik] das Seiende ist, insofern es Seiendes ist, und dass die Bestimmungen, die aus dem Seienden folgen, insofern es Seiendes ist und nicht insofern es dieses Seiende ist, seine Eigenschaften sind, wie es Ursache [und] Verursachtes, Substanz und Akzidens, Getrenntes und Nicht-Getrenntes, Möglichkeit und Wirklichkeit und derartiges sind. Denn, da diese die erste Wissenschaft unter allen ist, ist es notwendig, dass sie vom Ersten handelt. Das ist aber das Seiende. Und [da] sie die Prinzipien aller Einzelwissenschaften, sowohl die zusammengesetzten als auch die einfachen, stützt, und diese nur durch ihnen vorgeordnete [Prinzipien] gestützt werden können, und nur das Seiende und die Prinzipien des Seienden, insofern es Seiendes ist, ihnen vorgeordnet sind, allerdings nicht Prinzipien, die das Seiende begründeten, da das Seiende das erste Prinzip aller Dinge ist, sondern Prinzipien, die aus dem Seienden folgen, insofern es Seiendes ist, ist es notwendig, dass die Prinzipien aller [Einzelwissenschaften] durch diese Wissenschaft gestützt werden, deswegen, weil sie vom Seienden handelt, das die erste Grundlage aller Dinge ist, das seinerseits in überhaupt nichts, was ihm vorgeordnet wäre, begründet ist."[325]

324 Für das nähere Verständnis von Theologie und Metaphysik als Universalwissenschaften vgl. oben Kap. 2.3.

325 Ideo cum omnibus Peripateticis vera dicentibus dicendum videtur, quod ens est subiectum inquantum ens et ea quae sequuntur ens, inquantum est ens et non inquantum hoc ens, sunt passiones eius, sicut est causa <et> causatum, substantia et accidens, separatum et non-separatum, potentia et actus et huius modi. Cum enim sit prima ista inter omnes scientia, oportet, quod ipsa sit de primo, hoc autem est ens et <cum> stabiliat omnium particularium principia tam complexa quam incomplexa, nec stabiliri possint nisi per ea quae sunt ipsis priora, et non sint eis aliqua priora nisi ens et entis, secundum quod ens, principia, non quidem quae ens principient, cum ipsum sit principium omnium primum, sed principia, quae sunt ex ente, secundum quod est ens: oportet, quod omnium principia per istam scientiam stabilian-

Die zentrale Lehre dieses komplexen Textes beinhaltet zweierlei: zum einen, dass der Gegenstand der Metaphysik das Seiende als Seiendes und nicht ein bestimmtes Seiendes ist; zum anderen, dass die Metaphysik nur durch die Behandlung dieses Gegenstandes die Prinzipien der Einzelwissenschaften bereitstellen und damit die anderen Disziplinen selbst stützen kann. Das Seiende wird in diesem Text als ein allgemeiner Begriff verstanden, der – eben weil er unbestimmt ist – zusätzliche Bestimmungen aufnehmen kann, die sich zu einem jeweils konkreteren Begriff zusammenfügen lassen. Das ist etwa der Fall, wenn man etwas entweder als verursachendes oder verursachtes Seiendes, oder als substantiell bzw. akzidentell Seiendes versteht. Die Metaphysik behandelt so die Grundbegriffe, durch deren Zusammensetzung konkrete Gegenstände in einer grundlegenden Weise allererst beschreibbar werden.

Die Metaphysik ist in diesem Sinne eine Fundamentalwissenschaft und wird von Aristoteles deshalb zumeist als Erste Philosophie bezeichnet. Der Erstheitscharakter und der damit verbundene Grundlegungsanspruch sind Ausdruck davon, dass die Metaphysik nicht eine bestimmte Wissenschaft neben den anderen ist, sondern diesen dadurch vorausgeht, dass sie die von allen anderen Wissenschaften implizit verwendeten Begriffe nicht einfach voraussetzt, sondern eigens thematisiert und in ihrem Zusammenhang verdeutlicht. Wenn Albert, wie es das vorausgehende Zitat deutlich macht, z.B. Möglichkeit und Wirklichkeit als so genannte Eigenschaften des Seienden zusammen mit diesem zum Gegenstandsbereich der Metaphysik hinzurechnet, dann verbindet er damit den Gedanken, dass es sich hierbei um Grundvorstellungen handelt, unter deren Zuhilfenahme sich wissenschaftliche Einzeldisziplinen auf bestimmte Teile der Welt beziehen.

Inwiefern ist etwa die Möglichkeit, die Albert als eine Eigenschaft des Seienden bezeichnet und damit zum Gegenstand der Metaphysik zählt, ein Begriff, den andere Disziplinen voraussetzen? Was hat man sich unter dem Prinzipiencharakter der Möglichkeit vorzustellen und inwiefern handelt es sich in diesem Fall um einen fundamentalen Begriff? Diese Frage lässt sich etwa mit Blick auf die Biologie beantworten – um ein Beispiel zu nennen –, wenn man das Wachstum

tur per hoc quod ipsa est de ente, quod est primum omnium fundamentum in nullo penitus ante se fundatum. Metaph. I t. 1 c. 2, 4, 51–68. Übersetzung von S. Donati, in: AMI, System der Wissenschaften, 301.

eines Lebewesens als einen Prozess fortschreitender Verwirklichung ursprünglich nur als möglich angelegter Eigenschaften versteht. Nur wenn man ein Seiendes prinzipiell als möglich und wirklich denken kann, lässt sich die Rede davon, dass es ein und dasselbe Lebewesen ist, das am Anfang und am Ende des Wachstumsprozesses steht, erklären. Denn der biologische Begriff des Wachsens macht implizit davon Gebrauch, dass es etwas Identisches ist, das sich in einer ganz bestimmten Weise von einem Anfangszustand zu einem darauf folgenden entwickelt. Der Begriff der Entwicklung bedeutet hierbei eben nicht, dass sich beliebige Zustände aneinanderreihen, sondern dass für ein und dasselbe Ding etwas wirklich wird, was vorher immerhin in den Bereich seiner Möglichkeiten gehörte und in diesem Sinne eine Kontinuität zulässt. Möglichkeit und Wirklichkeit sind die gedanklich notwendigen Kategorien, um sich ein und dasselbe Seiende als Ausgangs- und Endpunkt eines Wachstumsprozesses vorstellen zu können, der eben auch nur dadurch ein zusammenhängender Vorgang ist, dass das zugrunde liegende Seiende seine Identität behält. ‚Seiendes', ‚Möglichkeit' und ‚Wirklichkeit' sind nicht selbst biologische Begriffe, aber eine einzelwissenschaftlich unhinterfragte Rede der Biologie vom Wachstum lässt sich nur mit Hilfe dieser und anderer metaphysischer Grundbegriffe erklären, weshalb sie Prinzipiencharakter haben.

Metaphysische Grundbegriffe treten dadurch hervor, dass man die Ausdrücke, mit denen man alltäglich und vor allem in den Wissenschaften auf die Gegenstände und Vorgänge in der Welt Bezug nimmt, auf ihre zugrunde liegenden Strukturen und die unausgesprochen enthaltenen Grundbegriffe hin untersucht. Am Ende einer solchen Untersuchung steht in letzter Konsequenz ein einziger Begriff, der sich dadurch auszeichnet, dass er nicht weiter zerlegt werden kann. Dieser Begriff ist der des Seienden und zwar des Seienden schlechthin, d.h. desjenigen Seienden, das nicht noch andere Eigenschaften hat, außer derjenigen, dass ihm weitere Bestimmungen zukommen können. Diesen Sachverhalt soll der Terminus ‚Seiendes insofern es Seiendes ist' bzw. *ens inquantum ens* zum Ausdruck bringen. Versteht man unter dem Gegenstand einer Wissenschaft in diesem Sinne den grundlegendsten und ersten Begriff, der darin behandelt wird, dann ist der Begriff des Seienden der Gegenstand der Metaphysik, die dadurch eine Fundamentalwissenschaft ist, dass ihr Gegenstand nicht weiter zerlegt und in anderen Disziplinen thematisiert werden kann.

8.2 Methode und Reichweite der Metaphysik: Die Kausalresolution

Das Verfahren, dessen sich die Metaphysik bedient, besteht offensichtlich in der begrifflichen Analyse der in den anderen Wissenschaften verwandten Termini. Die komplexen Begriffe der Einzelwissenschaften werden zerlegt, so dass man von einer Begriffsauflösung, einer Begriffresolution, sprechen kann, was Albert auch an verschiedenen Stellen seiner Werke tut. Allerdings handelt es sich nicht immer und in jeder Hinsicht um eine Resolution ausschließlich von Begriffen.[326] Aus diesem Grund ist auch nicht in allen Kontexten, in denen Albert davon spricht, dass der Gegenstand der Metaphysik das Seiende ist, dasselbe gemeint. Die Schwierigkeit besteht einerseits darin, dass der Begriff des Seienden (*ens*) bzw. des Seins (*esse*) – Albert verwendet beide Ausdrücke oft im gleichen Zusammenhang ohne erkennbaren Unterschied – mitunter etwas jeweils anderes meint. Als Folge hiervon verändert sich dann auch das Verfahren der Resolution, nämlich in der Weise, dass neben oder an die Stelle der Begriffsresolution eine Rekonstruktion eines Zusammenhangs von Ursachen bzw. einer Ursachenkette tritt. Die Wissenschaft, die diese Rekonstruktion vornimmt, ist dann nicht mehr deshalb eine Fundamentalwissenschaft, weil sie universell, nämlich Wissenschaft vom allgemeinsten Begriff ist, sondern weil sie Wissenschaft vom Ersten, nämlich letztlich von der ersten Ursache ist. Das Verständnis der Metaphysik Alberts hat aber nicht nur diesem zweifachen Verfahren von Begriffs- und Kausalresolution Rechnung zu tragen, sondern stößt auf eine weitere Schwierigkeit dadurch, dass das kausalresolutive Verfahren nicht bis zu einem Ersten im strengen Sinne, sondern nur bis zu einem Ersten, das geschaffen wurde, durchdringt.

Abgesehen von einer gewissen Mehrdeutigkeit, die die Gegenstandsbestimmung der Metaphysik bereits im ursprünglichen Text des Aristoteles aufweist, ist es vor allem eine zentrale These, die der *Liber de causis* vertritt, die Alberts Metaphysik um eine zusätzliche Perspektive erweitert. Während der Begriff des Seienden bzw. des Seins bislang als alles umfassendes Prädikat verstanden wurde, das aufgrund seiner inhaltlichen Unbestimmtheit auf alle Gegenstände

[326] Für das Folgende vgl. Möhle, Metaphysik als Theologik.

anwendbar ist und in diesem Sinne der erste Gegenstand der Metaphysik sein kann, trifft Albert im *Liber de causis* auf eine andere Annahme. Dort sieht er sich nämlich mit der These konfrontiert, dass das Sein nicht im genannten Sinne umfassend ist, sondern auf den Bereich aller geschaffenen Dinge beschränkt ist. Im *Buch von den Ursachen* heißt es nämlich: *„Das erste von den geschaffenen Dingen ist das Sein und kein anderes Geschaffenes ist vor ihm."*[327]

Das Verständnis, dass das Seiende ein Erstes und in dieser Funktion Gegenstand der Metaphysik ist, muss modifiziert werden, denn das vermeintlich Erste hat doch noch etwas vor sich, es ist nämlich geschaffen und hängt deshalb von einer vorausgehenden Tätigkeit eines ursprünglichen Schöpfers ab. Von einem Ersten – so argumentiert Albert angesichts dieser Spannung – kann man also hinsichtlich des Seins nur insofern sprechen, als man die Auflösung der Einzeldinge als eine Auflösung in die die Einzeldinge prägenden Wesensbestandteile versteht. Lässt man also die Auflösung da zu einem Ende kommen, wo die Grundbestandteile, die die seienden Dinge von sich her prägen, erreicht sind, dann kann man sagen, dass das Sein ein Erstes ist, weil man keinen einfacheren Begriff finden wird, mit dem man die Gemeinsamkeit aller geschaffenen Dinge bezeichnen könnte:

„Wenn man sagt, dass das Erste nichts voraussetzt, meint man, dass es nichts von sich voraussetzt, d.h. nichts mit Blick auf die Bestimmungen, die in sein Wesen eingehen und es innerlich konstituieren. Und so ist das Sein ein Erstes, das nichts voraussetzt. Weil [das Sein] aber ein Hervorgang oder ein Ausfluss vom Ersten ist, ist es notwendig, dass es den Schöpfer voraussetzt. Aber dieser ist nichts von ihm. Das erste Prinzip geht nämlich nicht wesentlich in die Konstitution irgendeines Dinges ein. Deshalb gelangt die Auflösung des Seienden nicht bis zum ersten Prinzip, wenn die Auflösung in Wesensmerkmale geschieht."[328]

[327] Prima rerum creatarum est esse et non est ante ipsum creatum aliud. De causis II t. 1 c. 23, 88, 63.

[328] Cum enim dicitur, quod primum nihil supponit ante se, intelligitur, quod nihil sui supponit ante se, hoc est, de essentiantibus et intrinsece constituentibus ipsum. Et sic esse primum est, quod nihil ante se supponit. Quia tamen est processus sive effluxus a primo, necesse est, quod supponat ante se creatorem. Sed ille nihil sui est. Primum enim principium non ingreditur essentialiter constitutionem rei alicuius. Propter quod resolutio entium non devenit usque ad primum principium, quando in essentialia fit resolutio. De causis II t. 1 c. 17, 81, 79–88.

Wie unschwer zu erkennen ist, ergibt sich hieraus die Konsequenz, dass innerhalb dieser Argumentation der Begriff des Seins auf das geschaffene Sein beschränkt wird. Wenn eine solche Beschränkung vorliegt, kann die Bedeutung des Begriffs des Seins folglich auch nicht überall die gleiche sein, denn der Ausdruck meint jeweils etwas anderes in Bezug auf das geschaffene und das ungeschaffene Sein. Also ist es nicht möglich, diesen Begriff in der gleichen Bedeutung auf den Schöpfer des geschaffenen Seins so anzuwenden wie eben auf das Geschaffene selbst, denn *„wenn das erste Prinzip Sein genannt wird und das Geschaffene bzw. Verursachte Sein genannt werden, dann handelt es sich in diesem Fall nur um eine Gemeinsamkeit aufgrund von Analogie. Diese Gemeinsamkeit besteht in dem einen durch sich und im eigentlichen Sinne, in den anderen aber durch eine Nachahmung von jenem, wie im vierten Buch der Ersten Philosophie bewiesen wurde.“*[329] Die einheitliche, univoke Bedeutung des Begriffs des Seienden muss aufgegeben werden.[330] In Kompensation einer univoken Aussage muss sich die Sprache, mit der man von der ersten Ursache, also von Gott, redet, einer gewissen Urbild-Abbild Metaphorik bedienen bzw. sich einer negativen Theologie annähern, wie Albert sie bereits bei Dionysius Pseudo-Areopagita kennen gelernt hat.

„Die göttliche Substanz kann in gewisser Weise von uns erkannt werden, auch an sich, allerdings nicht vollkommen. Dass etwas vollkommen erkannt wird, sagt man, wenn man von etwas weiß, was es ist und was seine Eigenschaften sind. Dies vermag der geschaffene Verstand aber nicht hinsichtlich der göttlichen Substanz aufgrund [Gottes] Unendlichkeit. [Gott] wird aber erkannt wie der Endpunkt einer Resolution, insofern wir ihn nach allem Verursachten und nach jeder Einfachheit der Kreaturen finden. Aber eine solche Erkenntnis richtet sich eher auf das, was er nicht ist, als auf das, was er ist, insofern wir nämlich die göttliche Substanz durch Beiseitelassen alles Geschaffenen erkennen und indem wir so zu ihr gelangen, benennen wir sie auch. Und deshalb sagt [Dionysius], dass [Gott] unbekannt und unaussprechlich ist.“[331]

329 Cum ergo primum principium esse dicitur et creata sive causata esse dicuntur, non est ibi communitas nisi per analogiam. Quae communitas in uno est per se et proprie, in aliis autem per imitationem illius, sicut in IV PRIMAE PHILOSOPHIAE probatum est. De causis II t. 1 c. 17, 82, 15–19.

330 Ex quo sequitur, quod esse dictum de primo principio et esse dictum de secundis non sit univocum. Univocum enim in omnibus his est essentialiter, de quibus praedicatur. De causis II t. 1 c. 17, 82, 1–4.

331 Solutio: Dicendum, quod divina substantia aliquo modo a nobis cognosci

Die ursprüngliche Begriffsresolution der Ersten Philosophie muss mit Blick auf Gott, der durch keinen Begriff bezeichnet werden kann, der auch univok von den Geschöpfen ausgesagt werden könnte, durch eine Kausalresolution erweitert werden. D.h. der Leitfaden der Metaphysik kann nicht allein begriffslogisch sein, sondern muss sich auch einer Methode bedienen, die ihre Erkenntnisse aus der Abhängigkeit der Wirkungen von den vorausliegenden Ursachen gewinnt. Insofern jede Ursache selbst wieder verursacht ist, gelangt man zunächst nur bis zu einem ersten Verursachten bzw. zu einem ersten Geschaffenen, das Albert in Einklang mit dem *Liber de causis* als Sein interpretiert. Die Charakteristik alles Seienden ist es also, verursacht zu sein. Nimmt man den Anfang dieser Verursachungskette in den Blick, darf das erste Glied dieser Kette nicht in eben dieser Weise verursacht sein wie alles Folgende, denn sonst wäre es eben nicht das erste Glied, sondern es gäbe weitere, so dass man nicht wirklich von einem Anfang sprechen könnte. Das ist der Grund für die Rede vom ersten Verursachenden. Um diesen Gedanken zu verdeutlichen, liegt es nahe, die Rede von der Verursachung zu präzisieren, indem man von der speziellen Form der Verursachung, nämlich der Schöpfung, spricht, denn diese zeichnet sich dadurch aus, dass sie nur der ersten Ursache, die im engeren Sinne als Ursache der Kette und nicht als erstes Glied derselben zu verstehen ist, also Gott zu eigen ist. Nur Gott kommt es zu, voraussetzungslos zu verursachen, indem im engeren Sinne eine Schöpfung aus dem Nichts stattfindet.[332]

potest, etiam secundum se, sed non perfecte; perfecte enim cognosci dicitur, de quo scitur, quid ipsum sit et proprietates eius; hoc autem non potest intellectus creatus in substantia divina propter sui infinitatem. Cognoscitur tamen ut terminus resolutionis, secundum quod invenimus ipsum post omnia causata et post omnem simplicitatem creaturarum. Sed talis cognitio potius est, quid non est quam quid est, inquantum scilicet cognoscimus substantiam divinam per remotionem ab omnibus causatis, et sic devenientes in ipsam etiam nominamus ipsam; et propter hoc dicit, quod est ignotum et ineffabile. Super Dion. De div. nom. c. 5 n. 3, 304, 52–65.

332 Sicut enim SAEPIUS dictum est, creare ex nihilo producere est. Quod autem causat non supposito quodam alio, quo causet, consequenter sequitur, quod causet ex nihilo. Primum autem causat non supposito quodam alio, quo causet. Primum ergo causat ex nihilo. Causatio ergo ipsius creatio est. De causis II t. 1 c. 17, 80, 75 – 81, 4.

Wie lässt sich diese Unterscheidung, die Albert hinsichtlich der Formen der Verursachung annimmt und die sich des theologischen Begriffs der Schöpfung bedient, philosophisch nachvollziehen? Der philosophische Grundgedanke besteht darin, dass Verursachungsprozesse in der uns bekannten Welt nicht ohne Voraussetzungen ablaufen, sondern durch die Ausgangsbedingungen und die jeweils wirksamen Kräfte bestimmt und deshalb auch im Prinzip verständlich sind, wovon im Übrigen jede Einzelwissenschaft abhängt. Im Bereich des Seienden selbst entsteht Neues durch einen Prozess, den Albert Einformung, *informatio*, nennt.[333] Einformung setzt eine Unterscheidung zwischen einem Akt des Seins, durch den ein Seiendes ist, und der je eigentümlichen Ausprägung des Seienden selbst voraus und differenziert so zwischen einer Art des Gegebenseins und demjenigen, was gegeben ist. So ist beispielsweise das Leben die besondere Weise, in der einer bestimmten Klasse von Seienden, nämlich den Lebewesen, das Sein eigen ist. Den sinnenbegabten Wesen ist wiederum eine bestimmte Weise zu eigen, wie ihnen das Lebendigsein zukommt. *Informatio* meint also einen Prozess fortschreitender Bestimmung und Konkretion, die als solche eben nicht voraussetzungslos ist. Das Sein ist das Anfangsmoment einer jeden Bestimmungsreihe und wird deshalb in Bezug auf alles Folgende als Beginn, *incohatio*,[334] und mit Blick auf die erste Ursache als erstes Geschaffenes, *primum creatum*,[335] aufgefasst.

Ein metaphysischer Ansatz, der diesen Weg geht, wird schließlich an einen Punkt gelangen, wo die von der Lebenswelt her bekannte Begrifflichkeit versagt und die uns bekannten Begriffe nur noch in einer analogen Sprechweise verwendet werden können. Albert liegen in seinen vom Neuplatonismus geprägten Vorlagen der Schriften des Dionysius Pseudo-Areopagita und des *Liber de causis* Ansätze einer sich dann allerdings im Modus der negativen Theologie und der Urbild-Abbild-Metaphorik[336] artikulierenden Metaphysik vor, die er für eine notwendige Ergänzung der von Aristoteles überlieferten Ersten Philosophie hält.

333 Vgl. Super Dion. De div. nom. c. 5 n. 20, 314, 4–13.
334 Vgl. De causis II t. 1 c. 17, 81, 27–44.
335 Vgl. De causis II t. 1 c. 17, 80, 73–75.
336 Vgl. Super Dion. Myst. theol. c. 1, 459, 24–38.

Ein von Albert vor diesem Hintergrund sowohl in erkenntnistheoretischer als auch in metaphysischer Hinsicht fruchtbar gemachtes Lehrstück stellt die neuplatonisch zugespitzte Lichtmetaphorik dar.[337] Das Licht als Bild der göttlichen Gutheit umfasst zwei Aspekte, nämlich zum einen als Metapher für die Erkennbarkeit Gottes und seiner Schöpfung einen epistemologischen und zum anderen als Abbild der von Gott ausgehenden Schöpfung einen ontologischen: *„Licht kann in zwei Hinsichten verstanden werden: entweder insofern es die Ursache der Erkenntnis ist, was ihm insofern zukommt, als es in der Farbe verkörperlicht vorkommt, […] oder insofern es die Ursache des Seins ist, was ihm insofern zukommt, als es in sich betrachtet nicht verkörperlicht ist. In dieser [zweiten Hinsicht betrachtet] ist es dem Guten vergleichbar, das die universelle Ursache des Seins und aller vom Göttlichen in alles Verursachte hervorgehenden Bestimmungen ist.“*[338]

Albert nutzt die Lichtsymbolik, die im Zentrum der Schriften des Dionysius steht, entsprechend nicht nur als Metapher zur Veranschaulichung eines Erkenntnisprozesses, in dem Gott die Quelle und der Mensch der Empfänger des von dort ausfließenden Wissens ist. Vielmehr beschreibt Dionysius mit dem Bild des von Gott ausgehenden Lichtes auch die grundlegende ontologische Struktur, die die gesamte Wirklichkeit auf einen Emanationsvorgang, also auf ein Ausfließen alles Existierenden aus der ersten Ursache (*effluxus causatorum a causa*),[339] nämlich Gott selbst, zurückführt.[340] Aus diesem

337 Vgl. oben Kap. 4.6.

338 Dicendum ad primum, quod lumen dupliciter potest considerari: aut secundum quod est causa cognitionis, et hoc convenit sibi, secundum quod est incorporatum colori; sic enim manifestat ipsos, secundum quod dicit Philosophus, quod 'color est extremitas perspicui in corpore terminato', et sic convenit magis cum vero quam cum bono. Aut secundum quod est causa essendi, et hoc convenit sibi, secundum quod est in se, non-incorporatum, et secundum hoc est comparabile bono, quod est universalis causa essendi et omnium divinarum processionum in omnibus causatis. Super Dion. De div. nom. c. 4 n. 50, 156, 61–72.

339 Super Dion. De div. nom. c. 1 n. 3, 2, 39.

340 Dicit ergo, quod sol quasi expressa imago divinae bonitatis ad omnia visibilia extendit lumen suum […]. Super Dion. De div. nom. c. 4 n. 53, 160, 23–24.

Grund kann man zu Recht von einer Lichtkausalität im Werk des Dionysius sprechen, die Albert in sein eigenes ontologisches Modell zu integrieren sucht.[341]

Als eine Eigentümlichkeit der Lichtkausalität wird die Struktur der Wirklichkeit nicht nur als ein Ausfluss aus einem ersten Prinzip verstanden, sondern gleichzeitig wird die Rückkehr des vielfältig Verursachten zur Einheit der Lichtquelle betont. Die Rückkehr wird begründet mit dem Zielcharakter, den das ursprüngliche Licht für das, was es hervorgebracht hat, behält. Die Attraktivität der Lichtmetaphorik, um diese Rückkehr denken zu können, beruht darauf, dass das ursprüngliche Licht auch angesichts der Vielfalt und Eigentümlichkeit des Verursachten seine ihm zukommende Einheit behält und deshalb als einendes Ziel für die Rückkehr des ausgeströmten Vielen Bestand hat. Der Grund hierfür besteht wiederum darin, dass das Licht nicht selbst die Gestalt des Vielfältigen und Gegensätzlichen annimmt, denn die Beschränktheit und Vereinzelung des Vielen kommt nur durch den eigentümlichen Abstand und die jeweils eingeschränkte Perspektive zur ursprünglichen Lichtquelle zustande. Wie die Unterschiede des von einer Lichtquelle Beleuchteten nur durch die Entfernung vom Ursprung und die Perspektive auf die Quelle entstehen, so ergibt sich auch die Vielfältigkeit des Verursachten nicht aufgrund einer Mannigfaltigkeit in der Ursache selbst, sondern nur durch die besonderen Gegebenheiten, unter denen sich die Lichtkausalität manifestiert. Das Licht selbst bleibt die allein wirkende und universelle Form, die die vergänglichen Dinge zwar durch ein jeweils eigentümliches Verhältnis prägt,[342] die aber nicht selbst ihre als Ziel wirkende Kraft verliert und deshalb die Rückkehr des Hervorgegangenen verursacht. Mittels der Lichtmetaphorik lässt sich nicht nur der Ausgang aus einem ersten Prinzip, das als solches seine Einheit behält, beschreiben, sondern auch die Rückkehr des Vielen zu seiner ursprünglichen Quelle erklären. Die Umkehr zum Ursprung ergibt sich aufgrund des Zielcharakters, den das Erste deshalb behält, weil es die gleichbleibende Quelle jeder von ihm ausgehenden Bestimmung bleibt.[343]

341 Vgl. Speer, Lichtkausalität, insbes. 343–357.

342 Vgl. Super Dion. De div. nom. c. 4 n. 52, 159, 22–37.

343 Sic igitur consideratum lumen in triplici virtute, et praecipue lumen solis,

Wie dieses Lehrstück von der Lichtmetapher deutlich macht, nähert sich eine Metaphysik, die das Erste einer Kausalkette, also etwa die göttliche Gutheit, als Ausgang jeder weiteren Hervorbringung in den Blick nimmt und dieses mit der Metapher des Lichtes zu erläutern versucht, einer Wissenschaft an, die Albert selbst als „symbolische Theologie" bezeichnet, *„denn die Verähnlichung des Sonnenlichtes mit der Gutheit [Gottes] gehört zur symbolischen Theologie, deren Aufgabe es ist, die Ähnlichkeiten der körperlichen Dinge mit den geistigen aufzuzeigen."*[344] Die Frage, ob diese Form der Theologie mit dem Ansatz einer Metaphysik, die sich als Fundamentalwissenschaft gegenüber den Einzeldisziplinen versteht, vereinbar ist, wird umso dringender, als Albert selbst diesen Anspruch für die Theologie ausdrücklich zurückzuweisen scheint.[345]

Alberts eigener Entwurf der Metaphysik, der überlieferungsgeschichtlich bedingt sowohl aristotelische als auch neuplatonische Elemente enthält, versucht, diese beiden Traditionen, die sich in der Grundausrichtung einerseits als Begriffs- und andererseits als Kausalresolution deuten lassen, zu vereinen, indem er von der Vollendung des einen Ansatzes durch den anderen spricht. Die Frage, ob es Albert tatsächlich gelingt, diese Verbindung in letzter Konsequenz spannungsfrei herzustellen,[346] kann dem zugrunde liegenden Prob-

est sicut virtualis universalis forma omnium generabilium et corruptibilium; quorum unumquodque recipit per ipsum formam nobiliorem, secundum quod magis appropinquat ad similitudinem caeli per aequalitatem complexionis secundum recessum ab extremitate contrariorum, et sic per ipsum lumen habent esse et salvantur in sua natura et convertuntur ad ipsum sicut ad finem. Super Dion. De div. nom. c. 4 n. 60, 167, 62–71.

344 Dicit ergo primo, quod cum assimilatio luminis solaris ad bonitatem pertineat ad symbolicam theologiam, cuius est assignare similitudines corporalium ad spiritualia. Super Dion. De div. nom. c. 4 n. 61, 168, 47–50.

345 Vgl. Super Dion. Epist. VII, 503, 33–39; vgl. oben Kap. 8.1.

346 H. Anzulewicz argumentiert strikt für die Möglichkeit, diese heterogenen Lehrstücke in Alberts Werk unter einem einzigen für sein Denken maßgeblichen Strukturprinzip, das in enger Anlehnung an die Werke des Dionysius Pseudo-Areopagita entworfen und für dezidiert theologisch gehalten wird, zu vereinen. Vgl. etwa Anzulewicz, Pseudo-Dionysius Areopagita und das Strukturprinzip des Denkens von Albert dem Grossen; weitere Beiträge, die diese Intention verfolgen, werden genannt in: Anzulewicz, Zur Hermeneutik, insbes. 36–41.

lem nicht aus dem Wege gehen, ob dies unabhängig von Alberts Ansatz überhaupt möglich ist. Die entscheidende Schwierigkeit, die zu lösen sein wird, besteht darin, einen Weg aufzuzeigen, wie das Verfahren der logischen Begriffsresolution mit dem Vorgang der Kausalresolution in Einklang zu bringen sein wird. Wenn das Erste einer Begriffsresolution, nämlich das Seiende als solches, und das Erste einer Kausalresolution, nämlich die erste Ursache, nicht identisch sind, werden diese Spannungen kaum zu vermeiden sein. Diese Spannungen wirken sich methodologisch auf die möglichen Ansätze einer Metaphysik aus: Während der begriffsresolutive Weg sich am Leitfaden der univoken Aussagbarkeit von Begriffen orientiert, mündet die Kausalresolution zur Vermeidung eines infiniten Regresses letztlich in einem analogen Prädikationsmodus von Ursache und Verursachtem, der sich naheliegenderweise in einer metaphorischen Ausdruckweise artikuliert.

9 Die Bibelexegese und die späte Summe der Theologie

Die großen Projekte, die Albert während seiner Kölner Lehrtätigkeit betrieben hat und als deren Früchte uns seine Schriften, vor allem die Kommentare zu den Schriften des Dionysius und die Aristoteles-Kommentare, erhalten sind, sollten nicht vergessen lassen, dass es selbstverständlich zu den zentralen Aufgaben während seiner gesamten Lehrtätigkeit an den verschiedenen Orten seines Wirkens gehört, Vorlesungen über die *Bibel* zu halten und den Predigernachwuchs des Ordens theologisch auszubilden. Auch wenn wir keine Werke Alberts besitzen, deren Abfassung als Frucht seiner Lehrtätigkeit über die *Bibel* sicher in den Vorlesungszeitraum zu datieren ist, so steht die Lehrtätigkeit selbst und die dann, wann auch immer, erfolgte schriftliche Abfassung der Bibelkommentare außer Frage. Die Lehre selbst wird für die Kölner Zeit ausdrücklich durch ein Zeugnis belegt, das Albert 1259 für seinen Ordensbruder Nikolaus Brunazzi aus Perugia ausstellt und worin er ihm bescheinigt, er sei in besonders vollkommener Weise in der Lektüre der *Heiligen Schrift* unterwiesen worden.[347] Vermutlich fällt die schriftliche Ausarbeitung der Bibelkommentare in eine spätere Lebensphase, die Ende der 50er Jahre, frühestens wohl Ende 1257, mit Alberts Kommentar zum Matthäus-Evangelium, der uns von Alberts eigener Hand geschrieben vorliegt, beginnt und sich dann etwa über zehn Jahre – nimmt man den Hiob-Kommentar hinzu wohl noch sehr viel länger – erstreckt.[348] Man geht heute davon aus, dass Albert zunächst die vier Evangelien, dann die so genannten Großen Propheten, anschließend die Kleinen Propheten und letztlich das Buch *Hiob* kommentiert. Neben den exegetischen Werken entsteht in der letzten Schaffensphase Alberts auch ein groß angelegtes, wenn auch im zweiten Teil unvollendet gebliebenes Projekt, in dem Albert eine Synthese seiner theologischen Lehren unter dem Titel einer theologischen *Summe* zusammenzustellen sucht.

[347] Senner, Blühende Gelehrsamkeit, 21; Stehkämper, Albertus Magnus, Nr. 48, 55; Scheeben, De Alberti Magni discipulis, 186–188.

[348] Zu den Einzelheiten vgl. Fries, Bibelkommentare; speziell zu Alberts Kommentar zum Buch Hiob vgl. Meyer, Das Buch Hiob; zu Alberts Kommentar zu *De muliere forti* unter besonderer Berücksichtigung der Authentizitätsfrage vgl. Bullido del Barrio, De muliere forti; zur Methode der Bibelexegese bei Albert vgl. Olszewski, St. Albert.

In diese späte Arbeitsphase – die zumindest durch Alberts 1269 erfolgte Absage, den Pariser Lehrstuhl, den er einst inne hatte, erneut zu besetzen, von zusätzlichen Aufgaben entlastet war – sind vermutlich auch die sakramententheologischen Werke *Super missam* und *De corpore domini* zu datieren, deren Authentizität zum Teil umstritten ist, aber vor allem von Hans Jorissen entschlossen vertreten wird.[349] Diese beiden auch als *Eucharistischer Doppeltraktat* bezeichneten Werke fallen überlieferungsgeschichtlich betrachtet aus dem Rahmen. Im Gegensatz zu den anderen Schriften Alberts, die im engeren Sinne zur Theologie gehören, sind diese in einem Umfang tradiert, den man sonst nur von den naturkundlichen Schriften Alberts kennt. Vollständig überliefern 60 bzw. 53 Handschriften die beiden Werke, hinzu kommt eine hohe Zahl an Fragmenten und Exzerpten.[350]

9.1 Albert als Exeget: Die Staatenlehre des Vaterunser

Um einen Eindruck von der Art und Weise zu erhalten, wie Albert die *Bibel* kommentiert, soll an einem Beispiel der Unterschied zu anderen Kommentatoren und gleichzeitig Alberts Behandlung vergleichbarer Themen in Werken anderer literarischer Gattungen betrachtet werden. Im Rahmen der Auslegung des Matthäus-Evangeliums stellt sich für jeden Exegeten die Aufgabe, auch eine Deutung des Wortlautes des Vaterunser und der darin enthaltenen Bitten zu geben. Die zweite Bitte des Gebets „Dein Reich komme“ (*adveniat regnum tuum*) wird in den für das Mittelalter einschlägigen exegetischen Werken, andeutungsweise in der *Glossa ordinaria* und ausführlicher in der *Postille* des Hugo von Saint-Cher, als Bitte um die Ankunft eines von Gott regierten Reiches verstanden, das einem vom Teufel gelenkten Reich, das Hugo zudem als Tyrannenstaat versteht,[351] gegenüber gestellt wird. Das Reich, von dem das Vaterunser spricht, ist das Reich, in

[349] Vgl. Jorissen, Transsubstantiationslehre, 14–18. Ein vorsichtiges Urteil hinsichtlich der Authentizität bietet Kolping, Doppeltraktat.

[350] Vgl. Fauser, Albertus Magnus in handschriftlicher Überlieferung. Ergänzungen finden sich noch in Fauser, Albertus-Magnus-Handschriften. Zu den Einzelheiten der Überlieferung vgl. Kolping, Meßerklärung Alberts des Großen.

[351] Vgl. Hugo von Saint Cher, Postilla super Mt 6,10, ohne Folioangabe.

dem Gott über die Heiligen herrscht und diesen Frieden und höchste Glückseligkeit bereitet. Hugo, dessen Bibelkommentare für das 13. Jh. von besonderer Bedeutung sind, versteht das Reich Gottes in einer ausschließlich eschatologischen Perspektive als Verheißung einer jenseitigen Gottesherrschaft, die die zu überwindende gegenwärtige Ordnung ablöst.

Wie geht Albert in seinem Matthäus-Kommentar mit diesem Begriff des Gottesreichs um? In großer Ausführlichkeit entwickelt er ein Bild vom Reich Gottes, das seinen eschatologischen Charakter in diesem Kontext zunächst vollständig ablegt. So zögert er auch keineswegs, seine Auslegung ausdrücklich im Anschluss an den heidnischen Philosophen Platon vorzunehmen. Auch wenn die Berufung hierauf nur indirekt sein kann und es sich der Sache nach im wesentlichen um aristotelische Elemente handelt, mit deren Hilfe Albert seine Deutung formuliert, so ist es auf jeden Fall ein von der Philosophie her gedachter Idealstaat, den Albert als Modell entwickelt. Was Albert schildert, bewegt sich jenseits der Alternativen von Gottesstaat und Teufelsherrschaft, es handelt sich vielmehr um einen Idealtyp menschlicher Machtorganisation, insofern dieses *regnum* „Reich Gottes unter uns ist“.[352] Gleich zu Beginn seiner Deutung formuliert Albert eine detaillierte Definition, die eine ganze Reihe von Charakteristika enthält, die im Weiteren näher erläutert werden.

„Das Reich ist nichts anderes als die vollständige Macht, die bei einem liegt, der auch der Herrscher ist, die durch Gerechtigkeit beseelt, in Gesetzen geordnet, in städtische Verfassungen wie in Teile gegliedert und durch Waffenkraft gestärkt ist. [Diese Macht] lenkt die besten Bürgerschaften und fließt bis zum Genügen an äußeren Gütern und instrumentell zur Verfügung stehenden Vorräten über.“[353]

Albert entfaltet die Bedeutung dieser Definition, indem er die einzelnen Bestimmungsmomente näher charakterisiert. Bezeichnend ist

352 [R]egnum dei intra nos est. Super Matth. c. 6 n. 10, 194, 83–84.

353 Ad intellectum primi inter haec notandum, quod, sicut tradit Plato in democraticis, regnum nihil aliud est nisi completa in uno potestas et dominatus, iustitia animata, legibus ordinata, urbanitatibus sicut partibus determinata, armorum strenuitate roborata, civilitates optimas gubernans et bonis exterioribus sive copiis organice subservientibus, quantum sufficit, superabundans. Super Matth. c. 6 n. 10, 191, 84 – 192, 4.

zunächst, dass er einerseits an der Einheit der Staatsmacht festhält, aber die Art und Weise, wie diese näher zu bestimmen ist, als eine des Herrschers und nicht als eine der Machtausübung kennzeichnet: *per modum dominatus et non per modum exercentis potestatem.*[354] Letzte Herrschergewalt [*dominatus*] zu besitzen, bedeutet demnach nicht, die vorhandene Macht auch selbst auszuüben. Zwar ist die Machtbefugnis in einer Instanz vereinigt, andererseits verteilt sich die Ausübung der Macht aber auf verschiedene Ämter, von denen Albert verschiedene Reichs- bzw. Stadtämter wie Fürsten, Tribunen, Prokonsuln, Prätoren, Herzöge und Präfekten nennt, und mit dieser Aufzählung vollständig im Rahmen menschlicher Herrschaftsverhältnisse bleibt. Der Herrscher bzw. der König, der ein solches Reich regiert, muss *„lebendige Gerechtigkeit sein"*, d.h. er muss nicht nur selbst gerecht sein, sondern hat aufgrund der delegierten Machtbefugnis dafür zu sorgen, dass die Gerechtigkeit, deren Maßstab er ist, in den Staatskörper hineingetragen wird, indem *„die Geste seines Winkens dafür sorgt, dass die Gesetze eingehalten werden"* (*cuius nutus oboedire cogit in omne praeceptum*), wie es im Text heißt. Mit dieser Formulierung wird zwar seine Autorität, nicht aber seine unmittelbare Machtausübung betont.[355] Die Grundlage für die Vermittlung der vom Herrscher verkörperten Macht ist die notwendige Annahme, dass *„diese durch Gesetze geordnet sein muss."*[356] Der König ist aber nicht das Gesetz und setzt es auch nicht selbst durch, sondern ist gleichsam dessen übergeordneter Ursprung. Regiert wird auf der Grundlage eines schriftlich erlassenen Gebots, das der Einsicht des Herrschers entspringt und die Bevölkerung zum Guten an- und durch Strafandrohung vom Unrecht fernhält.[357]

354 Super Matth. c. 6 n. 10, 192, 20–22.

355 Vgl. Super Matth. c. 6 n. 10, 192, 59–78.

356 Oportet autem hanc potestatem legibus ordinatam esse. Super Matth. c. 6 n. 10, 192, 79–80.

357 Lex enim, ut dicit Tullius ante finem primae rhetoricae, est 'ius scriptum asciscens honestum prohibensque contrarium' et poenam ei qui transgreditur, interminans. Et licet rex sit supra legem, tamen non est contrarius legi, sed est super legem, eo quod ipse est viva forma legis, potius formans et regulans legem quam formatus et regulatus a lege. Lex enim nihil aliud est quam iuris forma ex forma, quae in mente regis est, educta et ad regulandum populum scripto mandata. Super Matth. c. 6 n. 10, 193, 4–14.

In Form einer Staats- oder Stadtverfassung ist diese Macht durch Teile verwirklicht, wie Albert in Aufnahme des u.a. aus den Augsburger Predigten bekannten Grundgedankens formuliert. Diese Teile entsprechen den von Aristoteles diskutierten Herrschaftsformen von Monarchie, Aristokratie und Timokratie, die – wie in den früheren Konzeptionen Alberts bereits geschehen – nicht als alternative Staatsformen, sondern als integrale Bestandteile einer solchen *urbanitas* begriffen werden. Im Einzelnen führt Albert jetzt aus, wie sich diese drei Aspekte in der Stadtverfassung auswirken. Das monarchische Element besteht demnach darin, dass alles, was eine Stadt bzw. die Stadtbewohner benötigen, auf bestmögliche Weise in einer einzigen Instanz, die alle Macht vereinigt, zusammengeführt wird.[358]

Aber Albert ist sich auch bewusst, dass die tatsächliche Ausübung einer einheitlichen Machtbefugnis nicht unmittelbar von einer einzigen Instanz zu bewerkstelligen ist. Um der Zuwendung zu allen Untergebenen gerecht werden zu können, bedarf es einer Differenzierung in Teilbefugnisse, mit denen ausgestattet Einzelkräfte die Untergebenen in Vertretung der Zentralgewalt versorgen. „*Aber weil eine einzige Macht nicht auf gleiche Weise für viele unmittelbar zuständig sein kann, so dass allen ihre gleiche Kraft und Voraussicht zukäme, ist es notwendig, dass sie partikuläre Mächte besitzt, die für die Untergebenen Vorsorge üben.*“[359] Albert sieht in dieser Differenzierung u.a. eine Analogie zu der Art und Weise, wie die Seele im belebten Körper die einzelnen Körperglieder durch spezifische Kräfte und nicht als undifferenziertes Ganzes mit eigentümlichen Fähigkeiten ausstattet. Konkret nimmt Albert eine grundsätzliche Zweiteilung an, der diese vielen Teilmächte zugeordnet werden können. Die Grundtypen der Machtbefugnisse, die es in der Stadtverfassung gibt, unterschei-

358 Urbanitatibus autem [sicut partibus] potestas regni est determinata sicut suis partibus. Cum enim omnes urbanitates tres sint, sicut in democraticis dicit Plato, monarchia et aristocratia et timocratia, monarchia est ipsum regnum nec urbanitas dicitur, nisi quia, utilitates urbanorum et urbium considerans, optime continet urbes et urbanos, et est ipsa tota simul in uno stans potestas. Super Matth. c. 6 n. 10, 193, 22–29.

359 Sed quia nulla potestas una aequaliter potest esse immediata multis, ita quod aequa sit virtus eius et providentia in omnibus, ideo oportet ipsam habere particulares potestates, quae prospiciant inferioribus. Super Matth. c. 6 n. 10, 193, 30–34.

den sich dadurch, dass sie entweder auf einer bestimmten Tugend bzw. Eignung beruhen oder aus dem Vorhandensein entsprechender Reichtümer resultieren.[360]

Mit dieser Unterscheidung nimmt Albert wiederum auf die aristotelischen Modelle der Aristokratie, also der Herrschaft der durch die Tugend Berufenen, und der Timokratie, also der Herrschaft der mit Reichtum Ausgestatteten, Bezug. An der konkreten Machtausübung in Reich und Stadt sind also diejenigen zu beteiligen, die sich durch besondere Tugenden hervortun, wobei Albert mit einem realistischen Blick vor allem die Fähigkeit betont, sich Bestechungsversuchen zu widersetzen. Nur so können sie vor allem auch als Richter fungieren.[361] Reichtümer sind aus Alberts Sicht unabdingbar, weil sonst von zwei Seiten her eine Unterhöhlung der Gemeinschaft droht. Zum einen würde es die Gerechtigkeit zerstören, würde man von den Armen zu viele Mittel zur Regierung der Stadtgemeinschaft fordern. Auf der anderen Seite sieht Albert die Gefahr, dass die Korruption ausufert, wenn man die Armen selbst, die keine ausreichenden finanziellen Mittel besitzen, unmittelbar mit Regierungsaufgaben betrauen würde, weshalb er die Regierungsbeteiligung der finanziell Abgesicherten für sinnvoll hält.[362]

9.2 Das Eigentümliche der Exegese

Führt man sich die Auslegung vor Augen, in der Albert die zweite Bitte des Vaterunsers und insbesondere den zentralen Begriff des Reichs Gottes erläutert, scheint die Frage nicht ganz abwegig zu sein, ob die Bibelexegese und der Gegenstand, mit dem sie zu tun hat, also

[360] Sic enim motor orbium habet particulares motores sphaerarum, sic anima in corpore particulares habet vires membrorum, et sic est in omnibus aliis videre. Sic ergo etiam regni potestas habet duo genera potestatum, quae in plurimos dividuntur, et una quidem pars eius est urbanitas virtutis et alia divitiarum. Super Matth. c. 6 n. 10, 193, 34–40.

[361] Vgl. Super Matth. c. 6 n. 10, 193, 40–56.

[362] Quia vero gubernatio civitatum et multitudinum indiget copiis, quae si semper extorqueri debeant a pauperibus, corrumpitur regni iustitia, et si pauperes ponantur in talibus potestatibus, timetur, quod ex indigentia corrumpant iustitiam, ideo inventa est timocratia [...]. Super Matth. c. 6 n. 10, 193, 56–65.

die *Heilige Schrift*, sich von den Deutungsmustern, die Albert in anderen Kontexten, etwa bei der Aristoteles-Kommentierung, bemüht, signifikant unterscheiden. Soweit der Text bislang diskutiert wurde, verwendet Albert ausschließlich Interpretationsmittel, die das in Frage stehende Reich als ein durch und durch menschliches erscheinen lassen. Wo liegt also das Eigentümliche des Reichs Gottes? Geht bei Albert etwa, so muss man fragen, die methodologische Differenz zwischen biblischer Exegese und philosophischer Kommentierung verloren und beraubt sich so der Exeget Albert bei seiner Arbeit des Spezifischen seines Gegenstandes?

Dass dieser befürchtete Reduktionismus keineswegs zutreffend ist, wird deutlich, wenn man sich Alberts Deutung des vollständigen Wortlautes der Bitte vor Augen führt. Bislang ist lediglich über den Begriff „Dein Reich", *regnum tuum*, gehandelt worden, wobei der Anfang des (lateinischen) Textes, *„adveniat"*, *„möge kommen"*, noch nicht eigens berücksichtigt wurde. Dies ist keine konstatierende Aussage, die mit dieser Formulierung zum Ausdruck gebracht wird, sondern es ist eine Bitte, die sich im Gebet an Gott selbst richtet. Diese Bitte beinhaltet, dass das Reich Gottes zu uns und nicht wir zum Reich Gottes kommen mögen. Diese Differenz ist für Albert entscheidend, denn andernfalls würde man unterstellen, dass wir von uns aus das Vermögen besäßen, das zu verwirklichen, das nur dadurch Wirklichkeit werden kann, dass es zu uns kommt. Das Reich Gottes kommt aber, so Alberts Deutung, nur dadurch zu uns, dass zunächst seine Kraft bzw. seine Tugend, *virtus*, zu uns kommt und dann erst das Reich selbst:

„Dieses Dein Reich also möge kommen. Und er sagt nicht, dass wir zum Reich kommen mögen, weil wir aus uns heraus das Vermögen nicht haben, dass wir zu ihm kommen könnten. Vielmehr heißt das, dass wir schließlich durch seine Kraft zu ihm kommen werden, wenn es zuerst zu uns gekommen sein wird. Deshalb sagt er unten in 6, 33, dass wir zuerst das Reich Gottes und seine Gerechtigkeit suchen sollen, weil wir durch die Kraft des Reiches und seiner Gerechtigkeit angezogen zum Reich kommen werden."[363]

363 Hoc igitur regnum tuum *adveniat*. Et non dicit, quod nos veniamus ad regnum, quoniam virtutem non habemus ex nobis, ut veniamus ad ipsum. Sed si ipsum primo venerit ad nos, tunc virtute ipsius veniemus tandem ad ipsum. Propter hoc infra vi (33) dicit, quod 'quaeramus primo regnum

Ist mit dieser Feststellung die ganze vorhergehende Deutung des Reiches, also die minutiöse Bestimmung eines menschlichen Idealstaates, obsolet geworden, da wir als Menschen eben nicht über die Kräfte verfügen, von uns aus das aufzubauen, das nur von Gott her Wirklichkeit werden kann? Dieser Schluss scheint kaum mit der Absicht Alberts übereinzustimmen, denn er versucht, beide Momente, die Transzendenz des Reichs Gottes und die zumindest bedingte Diesseitigkeit des menschlichen Idealstaates, in seiner Auslegung des biblischen Textes miteinander zu verbinden. Dies gelingt ihm, indem er die Ankunft des Reichs Gottes an die vorhergehende Bedingung knüpft, dass es nur dem zuteil wird, der zuvor dieses Reich durch Beachtung der Gesetze, der Tugenden, insbesondere der gerechten Verfassung und der Machtbefugnisse in der Weise verwirklicht, die zuvor ausführlich erläutert wurde – wie Albert unter ausdrücklicher Bezugnahme auf seine vorausgehenden Bestimmungen feststellt: „*Zur Ehre des Reiches wird nur der gelangen, zu dem zuvor das Reich dadurch gekommen, dass er die Gesetze, die Tugenden, die Gerechtigkeit und die Macht auf die Weise beachtet hat, die zuvor genannt wurde.*“[364] Der menschliche Idealstaat ist also nicht das Reich Gottes, aber die Beachtung der ihn auszeichnenden Bedingungen zeichnet den Weg vor, wie das Reich Gottes, soweit es an uns liegt, zu uns gelangen kann. Wer unter den Bedingungen einer solchen idealen Staats- oder Stadtverfassung lebt, tut dies zwar voll und ganz unter Beachtung der Endlichkeit und Mangelhaftigkeit der von Albert unterstellten sozialen Wirklichkeit, in der die Gefahr der Korruption ebenso real ist wie der Gegensatz von Reichtum und Armut. Gleichwohl unterliegt diese Wirklichkeit einem Anspruch von Ordnung und Gerechtigkeit, den es insbesondere, so die Pointe von Alberts Gesamtauslegung, mit Blick auf das zu erwartende Gottesreich zu bewahren gilt.

Was Albert in seiner Auslegung der biblischen Rede vom Reich Gottes tut, zielt darauf, ein Konzept einer zukünftigen, von Gott ausgehenden Herrschaft zu entwerfen, in die eine ideale Staatsver-

dei et iustitiam eius', quia virtute regni et iustitiae ipsius tracti veniemus ad regnum. Super Matth. c. 6 n. 10, 197, 23–30.

364 Non enim ad honorem regni perveniet, nisi cui primum regnum advenit per observationem legum et virtutum et iustitiae et potestatis secundum modum, qui praedictus est. Super Matth. c. 6 n. 10, 197, 69–72.

fassung, die den tatsächlichen Bedingungen menschlichen Lebens Rechnung trägt, als eine zielführende Vorform integrierbar ist. Ohne Gottes- und Menschenreich zu identifizieren, wird letzteres auf diese Weise in seinem Eigenwert erkennbar und steht damit in einem ganz anderen Verhältnis zum Reich Gottes als das von anderen Exegeten als Gegenentwurf akzentuierte Reich des Teufels, das nicht zu integrieren, sondern bloß zu überwinden ist. Alberts staatstheoretische Entwürfe, die er zunächst in ganz anderen Kontexten entwickelt, prägen auch die Stoßrichtung seiner Auslegung dieser Verse des Matthäus-Kommentars. Albert unterscheidet sich damit in seiner Exegese grundsätzlich von den Vorlagen der *Glossa ordinaria* und der Deutung der *Postille* des Hugo von Saint-Cher. Gleichwohl verliert Albert keineswegs den Blick für den Unterschied des biblischen Textes zur antiken Staatstheorie. Das gnadenhafte Geschenk Gottes, um das der Gebetstext bittet, wird in keiner Weise verweltlicht, auch wenn die Gegenüberstellung von Gottes- und Teufelsreich überwunden und durch die Akzentuierung der innerweltlichen Perspektive einer tugendhaften Einrichtung der menschlichen Gemeinschaft ersetzt wird.

9.3 Die *Summa de mirabili scientia*

Die Urheberschaft Alberts bei der Abfassung seiner späten theologischen *Summe*, die frühestens ab 1268 stattfindet, ist mitunter bestritten worden, gilt aber mittlerweile als gesichert.[365] Allerdings hat Albert dieses Werk, das wohl ursprünglich auf vier Bücher konzipiert war, nicht vollendet, da der überlieferte Text im zweiten Buch abbricht.[366] Dieses zweite Buch der *Summa*, dessen Authentizität in besonderer Weise unsicher ist,[367] erwähnt das Konzil von Lyon, das

365 Vgl. Wielockx, Summa Theologiae.

366 Zu den Einzelheiten von Aufbau, Authentizität und Abfassungszeit vgl. Siedler u.a., Prolegomena, Summa I, V–XXVI.

367 Vgl. Hufnagel, Zur Echtheitsfrage. A. Hufnagel kommt zu einer kritichen Einschätzung der Authentizität des zweiten Teils der *Summa* aufgrund eines Vergleichs von Alberts Schrift *De unitate intellectus* mit einem thematisch vergleichbaren Traktat aus *Summa II*, der weitgehende Übereinstimmungen mit *De uinitate intellectus* aufweist. Hufnagel zeigt, dass trotz vieler Übereinstimmungen auch signifikante Unterschiede von der Albert

von Mai bis Juli 1274 stattfand, so dass Albert mindestens bis zu diesem Zeitpunkt an der Abfassung des Textes gearbeitet haben muss. Es liegt nahe, dass Albert bei der Arbeit an diesem Großprojekt auf die Hilfe eines Sekretärs – vermutlich ist es der in Alberts Testament als Zeuge genannte Gottfried von Duisburg – zurückgreifen konnte.[368] Wie weit diese Unterstützung den Wortlaut und sogar die Argumente des Textes prägt, bleibt Gegenstand von Vermutungen. Der Gesamtplan des Werkes sieht in Anlehnung an die Gegenstandsbestimmung, die Augustinus von der Theologie zu Beginn seiner Schrift *De doctrina christiana* gibt,[369] vor, von den Dingen und den Zeichen zu handeln. Im Detail sollen die ersten drei Bücher den zu genießenden und den zu benutzenden Dingen sowie schließlich denjenigen Dingen gewidmet sein, die sowohl genossen als auch benutzt werden. Das vierte Buch sollte die Zeichen behandeln, durch die die zuvor dargestellten Dinge zum Ausdruck gebracht werden. Der Aufbau des geplanten Werkes lehnt sich damit an den Aufbau der vier Sentenzenbücher des Petrus Lombardus an.[370]

Allerdings hat man in der Vergangenheit Zweifel dahingehend geäußert, ob die späte *Summe* nicht doch in manchen Fragen weniger Alberts Sentenzenkommentar entspricht als eher der *Summa Halensis*, was ursprünglich sogar ein Argument gegen die Urheberschaft Alberts war.[371] Bereits der Titel des Werkes, der auf Psalm 139 zurückgeht, scheint den Eindruck zu erwecken, als ginge es in dieser Schrift in erster Linie um ein Wissen, das als Gnadengeschenk Gottes dem Menschen zuteil wird und das nicht auf dem Weg der Wissenschaft und damit auf natürliche Weise zu gewinnen ist. Der Titel gebende Psalm, den Albert zu Beginn des Prologs zitiert, lautet nämlich:[372] *„Zu wunderbar wurde dein Wissen für mich; es ist zu stark, und ich werde es nicht erreichen können.“* (Ps 139,6) Zweifelt Albert damit am Wis-

zweifelsfrei zugeschriebenen Schrift *Über die Einheit der Verstandes* und des entsprechenden Traktates der *Summa* bestehen. Hufnagel deutet an, dass *De unitate* als Vorlage für eine spätere Ausarbeitung der *Summa* gedient haben könnte. Vgl. insbes. ebd., 19 u. 23.

368 Vgl. Geyer, Albertus Magnus, 210.

369 Vgl. Augustinus, De doctrina christiana I c. 2 n. 2, 7–8.

370 Vgl. Summa I t. 2 q. 12 c. 2, 37, 54–76.

371 Vgl. Senner, Theologie und Philosophie, 59–64.

372 Summa I prol., 1, 5–6.

senschaftscharakter der Theologie, den er sonst durchweg so vehement verteidigt? oder „[i]st Albert nun auf seine alten Tage nur noch fromm?“, wie Walter Senner die zentrale Frage formuliert.[373]

Es mag die eine oder andere Akzentverschiebung in der Konzeption der *Summa Theologiae* geben, die eine eingehende systematische Untersuchung dieses Werkes ans Tageslicht fördert, von einem wissenschaftstheoretischen Kurswechsel in der Beurteilung von Theologie und Philosophie kann allerdings keine Rede sein. Albert greift die hiermit verbundenen Fragen in seinem Spätwerk ebenso offensiv auf, wie er es seit jeher tut, und seine Antworten bedienen sich eben des gleichen Zuordnungsmodells, das er bereits in seinen ersten Schriften zugrunde legt. Mit einer gewissen Zuspitzung wird das in Frage stehende Problem von Theologie und Philosophie, von natürlicher und übernatürlicher Erkenntnis thematisiert, wenn Albert die Frage stellt, in welchem Verhältnis eine Erkenntnis, die auf dem Weg der Gnade zustande kommt, zu einer Erkenntnis steht, die allein durch die Natur bewirkt wird.[374]

Die Frage, die Albert diskutiert, hat nicht die übliche Struktur einer Entweder-Oder-Diskussion, sondern zielt im Ganzen auf das Verhältnis von gnadenhaft herbeigeführter, also übernatürlicher, und natürlicher Erkenntnis. Die eigentliche Antwort entfaltet dieses Verhältnis in einer differenzierenden Weise, insofern es sich jeweils anders darstellt, je nachdem welche Sichtweise man bei der Betrachtung einnimmt. Erkenntnisse lassen sich dahingehend unterscheiden, welchen Grad von Gewissheit sie jeweils besitzen. In Bezug auf jeden Sachverhalt, von dem man annimmt, dass man ihn kennt, lässt sich die Frage stellen, woher man dies weiß und warum das Behauptete der Fall ist. Je nachdem, welche Gründe angeführt werden, ist man bereit, eine größere oder geringere Gewissheit für eine Behauptung zuzugestehen. So ist es unstrittig, dass dasjenige, das man durch logische Ableitung weiß, aus eigener Erfahrung kennt oder nur als wahrscheinlich annimmt, weil man davon gehört hat, jeweils einen anderen Grad von Gewissheit besitzt. Diesen Zusammenhang von Erkenntnis und Gewissheit macht sich Albert im Folgenden zu Nutze, wenn er die Frage nach dem Verhältnis von natürlicher und überna-

373 Senner, Theologie und Philosophie, 61.

374 Vgl. Summa I t. 3 q. 15 c. 3 a. 2, 78, 84 – 81, 56.

türlicher Erkenntnis anhand der unterschiedlichen Gewissheitsgrade dieser Erkenntnisweisen diskutiert.

Der eigentliche Schlüssel für Alberts Interpretation liegt darin, dass er als Ausgangspunkt der Erörterung die verschiedenen Weisen unterscheidet, in denen man von Gewissheit sprechen kann. Man hat nämlich zu unterscheiden, ob es sich um eine „schlechthinnige Gewissheit" (*certitudo simpliciter*) handelt, die vom erkennenden Subjekt absieht und sich nur nach dem jeweiligen Erkenntnisgegenstand bemisst, oder ob man den Erkennenden und die ihn prägenden Erkenntnisbedingungen berücksichtigt, also die Frage „in Bezug auf uns" (*certitudo quoad nos*) stellt. In Bezug auf uns ist dann noch einmal zu unterscheiden, ob es sich um eine Gewissheit handelt, die der mit seinem Wissen auf das Handeln Abzielende oder der mit Vernunftgründen Argumentierende besitzt. Insgesamt ergibt sich also eine Dreiteilung des Begriffs der Gewissheit, so dass jeweils ein anderes Bild hinsichtlich derjenigen Erkenntnisform entsteht, die eine größere oder geringere Gewissheit beanspruchen kann.

„Gewissheit gibt es in vielfältiger Weise. Es gibt nämlich eine Gewissheit schlechthin und eine Gewissheit in Bezug auf uns; die Gewissheit in Bezug auf uns kommt zweifach vor, nämlich als Gewissheit desjenigen, der zu einer Handlung neigt, und als Gewissheit der Vernunft, gleichsam als eine desjenigen, der Gründe nennt. Und jede dieser Gewissheiten führt zu etwas anderem, das weniger gewiss ist."[375]

Legt man die erste Interpretation zugrunde und beurteilt die Gewissheit einer Erkenntnis nur nach ihrem Gegenstand, so zeigt sich, dass allein die Erkenntnis Gottes und der göttlichen Dinge das höchste Maß an Gewissheit besitzen kann. Losgelöst von den Einschränkungen, die ein mögliches Erkenntnissubjekt kennzeichnen, ist der sich offenbarende Gott, der unmittelbar, nämlich von Angesicht zu Angesicht, geschaut wird, das im höchsten Grade Gewisse. Denn, so die von Albert unterstellte Hintergrundsthese, Gott ist der letzte Existenz- und Erklärungsgrund für alles, was überhaupt gewusst werden

[375] Certitudo multiplex est. Est enim certitudo simpliciter et certitudo quoad nos; certitudo quoad nos duplex, scilicet certitudo inclinantis ad actum et certitudo rationis quasi arguentis. Et quaelibet istarum certitudinum ducit ad alterum minus certum. Summa I t. 3 q. 15 c. 3 a. 2, 79, 62–67.

kann, so dass nichts mehr Gewissheit bieten kann als Gott, der sich durch eine gnadenhafte Erleuchtung zu erkennen gibt. In dieser Perspektive der schlechthinnigen Gewissheit sind die anderen beiden zu Beginn genannten Erkenntnisweisen weniger gewiss.

Am wenigsten sicher ist in diesem Sinne das durch die Vernunft gewonnene Wissen, während die Gewissheit des zum Handeln Strebenden, wie es zu Beginn hieß, mehr Gewissheit bietet als die Vernunft, denn sie beruht auf dem Glauben, der zwar an die Aufnahmefähigkeit des Glaubenden gebunden ist, aber doch mehr vermag als die Vernunft, die sich ausschließlich aus den natürlichen Erkenntnisquellen des Subjektes ergibt.

„*Auf diese Weise verstanden ist die gewisseste aller Erkenntnisse die von den göttlichen Dingen, die von Angesicht zu Angesicht [geschaut werden]. Und unterhalb der Erkenntnis, die durch den Glauben gewonnen wird, ist aber die niedrigste die Erkenntnis, die durch die natürliche Vernunft gewonnen wird; diese Erkenntnis [Gottes und der göttlichen Dinge] nämlich bedient sich desjenigen, das an sich betrachtet das Gewisseste ist.*“[376]

Die Konsequenzen, die sich aus dieser Theorie der Gewissheit für den Status der Theologie ergeben, liegen auf der Hand. Der Gegenstand dieser Wissenschaft ist an sich betrachtet der mit der größten Gewissheit, denn alle möglichen Objekte anderer Wissenschaften verweisen bei einer fortschreitenden Frage nach ihren Gründen letztlich auf einen letzten Grund, nämlich Gott. In diesem Sinne ist die Theologie die allen anderen Wissenschaften überlegene Disziplin. Allerdings kehrt sich dieses Verhältnis um, sobald man die Bedingungen und die Grenzen berücksichtigt, die die Erkenntnismöglichkeiten des Wissenschaft treibenden Subjektes einschränken. Aus uns heraus können wir nämlich keineswegs Gott von Angesicht zu Angesicht erfassen, sondern können nur entweder durch den Glauben, der sich in uns formt, oder die beschränkte Kraft der natürlichen Vernunft, die uns eigen ist, zu Erkenntnissen gelangen. Stellt man die Frage nach der größten Gewissheit unter der Prämisse, dass sie auf natürlichem Wege

[376] Hoc modo certissima cognitionum est cognitio divinorum facie ad faciem, et sub illa cognitio per fidem, infima vero cognitio per naturalem rationem; est enim haec cognitio per certissimum secundum seipsum. Summa I t. 3 q. 15 c. 3 a. 2, 79, 75–79.

aktiv zu erreichen sein muss und sich damit nur Schritt um Schritt entwickeln kann, gelangen wir zur größten Gewissheit zuerst durch die Vernunft, dann durch den Glauben, der uns eingeformt wird, und zuletzt durch eine Begegnung von Angesicht zu Angesicht.

„Gewissheit aber, die in Bezug auf uns besteht, entsteht aus denjenigen [Annahmen], die in Bezug auf uns bekannter sind, in dem Sinne nämlich, wie wir Lebewesen sind, die durch die Sinne genährt werden, wie Augustinus sagt. Und auf diese Weise verstanden hindert nichts daran, dass die Erkenntnis, die durch die natürlichen Vernunftsgründe zustande kommt, die gewisseste ist, und nach dieser kommt die Erkenntnis, die durch den Glauben entsteht, und am wenigsten gewiss ist diejenige, die sich von Angesicht zu Angesicht vollzieht.“[377]

Damit sind für Albert aber noch nicht alle Möglichkeiten der Differenzierung erfasst, denn in einem bestimmten Sinne ist es eben auch der Glaube, der die größte Gewissheit gewährt. Das ist nämlich dann der Fall, wenn man die Frage im Blick behält, wodurch der menschliche Geist und das menschliche Gewissen in einem Höchstmaß geprägt werden können, so dass diese menschlichen Vermögen in ihrer passiven Aufnahmefähigkeit die größtmögliche Verwirklichung finden. In dieser Perspektive nämlich sind der Glaube und alle Inhalte, die aus dem Glauben folgen, dasjenige, das dem menschlichen Geist am meisten Gewissheit gewährt. Nicht aus eigener Aktivität, aber doch im Rahmen der natürlichen Aufnahmefähigkeit gibt die Glaubenserkenntnis die größte Gewissheit und kann in diesem Sinne als der herausragende Erkenntnismodus gelten.

„Im Sinne einer Gewissheit der Einformung des Geistes oder des Gewissens sind wiederum der Glaube und die Erkenntnis, die durch den Glauben entsteht, gewisser als eine Erkenntnis, die durch die natürlichen Vernunftsgründe zustande kommt, die nur im Sinne einer durch Überredung zustande gekommenen Überzeugung etwas von den geglaubten Gegenständen und den göttlichen Dingen zeigen.“[378]

[377] Certitudo autem, quae est quoad nos, ex notioribus est quoad nos, secundum quod animales sumus enutriti sensibus, ut dicit Augustinus. Et hoc modo nihil prohibet cognitionem per rationes naturales esse certissimam et post hanc cognitionem fidei et minime certam eam quae est facie ad faciem. Summa I t. 3 q. 15 c. 3 a. 2, 79, 79–85.

[378] Iterum certitudine informationis mentis vel conscientiae certior est fides

In Bezug auf den Begriff der Gewissheit unterscheidet Albert drei eigentümliche Erkenntnisweisen, die nicht als sich ausschließende Alternativen betrachtet, sondern durch die Differenzierung der Perspektiven mit einem unbestreitbaren Eigenrecht nebeneinander gestellt werden. Insofern zumindest in einem heilsgeschichtlichen Horizont für den endlichen Menschen alle drei Blickwinkel relevant sind, führt die von Albert dargelegte Theorie nicht zu einem Entweder-Oder, sondern – einmal mehr – zu einem integrativen Modell, das die unterschiedlichen Momente der direkten Gottesschau, der eingeprägten Glaubenserkenntnis oder des aktiv erworbenen Wissens der natürlichen Vernunft als unentbehrliche Perspektiven des Menschlichen begreift.

Diese Diskussion zeigt, dass Albert auch in der *Summa de mirabili scientia* weder die Vielschichtigkeit des Menschlichen an Stelle einer unreflektierten Frömmigkeit[379] aufgibt noch den Anspruch einer kritisch hinterfragten Wissenschaftlichkeit zu Gunsten einer unausgewogenen Illuminationstheorie des Erkennens preisgibt. Für Albert bleibt es dabei: Der Mensch und die Welt, vor allem auch die bestehenden Ansprüche des Wissens – komme es aus der Gnade oder komme es aus der Natur –, sind viel zu komplex, als dass undifferenzierte Antworten und ein methodischer Monismus befriedigen könnten.

et cognitio, quae per fidem est, quam aliqua cognitio, quae est per naturales rationes, quae non nisi per modum persuasionis aliquid ostendunt de credito sive de divinis. Summa I t. 3 q. 15 c. 3 a. 2, 79, 85–90.

379 Vgl. Senner, Theologie und Philosophie, 61.

10 Zurück in Köln: Friedensstifter und Wohltäter

Ohne dass der Brief sicher zu datieren wäre, scheint Albert durch ein Schreiben des Ordensgenerals Johannes Vercelli 1270 aufgefordert zu werden, nach Köln zurückzukehren, vermutlich um wieder in der Doppelfunktion als Lesemeister und Friedensvermittler zu wirken.[380] Direkt belegt war Alberts Anwesenheit in Köln bislang erst ab April 1271, auch wenn man eine frühere Übersiedlung aufgrund der Lebensumstände annimmt. Im Jahr 2011 ist allerdings bei der Untersuchung der in Köln bewahrten Gebeine des Heiligen Evergislus eine Urkunde gefunden worden, aus der hervorgeht, dass Albert die Öffnung des Schreins und die anschließende Wiederbestattung der Reliquien im Jahr 1270 überwacht hat. Offensichtlich übernimmt Albert diese Aufgabe in Vertretung des zu dieser Zeit inhaftierten Kölner Erzbischofs Engelbert von Falkenburg, auf den die Urkunde mit den Worten hinweist: *„während der Regierung des ehrwürdigen Vaters und Herrn Engelbert von Falkenburg, dem Erzbischof des Heiligen Köln"*. Die Urkunde ist ausgestellt auf den Sonntag nach dem Fest des Heiligen Gereon, verweist also auf eine Anwesenheit Alberts in Köln am 12. Oktober 1270.[381] Es kann dennoch aufgrund dieses Zeugnisses als gesichert gelten, dass Albert tatsächlich früher wieder in Köln ist, als bisher nachweisbar war,[382] und er sich den Erwartungen seines Ordensmeisters gemäß den beiden Aufgaben widmet, die man von ihm in erster Linie erwartet, nämlich einerseits als Lehrer und andererseits als Vermittler in der Auseinandersetzung des Kölner Erzbischofs Engelbert von Falkenburg mit der Kölner Bürgerschaft zu wirken.

380 Vgl. Fink, Ungedruckte Dominikanerbriefe, Nr. 1, 51–52. Hierzu Scheeben, Chronologie des Lebens, 87–92; eine Teilübersetzung bietet Scheeben, Albertus Magnus, 159.

381 Der Wortlaut der Urkunde lautet: „Anno dominicae incarnationis 1270 proximo die dominico post festum Sancti Gereonis renovato exteriori decore huis capsidis impositae sunt reliquiae beati Evergisli gloriosi martyris atque pontificis coloniensis per manus venerabilis patris domini Alberti Ratisbonensis episcopi regnante venerabili patre domino Engelberto de Valkemburg sanctae coloniensis ecclesiae archiepiscopo et Geva abbatissa sanctae Ceciliae coloniensis ad honorem et gloriam domini nostri Iesu Christi."

382 Scheeben geht von einer Ankunft Alberts in Köln Anfang 1271 aus. Vgl. Scheeben, Albertus Magnus, 159, Scheeben, Chronologie des Lebens, 95.

Neben der erhofften Lehrtätigkeit scheint als Grund dafür, dass der Orden Albert nach Köln sendet, der eskalierte Streit in Köln zu gelten, in den auch der Klerus direkt involviert ist, da der päpstliche Nuntius, Bernhard von Castaneto, über die Stadt das Interdikt verhängt und dem Klerus am 23. August 1270 befiehlt, Köln innerhalb von zwei Monaten zu verlassen. Die den Orden angehörigen Brüder können zwar im Gegensatz zu den Weltgeistlichen in der Stadt bleiben, sind aber in ihrem seelsorgerischen Wirken eingeschränkt.[383] Auch in ökonomischer Hinsicht gerät Köln in Bedrängnis, da der päpstliche Nuntius zudem jeden Handel mit den Bürgern der Stadt untersagt, den Zuwiderhandelnden mit der Exkommunikation droht und auf diese Weise den Waren- und Geldzufluss nach Köln zu unterbinden sucht.

Unter Beteiligung Alberts kann die Kölner Fehde, in der es ursprünglich um die Beanspruchung von Zolleinkünften geht,[384] am 16. April 1271 beigelegt werden.[385] Der lange währende Streit war weit mehr als nur eine juristische Auseinandersetzung, denn er mündet in Kriegshandlungen und führt schließlich im Anschluss an die Schlacht bei Zülpich am 17. Oktober 1267 zur Inhaftierung Engelberts auf der Burg Nideggen, aus der er erst nach der durch Albert vermittelten Beilegung der Streitigkeiten im April 1271 entlassen wird. Je mehr man auf die Unerbittlichkeit blickt, mit der diese von beiden Seiten blutig geführte Auseinandersetzung betrieben wird, und die Heimtücke bedenkt, der man sich dabei bedient, um so bewundernswürdiger muss einem die Vermittlungsleistung Alberts und der anderen Schlichter vorkommen.

Albert, der in der Friedensurkunde stets zuerst genannt wird, muss insbesondere auf den nicht gerade als friedensliebend bekannten Erzbischof Engelbert einen tiefen Eindruck ausgeübt haben, so dass dieser, obwohl sein leiblicher Bruder bei den Kampfhandlungen ums Leben kommt, sich ganz in die Hand Alberts begibt und die Anerkennung jeder zukünftigen Maßnahme, die die Schiedsrichter in dieser Angelegenheit vorsehen, verspricht. Möglicherweise hat Alberts frühzeitige

383 Vgl. Scheeben, Albertus Magnus, 157–160.

384 Vgl. Ennen, Quellen, Bd. 2, Nr. 499, 546–548.

385 Vgl. Lacomblet, Urkundenbuch, Nr. 607, 357–360, einen Überblick über die Ereignisse gibt Stehkämper, Politisch ausweglose Situationen in Köln, 368–373.

Anerkennung von Engelberts Regierungsanspruch und der respektvolle Umgang, wie er etwa aus dem Wortlaut der Evergislus-Urkunde und ihrer förmlichen Ausdrucksweise hervorgeht (*regnante venerabili patre domino Engelberto de Valkemburg sanctae ecclesiae archiepiscopo*), und wie er kaum das allgemeine Befinden der Kölner Bürgerschaft widergespiegelt haben dürfte, dazu beigetragen, ihn für einen so weit gehenden Friedensvertrag gewinnen zu können. Zudem scheint es Albert auch keineswegs an Selbstvertrauen gefehlt zu haben. Er scheint sich seiner Respekt einflößenden Persönlichkeit, die ihm bei seinen Schiedssprüchen stets geholfen haben mag, durchaus bewusst gewesen zu sein. Sein Selbstbewusstsein in der Durchsetzung vereinbarter Ansprüche tritt beispielhaft in der Formulierung seines eigenen Testaments zu Tage, wenn er allen, die sich seinem letzten Willen zu widersetzen suchen, damit droht, sich nicht nur vor Gott verantworten, sondern sich auch ihm selbst gegenüber rechtfertigen zu müssen.[386]

Ist mit der Beurkundung vom April 1271 der innerstädtische Frieden wieder hergestellt, werden die päpstlichen Strafen hingegen erst nach dem Tod Engelberts am 2. Juni 1275 aufgehoben. Die entsprechende Urkunde trägt wiederum das Siegel Alberts.[387]

10.1 Das Testament

Die Aufhebung der Strafen gegen Engelbert ist bei weitem nicht die letzte urkundlich nachweisbare Beteiligung Alberts an den juristischen oder politischen Vorgängen in seiner Kölner Umgebung. Aber es ist nicht verwunderlich, dass seine Gedanken mit schwindenden Kräften, gleichwohl *„bei körperlicher und geistiger Gesundheit“*, auch den Angelegenheiten gelten, die er persönlich zu regeln hat. Knapp drei Jahre, bevor er am 15. November 1280 in Köln stirbt, verfasst er ein Testament, das vieles von dem widerspiegelt, was ihn zu seinen Lebzeiten auszeichnet. In besonderer Weise verleiht dieses Dokument Alberts Persönlichkeit Ausdruck. Die Abschrift des Anfang des 15. Jhs. noch existierenden Originals lautet:

386 [M]ihi in die iudicii coram summo iudice de violentia responsurum. Anzulecwicz, Testament, 170; vgl. unten Kap. 10.1.

387 Vgl. Ennen, Quellen, Bd. 3, Nr. 103, 77–78.

„Das Testament des Herrn Albert

Alle, die dieses Schreiben einsehen werden, grüßt Bruder Albert, ehemaliger Regensburger Bischof aus dem Orden der Predigerbrüder in Köln, mit der Fülle der Liebe.

Da es allen bekannt ist und nicht in Zweifel geraten kann, dass ich aufgrund der Exemtion vom Orden, die mir vom Papst gewährt wurde, im Bereich der zeitlichen Dinge Eigentum besitzen und den Besitz frei nach meinem Gutdünken vergeben kann, habe ich nachgedacht und beschlossen, zu Lebzeiten und bei körperlicher und geistiger Gesundheit über mein Eigentum zu verfügen, damit es nicht nach meinem Tod durch die Autorität oder Anordnung irgendeiner Seite zu anderen Zwecken verwendet werde, als wozu ich selbst seit geraumer Zeit es zu bestimmen gedachte.

Weil nun die Brüder aus dem Kölner Haus, bei denen ich die meiste Zeit meines Lebens geblieben bin und gelehrt habe, sich um mich durch viele Wohltaten und Dienste verschiedener Art verdient gemacht haben, so dass ich gerechterweise ihre Zuneigung und ihre Pflichttreue gleichermaßen mit besonderem Dank und besonderer Gunst erwidern muss, wähle ich deshalb bei ihnen mein Begräbnis. Alles, was ich besitze, gebe und vermache ich dem erwähnten Konvent in drei Teilen, nämlich alle meine Bücher der gemeinsamen Bibliothek, alle meine Messgewänder der Sakristei, hingegen Gold, Silber und Edelsteine, die sich in Geld umtauschen lassen, zur Vollendung des Chorbaus dieses Hauses, den ich von meinem Geld gestiftet und von Grund auf errichtet habe; und ich will nicht, dass es zu anderen Zwecken verwendet werde.

Gleichwohl will ich, dass den drei Schwesternklöstern, nämlich zu St. Markus bei Würzburg, zu St. Katharina in Augsburg und dem in Gmünd bei Esslingen 90 Pfund Heller von diesem meinem Vermögen gegeben werde, zu gleichen Teilen jedem 30.

Wenn aber jemand, was ferne sei, nach meinem Tode diese meine Verfügung zu ändern versuchte, wisse er, dass er den Fluch des allmächtigen Gottes auf sich herabziehe und mir gegenüber am Tag des Gerichts vor dem höchsten Richter für dieses Vergehen sich zu verantworten werden habe.

Zu meinen Testamentsvollstreckern bestelle ich den Provinzial für Deutschland, den Prior zu Köln, den Bruder Heinrich, Prior zu Würzburg, meinen leiblichen Bruder, den Bruder Gottfried, den Arzt und den Bruder Gottfried von Duisburg, damit sie alles oben Gesagte, so wie ich es ihnen anvertraue, getreu und unverändert ausführen.

Zur Bezeugung all dessen habe ich Vorliegendes geschrieben, es mit meinem Siegel versehen und zusammen mit dem Siegel des Priors ebendort durch Beurkundung bekräftigen lassen. Und zur noch größeren Gültigkeit all des Gesagten habe ich die Siegel zweier Ritter, die Kölner Bürger sind, nämlich des Herrn Bruno, genannt Hartfust, des Prokurators der Brüder, und des Herrn Daniel, genannt der Jude, die ich beide zusammen mit den vorgenannten Brüdern ebenso zu Vollstreckern des Vorstehenden bestelle, anfügen lassen.

Ausgefertigt im Jahre des Herrn 1278, im Monat Januar.

Diese Abschrift habe ich in Köln anhand des Originals Wort für Wort erstellt, nichts hinzufügend und nichts auslassend, im Jahr des Herrn 1402 am 29. Januar, dem vorletzten Sonntag vor dem Aschermittwoch.“[388]

[388] Testamentum domini Alberti
Universis praesentes litteras inspecturis frater Albertus episcopus quondam Ratisponensis ordinis fratrum praedicatorum in Colonia salutem cum plenitudine caritatis. Cum sit omnibus manifestum et non possit in dubium aliquatenus devenire me posse in rebus temporalibus propria possidere ratione exemptionis ab ordine a summo pontifice mihi factae et pro voluntatis meae arbitrio possessa prout mihi placuerit dispensare, cogitavi et statui de rebus meis vivens, sanus et incolumis ordinare, ne post mortem meam cuiusquam auctoritate vel ordinatione ad usus alios transferantur quam ad quos ego ipse concepi a multo tempore deputare. Quia igitur fratres domus Coloniensis apud quos mansi et docui pro maiori tempore vitae meae erga me promeruerunt beneficiis et obsequiis pluribus et diversis, ut ipsorum affectum pariter et officium merito prosequi debeam speciali gratia et favore, propterea etiam apud ipsos eligo sepulturam, universa quae habeo do et lego conventui memorato ipsa trifarie dividendo, scilicet libros meos universos librariae communi, ornamenta mea omnia sacristiae, aurum vero et argentum et gemmas quae possunt in argentum commutari, ad perficiendum chorum domus eiusdem quem ego de pecunia mea fundavi et a fundo erexi, nec volo quod ad usus alios convertantur. Volo tamen quod tribus claustris sororum, videlicet ad sanctum Marcum apud Erbipolim et ad sanctam Katherinam in Augusta et in Gamundia apud Ezelingam, nonaginta librae hallensium de dictis bonis meis dentur, triginta cuilibet aequaliter dividendo. Si vero aliquis, quod absit, post mortem meam hanc ordinationem meam attemptaverit immutare, maledictionem omnipotentis dei se noverit incursurum et mihi in die iudicii coram summo iudice de violentia responsurum. Exsecutores autem testamenti mei ordino provincialem Teutoniae, priorem Coloniensem, fratrem Hainricum priorem Herbipolensem fratrem meum carnalem, fra-

Aus diesen Festlegungen, die Albert zu Lebzeiten trifft, spricht in erster Linie seine besondere Zuneigung zu seinen Ordensbrüdern aus dem Kölner Konvent, denen er aufgrund seiner langen Anwesenheit vor Ort in besonderer Weise Wohlwollen und Dank entgegen bringt. Nicht nur, dass er selbst verfügt, in Köln begraben werden zu wollen, auch die Übereignung offensichtlich großer Teile seines Besitzes an die Kölner Predigerbrüder ist ein Zeichen seines trotz der vielen Wanderschaften erhalten gebliebenen Zugehörigkeitsgefühls. Mit der Zuwendung an das Kölner Kloster setzt Albert das Mäzenatentum fort, das er in seinen politischen Äußerungen vielfach für notwendig erachtet und auch selbst bereits durch die Anfangsfinanzierung des neu zu errichtenden Chors der Kölner Konventskirche betrieben hat. Sinnbildlich werden mit der Übereignung seiner Bücher und seiner Messgewänder die Wirkungsbereiche genannt, die sein Leben in höchstem Maße bestimmt haben. Auch über seinen Tod hinaus will er mit seinem nicht näher taxierten Vermögen an Gold, Silber und Edelsteinen die Fertigstellung des Chores seines Heimatkonventes unterstützen. Wie groß das Gesamtvermögen, über dessen Herkunft man nichts genaues weiß, auch immer gewesen sein mag, in der Größenordnung näher bestimmt ist lediglich der Teil, den er den Schwesterkonventen in Würzburg, Augsburg und Gmünd vermacht. Dieser Teil wird wohl eher der kleinere sein, denn sonst ergäbe die eingangs genannte Zuneigung zu den Brüdern in Köln, die er durch sein Tes-

trem Godefridum physicum et fratrem Godefridum de Dusburg, ut omnia supradicta sicut eis confido fideliter et immutabiliter exsequantur. In cuius rei testimonium praesens scripsi, sigilli mei appositione una cum sigillo prioris ibidem decrevi munimine roborandum. Et ad maiorem firmitatem omnium praedictorum sigilla duorum militum civium Coloniensium, videlicet domini Brunonis dicti Hartfust, procuratoris fratrum, et domini Danielis dicti Iudei praesentibus volui applicari, quos ambos etiam statuo exsecutores praemissorum cum fratribus supradictis.
Actum anno domini 1278 mense Ianuario.
Istam copiam rescripsi Coloniae de littera originali de verbo ad verbum nihil addendo nec demendo sub anno domini 1402 4 kalendis Februarii quae dies tunc fuit dominica in sexagesima.
Der lat. Text ist entnommen Anzulecwicz, Testament, 169–171. Übersetzung mit kleineren Änderungen gegenüber Anzulewicz, ebd, 172–173; vgl. auch den Text bei Scheeben, Albertus Magnus, 177–178.

tament entsprechend bedenken will, keinen Sinn. Ohne aufgrund des Fehlens näherer Angaben zu viel in diese Mitteilungen hinein zu interpretieren, kann man zumindest davon ausgehen, dass Albert allein mit den 90 Pfund Hellern, die er auf die Schwesterklöster verteilt, ein Vermögen in der Größenordnung des Gegenwertes mehrerer Häuser vermacht.

Um sich eine Vorstellung von der genannten Summe von 90 Pfund Hellern zu verschaffen, ist es notwendig Vergleichswerte zu nennen, die den historischen und örtlichen Gegebenheiten entsprechen, in denen das Testament verfasst wurde. Demnach hat man die in Köln übliche Währung in ein Verhältnis zu der im Testament verwendeten Recheneinheit des Pfundes zu setzen. Geht man etwa von zeitnah verfassten Urkunden und den darin genannten Währungseinheiten aus, liegt es nahe, einen entsprechenden Gegenwert in der Währung der Kölner Mark anzugeben, die zu dieser Zeit in Köln die gängige Einheit darstellt. Eine Kölner Mark entspricht einem Gegenwert von 12 Schilling zu 12 Denaren,[389] ein Pfund dem Gegenwert von 20 Schilling, so dass das von Albert genannte Vermögen von 90 Pfund Hellern einem Gegenwert von 150 Kölner Mark entspricht. – Die Kölner Reimchronik berichtet übrigens, dass der Zugang zur belagerten Stadt Köln während der kriegerischen Auseinandersetzung von Erzbischof Engelbert und der Kölner Bürgerschaft durch ein Bestechungsgeld von 25 Mark ermöglicht und die Stadt also symbolisch für diese Summe verkauft wurde, wie der Autor Gottfried Hagen berichtet.[390]

Was ist aber der reale Gegenwert der von Albert genannten Summe? Man kann sich ein ungefähres Bild davon machen, wenn man etwa die urkundlich belegten Kaufvorgänge von Häusern in Köln betrachtet, die in dieser Zeit nachweisbar sind. 50, 100 oder 150 Kölner Mark scheint ein durchaus üblicher Kaufpreis für ein Haus gewesen zu sein,[391] allerdings ist den bekannten Einzelnachweisen kein repräsentativer Durchschnittswert für Immobilien zu entnehmen. Setzt man diesen Betrag mit anderen Sachwerten in

389 Vgl. Ennen, Kölner Wirtschaft, 182.

390 Vgl. oben Kap. 6.2.

391 Vgl. Ennen, Urkunden Bd. 2, Nr. 489 (1266), 536–537; Lacomblet, Urkundenbuch, Nr. 553, 321; Nr. 962, 569.

ein Verhältnis, entsprächen die 150 Mark in Köln um 1300 einem Wert von 1200 Pfund Butter bzw. mehr als 330 Paar Schuhen.[392] Allerdings unterliegen erst recht solche Angaben zur Kaufkraft einer großen Ungewissheit und sind in letzter Konsequenz mit Vorsicht zu behandeln,[393] auch wenn sie geeignet sind, die Vermutung zu unterstützen, dass es in Alberts Testament durchaus um beträchtliche Vermögenswerte geht.

Diese Einschätzung wird durch ein aussagekräftigeres Dokument, das auf die Wohnverhältnisse in einem als durchaus vornehm geltenden Kölner Pfarrbezirk rekurriert, bestätigt. Aus dem Jahr 1286 – also keine zehn Jahre nach Abfassung von Alberts Testament – ist eine Steuerliste erhalten, aus der die für die Besteuerung im Pfarrbezirk St. Kolumba zugrunde gelegten Realschätzwerte für Häuser hervorgehen.[394] Insgesamt sind 889 Objekte in dieser Liste erfasst: für 732 wird ein Schätzwert von unter 50 Kölner Mark angenommen und nur für 157 ein Wert, der darüber liegt. Legt man die geltende Besteuerung von 4 1/6 % auf den Realschätzwert für eine Immobilie zugrunde, ergibt sich auf der Grundlage der in der Liste additiv zu ermittelnden Gesamtsteuerlast von 14720 Schilling bezogen auf die angeführten 889 Immobilien ein Durchschnittswert von ca. 33 Kölner Mark für ein Haus. Auf der auch im 13. Jh. privilegierten Hohe Straße hingegen haben die 51 dort erfassten Häuser einen durchschnittlichen Realwert von ca. 80 Mark.[395] Legt man diese Werte zugrunde, erhält man zumindest eine partielle Vorstellung von den durch Albert zu vererbenden Vermögenswerten.

Albert ist Mitglied eines Bettelordens, aber – vermutlich aufgrund eines Privilegs, das ihm Papst Urban IV. anlässlich seines Rücktritts vom Bischofsamt gewährt, –[396] kein armer Mann, als er stirbt. Dies läßt sich allein aufgrund der von ihm genannten Teilsumme seines Vermögens, die er zu Gunsten der Schwesternklöster verwendet, sagen. Das erste aber, über dessen Bestimmung er in seinem Testa-

392 Vgl. Pies, Löhne und Preise, 8.

393 Vgl. Ennen, Kölner Wirtschaft, 184.

394 Vgl. Herborn, Sozialtopographie des Kölner Kirchspiels St. Kolumba, insbes. 205.

395 Vgl. Herborn, Sozialtopographie des Kölner Kirchspiels St. Kolumba, insbes. 208.

396 Vgl. Schieffer, Albertus Magnus, 14–15.

ment verfügt, sind nicht seine in Geld umtauschbaren Besitztümer wie Gold, Silber und Edelsteine, sondern seine Bücher, die ihm offensichtlich besonders am Herzen liegen und die er an dem Ort wissen will, an dem man ihn selbst nach seinem Willen bei seinen Brüdern im Kölner Konvent begraben soll, was dann drei Tage nach seinem Tod, am 18. November 1280, auch geschieht.

11 Einheit durch Differenzierung

Überblickt man die vielen Felder, auf denen Albert in je eigentümlicher Weise tätig ist, und die verschiedenartigen Gegenstände, mit denen er sich in seinen Schriften befasst, so stellt sich die Frage, ob es für diese zum Teil sehr heterogenen Untersuchungen so etwas wie einen gemeinsamen Fluchtpunkt gibt, in dem sich auch die verschiedenartigen Bemühungen außerhalb der wissenschaftlichen Tätigkeit bündeln. Worin besteht das Eigentümliche, das sich in allen oder zumindest in vielen Bereichen von Alberts Tätigkeit wiederfinden lässt?

Man kann diese Frage natürlich durch einen Verweis auf einen inhaltlichen Zusammenhang der Lehrinhalte und Betätigungsfelder beantworten, der etwa durch Stichworte „Schöpfer und Schöpfung", „Natur und Übernatur", „Natur- und Heilsgeschichte" oder „Ausgang und Rückkehr" beschrieben werden kann.[397] Doch scheint sich unter Einnahme einer formalen oder methodischen Perspektive ein Grundzug von Alberts Denken zu zeigen, der sehr viel mehr Aussagekraft besitzt als eine inhaltliche Klammer der behandelten Gegenstände sie haben kann. Ein immer wiederkehrendes Charakteristikum von Alberts Denken, so legt die bisherige Untersuchung nahe, lässt sich schlagwortartig am ehesten mit der Formel „Einheit durch Differenzierung" zum Ausdruck bringen.

Dieses Prinzip ist zunächst methodologisch relevant, insofern man vor jeder konkreten Erkenntnisleistung, also vor jeder Einzeluntersuchung, die Albert durchführt, danach fragt, was denn Erkennen überhaupt bedeutet. Das hiermit berührte Problem umfasst zwei Aspekte: zunächst die Frage, worin die eigentümliche Tätigkeit be-

397 In diesem Sinne argumentiert H. Anzulewicz dafür, dass sich an der onto-theologischen Struktur *exitus – perfectio – reditus* eine nicht hintergehbare „hermeneutisch[e] Entschlüsselung des Denksystems des Albertus Magnus [festmachen ließe, nach der] man sich schwerlich eine adäquate, de[m] Buchstabe[n] und dem Geist des Werkes dieses Autors entsprechende Interpretation vorstellen [kann], welche die eigentlichen Koordinaten seines Denkens absichtlich oder unwissentlich missachtet." Anzulewicz, Zur Hermeneutik, 43–44.
Auf einen solchen normativen Begriff des „Albertinischen" verzichtet die vorliegende Darstellung wissentlich und mit Absicht, und zwar aus hermeneutischen Gründen.

steht, die man Erkennen nennt, und dann die hieraus resultierende zweite Frage, worauf sich diese Tätigkeit des Erkennens als ihren spezifischen Gegenstand richtet. Was erkannt wird, unterliegt nämlich bestimmten Voraussetzungen, die gegeben sein müssen, damit überhaupt etwas im engeren Sinne erkannt werden kann. Diesen Fragenkomplex berührt Albert mit seiner Theorie des Universalen, insofern der eigentliche Gegenstand des Erkennens, zumindest des geistigen Erkennens, nach Albert das Allgemeine ist. Was heißt es aber, wenn man sagt, dass das Allgemeine und nicht das Partikuläre erkannt wird? Erkennen wir in diesem Sinne etwas, was den einzelnen Dingen, die wir zunächst sinnlich wahrnehmen, vorausliegt oder erfassen wir etwas in diesen Dingen, das erst durch eine aktive Leistung des Verstandes abstrahiert werden muss? Alberts Antwort ist methodologisch differenziert, insofern sie vom jeweils eingenommenen Blickwinkel abhängig gemacht wird.[398] In der einen Perspektive, nämlich ontologisch betrachtet, trifft Ersteres zu, weil alles Erkannte nicht aus sich selbst, sondern nur durch eine vorausliegende Ursache das ist, was es ist. Blickt man auf den Erkenntnisprozess selbst, nimmt man also einen epistemologischen Blickwinkel ein, ist Letzteres der Fall. Denn die Erkenntnis des Menschen kommt nur durch eine aktiv vollzogene Loslösung vom konkret vorliegenden Einzelgegenstand bzw. Sachverhalt zu Stande, der in dem erfasst wird, was ihn in seiner inneren Bestimmung auszeichnet. Das Universelle ist also beides, vor und unabhängig von den partikulären Dingen, und zugleich in diesen und nur durch Abstraktion aus diesen herauszulösen. Würde man diese Unterscheidung nicht treffen, so zeigt Albert, wäre gar nicht zu erklären, dass wir überhaupt etwas von der Welt erkennen, d.h. eine erkenntnisstiftende Einheit von Welt und Verstandesvermögen herstellen können.

Das Prinzip „Einheit durch Differenzierung" hat für Albert darüber hinaus auch eine unmittelbar erkenntnistheoretische Bedeutung, nämlich in dem Sinne, dass die vollständige Einheit dessen, was der Mensch überhaupt erfassen kann, nur beschreibbar ist, indem man die vielfältigen Erkenntnisvermögen durch eine genaue Unterscheidung ihrer spezifischen Leistungsmöglichkeiten bestimmt und sie den Gegenständen zuordnet, die durch sie erfasst werden können.

[398] Vgl. oben Kap. 4.6.

Dieses Prinzip tritt bei Albert bereits bei der zentralen Frage hinsichtlich der Eigentümlichkeit der Theologie zu Tage. Dass Albert in einem bestimmten Sinne die Einheit des menschlichen Geistes zu wahren vermag, gelingt vor allem dadurch, dass er ein Nebeneinander von Theologie und einer Vielheit anderer wissenschaftlicher Disziplinen behaupten kann, indem er Kompetenzbereiche menschlicher Erkenntnisvermögen unterscheidet, die nur in ihrer Gesamtheit die menschlichen Möglichkeiten erschöpfen. Weil die Prinzipien und Methoden der Theologie und die der anderen Wissenschaften verschieden sind, benötigt man ein Nebeneinander der Disziplinen, um das leisten zu können, was keine einzelne allein vermag. Nur so verwirklicht sich das gesamte Potenzial der dem Menschen zu Gebote stehenden Erkenntnisleistungen. Die von Albert in dieser Hinsicht geleistete Differenzierung legt dar, dass das Feld des menschlichen Wissens nicht nur die rein betrachtenden Erkenntnisse, also die gesamte Vielfalt der theoretisch-spekulativen Disziplinen, beinhaltet, und auch noch nicht durch Hinzufügung der handlungsleitenden praktischen Erkenntnis erschöpft ist. Vielmehr umfasst das menschliche Wissen noch einen eigenen Bereich des Affektiven, der sich – wie im Fall der Theologie – auf Gegenstände richtet, die für das menschliche Leben eine affektiv-emotionale Bewandtnis haben, so dass sich eine Unterscheidung theoretischer, praktischer und affektiver Wissenschaftsdisziplinen ergibt.

Auch innerhalb einer einzigen Wissenschaft, etwa der Zoologie, bedarf es wiederum in verschiedener Hinsicht der Differenzierung, um Einheiten erkennbar werden zu lassen. Solche Einheiten können z.B. einzelne Tierarten, aber auch übergeordnete Gattungen von Lebewesen sein, die mehrere Arten umfassen. So kann man nach Albert etwa zunächst anhand der jeweiligen Fortbewegungsart zwischen den gehenden, den fliegenden, den schwimmenden und den kriechenden Tieren unterscheiden, um dann innerhalb dieser Gruppen anhand weiterer Kriterien untergeordnete Arten zu identifizieren. So gehört der Mensch etwa einerseits mit vielen anderen Arten zur Klasse der gehenden Lebewesen, unterscheidet sich aber von allen anderen durch bestimmte Eigentümlichkeiten seines Körpers, vor allen aber durch Vollkommenheiten, die nur aufgrund der besonderen Ausprägung des menschlichen Lebensprinzips, nämlich der menschlichen Seele möglich sind. Albert kann in naturphilosophischer Perspektive also durchaus die physiologische Zusammengehörigkeit des Menschen und anderer Lebewesen erfassen und doch aufgrund seiner differenzierenden Deutung dessen, was Seele ist, an der Sonderstellung des Menschen festhalten. Ja, er kann sogar die Einzigartigkeit des Menschen nach diesem Modell begründen.

Albert bedient sich bei seiner Deutung der Einzigartigkeit der menschlichen Gattung eines Strukturprinzips, das sein ganzes wissenschaftliches Vorgehen bestimmt. Dies lässt sich etwa mit Blick auf die menschlichen Wahrnehmungsvermögen erklären: Um zu zeigen, was das Seh-, das Riech-, das Hör- und die anderen Sinnesvermögen im Einzelnen sind, muss zweierlei geschehen. Zum einen ist dasjenige zu betrachten, was den Sinnen gemeinsam ist, also das, was sie als Sinnesvermögen eint. Zum anderen ist durch eine differenzierende Analyse zu zeigen, wodurch sich diese Sinnesvermögen im Einzelnen unterscheiden und worin das je Besondere, d.h. ihre spezifische Natur, besteht. Die unterscheidende Betrachtung blickt auf die eigentümlichen körperlichen Organe und erläutert den Unterschied von Hören, Sehen und Riechen durch die Betrachtung der jeweils zugrunde liegenden Sinnesorgane, also von Ohr, Nase und Auge. Unterschiedliche Sinneswesen wie Menschen, Fische oder Bienen unterscheiden sich darin, wie die gemeinsame Natur des Sinnenwesens durch die Vielheit der körperlichen Ausprägungen der Sinnesorgane differenziert wird. Auge, Nase oder Gehör sind in den genannten Fällen unterschiedlich entwickelt, wie sich natürlich auch die Organe der nicht-sinnlichen Natur, also Herz, Verdauungsapparat, Geschlechtsorgane usw. in den verschiedenen Spezies voneinander unterscheiden.

Im Falle des Verstandesvermögens, also im Blick auf die den Mensch auszeichnende Vernunft, ist die Situation hingegen eine ganz andere. Denn, so argumentiert Albert, im Fall der Vernunft gibt es keine körperlichen Organe, die das Vernunftvermögen ähnlich differenzieren würden, wie es die Sinnesorgane hinsichtlich der Fähigkeit sinnlicher Wahrnehmung tun. Aus diesem Grunde kann es nur eine einzige Art rationaler Lebewesen geben: den Menschen.[399] Albert muss sich nicht allein auf den biblischen Schöpfungsbericht berufen, sondern er kann mit wissenschaftsfähigen Gründen zeigen, dass der Mensch einzigartig ist. Die Vernunft auf ein körperliches Organ zurückzuführen – so lautet

[399] Vgl. Quaest. de animal. I q. 20, 94, 28–51.

das entscheidende Argument, das auch gegen die modernen Formen des Reduktionismus noch Gültigkeit besitzt – würde das, was die Vernunft ausmacht, eben nicht erklären, sondern verschleiern.

Solche inhaltlichen Unterscheidungen, wie Albert sie überall in seinem Werk trifft, bedürfen aber wiederum einer vorausgehenden methodologischen Differenziertheit. Unterschiedliche Erkenntnisvermögen erfassen ihre Gegenstände auf unterschiedliche Weise, weshalb sie nur erfolgreich durch eine adäquate Methode eingesetzt werden können. Wer z.B. die Besonderheiten einer bestimmten Tierart erfassen möchte, ist darauf angewiesen, durch die Anstrengung seiner Sinnesorgane die Eigentümlichkeiten einzelner Exemplare dieser Art zu erfassen, um sich sukzessive ein möglichst vollständiges Bild der Spezies zu machen. Methodisch ist zunächst eine Sammlung einzelner Sinnesdaten notwendig. Das Gemeinsame einer solchen Tierart kann man aber nicht allein mit den Sinnen wahrnehmen, insofern sich jeder einzelne Sinneseindruck von allen anderen unterscheidet. Es bedarf also klarer Kriterien, worin sich die Einzelexemplare einer Tierart unterscheiden können und worin sie übereinstimmen müssen, um als einheitliche Art gelten zu können. Diese Kriterien können nicht unmittelbar aus der Sinneswahrnehmung selbst gewonnen werden, sondern gehen auf ein Urteil über das zurück, was für eine Spezies wesentlich und nicht nur beiläufig ist. Ein solches Urteil ist keine singuläre Sinneswahrnehmung, sondern ergibt sich aus einer ganzen Reihe von Erfahrungen und spiegelt so die Ursache wieder, die man als Erklärung für das, was man beobachtet, annehmen muss. Um ein solches Urteil fällen zu können, muss man aber wiederum zwischen den wesentlichen und den unwesentlichen Ursachen für ein Phänomen unterscheiden. Nur indem man zwischen Artspezifischem und -unspezifischem differenziert, kann die Art überhaupt als Einheit begriffen werden. Konstitutiv für eine Art ist aber gerade das, was der Grund dafür ist, dass etwas das ist, was es seinem Wesen nach ist, nämlich ein Lebewesen einer bestimmten Art. Die Frage nach den Gründen ist also neben der bloßen Beobachtung das zweite wichtige Instrumentarium, das Albert in seinen wissenschaftlichen Studien zur Anwendung bringt.[400]

[400] Vgl. Möhle, Vielheit der Wissenschaften; Köhler, Processus narrativus; Köhler, Scientia Perfecta; Köhler, Tiervergleich als Schlüsselparadigma.

Aber nicht nur als Forscher ist Albert dem Prinzip verhaftet, Einheit durch Differenzierung zu erlangen. Auch als tätiger Mensch, insbesondere als Bürger eines Gemeinwesens, ist sich Albert bewusst, dass eine menschliche Gemeinschaft, etwa eine Stadt, nur dadurch als Einheit bestehen kann, dass es gelingt, die Aufgaben und Rechte so zu differenzieren, dass in der Summe aller Bürger und ihrer Tätigkeiten alles das gewährleistet wird, was eine Stadt ausmacht und was sie braucht. Keine Einzelperson, kein Berufsstand, keine einzelne Bevölkerungsschicht und nicht eine einzige verfassungsrechtliche Instanz allein vermag das zu vollbringen, was das Ganze einer Stadt darstellt. Von vielem etwas, aber vor allem jedes an seinem Platz – die Autorität des Herrschers als Quelle der Macht, aber nicht als ausführendes Organ jeder richterlichen Tätigkeit, das Geld zur Unterstützung der Bedürftigen und zur Finanzierung öffentlicher Aufgaben, aber nicht zur Bestechung von Amtsträgern – nur so kann ein bürgerliches Gemeinwesen dauerhaft florieren.

Die kaum fassbare Vielfältigkeit von Alberts wissenschaftlichem Werk und Wirken beeindruckt nicht allein durch die Weite des Spektrums von Gegenständen, die er in den Blick nimmt, sondern vor allem durch den stets präsenten Willen zur Differenzierung und der daraus hervorgehenden Systematisierung. Alberts berühmtes Diktum, in dem er sich die Berufung auf Wunder verbittet, wenn es um naturphilosophische Fragen geht, kann daher als paradigmatischer Ausdruck seiner zentralen Bestrebung, allem seinen Platz zuzuweisen, verstanden werden.[401]

Alberts Bedeutung wird nicht durch die bloße Anzahl seiner Schüler und der Epigonen, ebenso wenig durch einzelne Thesen oder Lehrstücke allein und noch weniger durch die zweifelhafte Wirkung einer ganzen Reihe zwar viel gelesener, aber nicht-authentischer Schriften erkennbar. Den geistesgeschichtlichen Rang Alberts wird man vielmehr nur begreifen können, wenn es gelingt, die Art und Weise zu vergegenwärtigen, in der er die konkreten Problemkonstellationen des 13. Jhs. erfasst und diesen mit Antworten begegnet, die wir auch aus heutiger Perspektive als nachhaltig prägend

[401] [D]ico, quod nihil ad me de dei miraculis, cum ego de naturalibus disseram. De gen. et corr. I t. 1 c. 22, 129. Vgl. ebenfalls De caelo et mundo I t. 4 c. 10, 103.

erkennen können. Auch wenn die Antworten, die Albert gibt, heute nicht mehr in allen Bereichen und im Einzelnen überzeugen können, im Ganzen markieren sie einen Problemhorizont, hinter den wir nicht zurückfallen können, ohne gravierende Verluste hinsichtlich grundlegender Perspektiven, in denen wir die Welt betrachten, hinnehmen zu müssen. Einheit durch Differenzierung argumentativ auszuweisen, ist ein Leitprinzip, das Albert dazu führt, ein Netz pluraler, aber nicht beliebig austauschbarer Wissensformen zu entwerfen und in weiten Teilen zu verwirklichen. Spezifische Gegenstände bedürfen spezifischer und in der Regel mehrschichtiger Erkenntnis- und Argumentationsformen. Rationale, aber auch nicht diskursiv argumentierende Wissensformen werden so in ihrem Eigenrecht erkennbar und erhalten nur auf diese Weise ihren Platz in einem vielgestaltigen Geflecht menschlicher Erkennntismöglichkeiten. In politisch-praktischer Hinsicht führt dieses Prinzip zu einem Verständnis gesellschaftlicher Differenzierung, das heute sicher andere Strukturen hat, als es für Albert der Fall war. Gleichwohl wird man nicht zögern, die gesellschaftliche und verfassungsrechtliche Differenziertheit, die Albert immer wieder zum Gegenstand seiner Überlegungen macht, auch als Voraussetzung der sozialen Gemeinschaft über den Kontext von Alberts Lebenszeit hinaus anzuerkennen.

Die Bedeutung Alberts wird ebenso wenig durch den unmittelbaren Blick der Gegenwart „vom hohen Roß direkter Sachhabe aus“[402] jenseits einer historischen Perspektive zu beurteilen sein, wie sie auch nicht dem Glasperlenspiel historistischer Fragmentierung entnommen werden kann. Am Ende ist Alberts Werk nicht unabhängig davon zu erfassen, wie es gelingt, seine unter den konkreten Konstellationen des 13. Jhs. verfolgten Weichenstellungen als solche zu erkennen, die auch den Horizont zeitgenössischer Fragen und aktueller Diskussionen abstecken. Bei der Frage nach der Bedeutung Alberts kann es weder um eine unzeitgemäße Aktualisierung noch um eine ahistorische Vereinnahmung gehen, sondern um eine Rekonstruktion des von Albert mitbestimmten Weges, auf dem wir uns selbst bewegen und der – auch wenn nicht alle Biegungen und Wendungen dieselben sind – doch eine gemeinsame Richtung hat.

[402] Flasch, Theorie der Philosophiehistorie, 13.

Zeittafel

1200 ca.	Geburt in Lauingen
1222 Dez./1223 Jan.	Aufenthalt in Norditalien (Erdbebenbericht)
1229	Padua: Eintritt in den Orden der Dominikaner
1229–1233/4	**Köln: Noviziat und theologische Ausbildung**
1234–1241/2	**Lehrtätigkeit** an versch. Konventen der Teutonia in Hildesheim, Freiburg i.B., Regensburg, Straßburg und Köln(?)
1241/2–1248	**Paris: Studium und Lehre**
1245 Jun.	Ernennung zum Magister, Lehrstuhl an der Theologischen Fakultät
1248 15. Mai	Unterzeichnung der Verurteilung des Talmud
1248 Jul. - 1254	**Köln: Lesemeister I** Gründungsrektor des Studium generale
1252 17. Apr.	Kleiner Schied
1254 Sep. - 1257 12. Mai	**Provinzial** der Teutonia mit ausgedehnter Reisetätigkeit
1256 28. Jun.	Paris: Generalkapitel (Entsendung an die Kurie)
1256 Okt. - 1257 Jun.	**Kurienaufenthalt I** Intervention im Mendikantenstreit an der Kurie Alexanders IV. in Anagni (bis Nov.) und Rom (Lehrtätigkeit ?)
1257 6. Jun.	Florenz, Generalkapitel: Entlassung als Provinzial
1257 28. Aug. - 4. Sep.	Augsburg: Predigten
1257 29. Sep.	Provinzkapitel in Augsburg
1257 Okt. - 1260 Mär.	**Köln: Lesemeister II**
1258 20. Mär.	zum Schiedsrichter bestellt

1258 28. Jun.	Großer Schied: Schiedsspruch im Streit zwischen dem Kölner Erzbischof Konrad von Hochstaden und der Stadt Köln
1259 1. Jun.	Generalkapitel in Valenciennes (Studienreform des Ordens)
1260 5. Jan. – 1262 Mai	**Bischof von Regensburg** Ernennung durch Alexander IV.; Resignation angenommen vor dem 11. Mai 1262
1261 Mit./End. – 1263 Apr.	**Kurienaufenthalt II** Anwesenheit an der Kurie Urbans IV. in Viterbo und Orvieto (ab Okt. 1262) (Lehrtätigkeit?)
1263 13. Feb. – 1264 Okt.	**Kreuzzugsprediger** Ernennung durch Urban IV., Amtsniederlegung nach dem Tod Urbans
1263 25. Aug.	Köln: als Zeuge des Vertrages zwischen Erzbischof Engelbert von Falkenburg und der Stadt Köln
1264–1267	**Würzburg**
1264 4. Dez.	Anwesenheit urkundlich bezeugt
1268–1270	**Straßburg**
1270–1280	**Köln: Lesemeister III**
1270 12. Okt.	Beurkundung der Öffnung des Schreins mit den Reliquien des Heiligen Evergislus
1271 8. Apr.	als Lesemeister von Köln bezeugt
1271 16. Apr.	Friedensvertrag zwischen dem Erzbischof Engelbert von Falkenburg und der Stadt Köln unter Alberts Beteiligung
1278 Jan.	Abfassung des Testamentes
1280 15. Nov.	Tod
1280 18. Nov.	Beisetzung in der Kirche des Kölner Konvents

Verzeichnis der lateinischen Abkürzungen

a.	articulus
c.	capitulum
d.	distinctio
f.	folio
lec.	lectio
mem.	membrum
n.	numerus
p.	pars
prol.	prologus
prooem.	prooemium
q.	quaestio
r	recto
t.	tractatus
un.	unicus
v	verso

Bibliographie[403]

1 Quellen

1.1 Albert der Große

1.1.1 Gesamteditionen

Alberti Magni Opera Omnia, Editio Coloniensis, Albertus-Magnus-Institut (Hg.) (bisher erschienen 30 Bde.), Münster 1950ff.
[Ed. Colon.]

Alberti Magni Opera Omnia, Editio Parisiensis, Aug. u. Aem. Borgnet (Hg.) (38 Bde.), Paris 1890–1899
[Ed. Paris.]

Alberti Magni Opera, Editio Lugdunensis, Petrus Jammy (Hg.) (21 Bde.), Lyon 1651

1.1.2 Zitierte Werke

Analytica Posteriora, Alberti Magni Opera Omnia (Ed. Paris.) Bd. 2, Paris 1890, 1–232
[Anal. Post.]

De anima, Alberti Magni Opera Omnia (Ed. Colon.) Bd. 7, Stroick, C. (Ed.), Münster 1968
[De anima]

De animalibus Libri XXVI nach der Cölner Umschrift, Stadler, H. (Ed.), in: Beiträge zur Geschichte der Philosophie des Mittelalters Bd. 15–16, Münster 1916 u. 1920
[De animalibus]

De bono, Alberti Magni Opera Omnia (Ed. Colon.) Bd. 28, Kühne, H. u. a. (Ed.), Münster 1951
[De bono]

403 In Klammern […] sind jeweils die Kurztitel aufgeführt, die zur Zitation in den Fußnoten verwendet werden.

De caelo et mundo, Alberti Magni Opera Omnia (Ed. Colon.) Bd. 5/1, Hossfeld, P. (Ed.), Münster 1971
[De caelo et mundo]

De causis et processu universitatis a prima causa, Alberti Magni Opera Omnia (Ed. Colon.) Bd. 17/2, Fauser, W. (Ed.), Münster 1993
[De causis]

De causis proprietatum elementorum, Alberti Magni Opera Omnia (Ed. Colon.) Bd. 5/2, Hossfeld, P. (Ed.), Münster 1980, 47–106
[De causis proprietatum]

Super Dionysium De caelesti hierarchia, Alberti Magni Opera Omnia (Ed. Colon.) Bd. 36/1, Simon, P.; Kübel, W. (Ed.), Münster 1993
[Super Dion. De cael. hier.]

Super Dionysium De ecclesiastica hierarchia, Alberti Magni Opera Omnia (Ed. Colon.) Bd. 36/2, Burger, M. (Ed.), Münster 1999
[Super Dion. De eccl. hier.]

Super Dionysium De divinis nominibus, Alberti Magni Opera Omnia (Ed. Colon.) Bd. 37/1, Simon, P. (Ed.), Münster 1972
[Super Dion. De div. nom.]

Super Dionysii Mysticam theologiam, Alberti Magni Opera Omnia (Ed. Colon.) Bd. 37/2, Simon, P. (Ed.), Münster 1978, 451–475
[Super Dion. Myst. theol.]

Super Dionysii Epistulas, Alberti Magni Opera Omnia (Ed. Colon.) Bd. 37/2, Simon, P. (Ed.), Münster 1978, 477–554
[Super Dion. Epist.]

In X Ethicorum, Alberti Magni Opera Omnia (Ed. Paris.) Bd. 7, Paris 1891
[Ethica]

Super Ethica. Commentum et quaestiones, Alberti Magni Opera Omnia (Ed. Colon) Bd. 14/1–2, Kübel, W. (Ed.), Münster 1968/1972 u. 1987
[Super Ethica]

Super Euclidem, Alberti Magni Opera Omnia (Ed. Colon.) Bd. 39, Tummers, P. (Ed.), Münster 2014
[Super Euclidem]

De fato, Alberti Magni Opera Omnia (Ed. Colon.) Bd. 17/1 Simon, P. (Ed.), Münster 1975, 65–78
[De fato]

De generatione et corruptione, Alberti Magni Opera Omnia (Ed. Colon.) Bd. 5/2, Hossfeld, P. (Ed.), Münster 1980, 107–219
[De gen. et corr.]

De intellectu et intelligibili, Alberti Magni Opera Omnia (Ed. Paris.) Bd. 9, Paris 1890, 477–525
[De intell. et int.]

Super Matthaeum, Alberti Magni Opera Omnia (Ed. Colon.) Bd. 21/1–2, Schmidt, B. (Ed.), Münster 1987
[Super Matth.]

Metaphysica, Alberti Magni Opera Omnia (Ed. Colon.) Bd. 16/1–2, Geyer, B. (Ed.), Münster 1960 u. 1964
[Metaph.]

Meteora, Alberti Magni Opera Omnia (Ed. Colon.) Bd. 6/1, Hossfeld, P. (Ed.), Münster 2003
[Meteora]

Mineralia, Alberti Magni Opera Omnia (Ed. Paris.) Bd. 5, Paris 1890, 1–116
[Mineralia]

De motibus animalium, Alberti Magni Opera Omnia (Ed. Paris.) Bd. 9, Paris 1890, 257–303
[De mot. animal.]

Liber de natura et origine animae, Alberti Magni Opera Omnia (Ed. Colon.) Bd. 12, Geyer, B. (Ed.), Münster 1955, 1–46
[De natura et origine animae]

Physica, Alberti Magni Opera Omnia (Ed. Colon.) Bd. 4/1–2, Hossfeld, P.(Ed.), Münster 1987 u. 1993
[Physica]

Politica, Alberti Magni Opera Omnia (Ed. Paris) Bd. 8, Paris 1891
[Politica]

Liber de principiis motus processivi, Alberti Magni Opera Omnia (Ed. Colon.) Bd. 12, Geyer, B. (Ed.), Münster 1955, 47–76
[De princ. motus proc.]

Quaestiones super de animalibus, Alberti Magni Opera Omnia (Ed. Colon.) Bd. 12, Filthaut, E. (Ed.), Münster 1955, 77–321
[Quaest. de animal.]

Super I–IV Sententiarum, Alberti Magni Opera Omnia (Ed. Paris) Bd. 25–30, Paris 1893–1894
[Sent.]

De spiritu et respiratione, Alberti Magni Opera Omnia (Ed. Paris.) Bd. 9, Paris 1890, 213–255
[De spir. et resp.]
De unitate intellectus, Alberti Magni Opera Omnia (Ed. Colon.) Bd. 17/1, Hufnagel, A. (Ed.), Münster 1975, 1–30
[De unit. intell.]
Summa de quattuor coaequaevis, Alberti Magni Opera Omnia (Ed. Paris.) Bd. 34, Paris 1895, 307–789
[De IV coaequ.]
Summa theologiae I sive Summa de mirabilis scientia dei. Libri I Pars I, Alberti Magni Opera Omnia (Ed. Colon.) Bd. 34/1, Siedler, D.; Kübel, W.; Vogel, H. G. (Ed.), Münster 1978
[Summa I]
Summa Theologiae, Alberti Magni Opera Omnia (Ed. Paris.) Bd. 31–33, Paris 1895
[Summa Theologiae]

1.1.3 Übersetzungen

Albertus Magnus, Ausgewählte Texte. Lateinisch-Deutsch (Übersetzt von Fries, A.), Darmstadt 2001
Albertus Magnus, Book of Minerals (Übersetzt und eingeleitet von Wyckoff, D.), Oxford 1967
[Albertus Magnus, Book of Minerals (Übersetzt von Wyckoff, D.)]
Albertus Magnus, Buch über die Ursachen und den Hervorgang von allem aus der ersten Ursache (Liber primus) – Liber de causis et processu universitatis a prima causa (Übersetzt und herausgegeben von Anzulewicz, H. u.a.), Hamburg 2006
Albertus Magnus, De vegetabilibus Buch VI, Traktat 2. Lateinisch-Deutsch (Übersetzung und Kommentar von Biewer, K.) (Quellen und Studien zur Geschichte der Pharmazie 62), Stuttgart 1992
Albertus Magnus, Liber de natura et origine animae – Über die Natur und den Ursprung der Seele (Übersetzt und eingeleitet von Anzulewicz, H.) (Herders Bibliothek der Philosophie des Mittelalters 10), Freiburg u.a. 2006
Albert der Große, Liber de principiis motus processivi – Über die Prinzipien der fortschreitenden Bewegung. Lateinisch-Deutsch

(Übersetzt von Wetzelsberger, J.) (Herders Bibliothek der Philosophie des Mittelalters 35), Freiburg u.a. 2014

Albert le Grand, Métphysique. Livre XI, Traités II et III. Texte latin en vis-à-vis (Traduction, introduction et notes par Moulin, I.), Paris 2009

Albertus Magnus, On Animals. A Medieval Summa Zoologica (Translated and annotated by Kitchell, K. F. and Resnick, I. M.) (2 Bde.), Baltimore u.a. 1999

Albertus Magnus, Quaestiones super De animalibus. Liber XV, Quaestiones 1–9; 11 – Über die Lebewesen. Buch XV, Probleme 1–9; 11 (Übersetzt von Mojsisch, B.), in: *Bochumer philosophisches Jahrbuch für Antike und Mittelalter* 3 (1998), S. 145–185

Albertus Magnus, Super Dionysii Mysticam Theologiam. Über die mystische Theologie des Dionysius Areopagita (Eingeleitet und übersetzt von Burger, M.) (Fontes Christiani 59), Freiburg 2014

Albertus Magnus, Über den Menschen/De homine. Eine Textauswahl. Lateinisch-deutsch (Übersetzt und herausgegeben von Anzulewicz, H. u.a.), Hamburg 2004
[Albertus Magnus, Über den Menschen]

Albertus Magnus, Über Logik und Universalienlehre. Lateinisch-deutsch (Übersetzt und herausgegeben von Petersen, U. u.a.), Hamburg 2012

Albertus-Magnus-Institut (Hg.), Albertus Magnus und sein System der Wissenschaften, Münster 2011
[AMI, System der Wissenschaften]

1.2 Weitere Autoren

Alexander von Hales, Summa Halensis (Ed. Quaracchi I.), Quaracchi 1924
[Summa Halensis]

Augustinus, De doctrina christiana, (Ed. Martin) (Corpus Christianorum, Continuatio Mediaevalis 32), Turnhout, 1962
[Augustinus, De doctrina christiana]

Aristoteles, Metaphysik, Aristoteles Graece, Bd. 2, Immanuel Bekker (Ed.), Berlin 1831
[Aristoteles, Metaph.]

Aristoteles, Nikomachische Ethik, Aristoteles Graece, Bd. 2, Immanuel Bekker (Ed.), Berlin 1831

[Aristoteles, Nik. Ethik]
Bernhard von Clairvaux, Sermones super cantica canticorum (Ed. Winkler 5), Innsbruck 1994
[Bernhard von Clairvaux, Sermones]
Dante Alighieri, Divina Commedia (Ed. Scartazzini), Mailand 1899
[Dante, Divina Commedia]
Gerhard von Frechen, Vitae fratrum Ordinis Praedicatorum, Reichert, B. M. (Ed.) (Monumenta Ordinis Fratrum Praedicatorum Historica volumen unicum), Louvain 1906
[Gerhard von Frechen, Vitae fratrum]
Guillaume de Tocco, Ystoria sancti Thome de Aquino (1323), c. 13, le Brun-Gouanvic, C. (Hg.), (Studies and texts 127), Toronto 1996
[de Tocco, Ystoria de Thome de Aquino]
Hagen, Gottfried, Reimchronik der Stadt Köln (Übersetzt v. Vleugels, F. W.) (Rheinlandbücher 3), Köln 1921
[Gottfried Hagen, Reimchronik (Übers.)]
Hagen, Gottfried, Reimchronik der Stadt Köln, Gärtner, K. u.a. (Hg.), Düsseldorf 2008
[Gottfried Hagen, Reimchronik]
Heinrich von Herford (1355), Liber de Rebus Memorabilibus, Potthast, A. (Ed.), Göttingen 1859
[Heinrich von Herford, Liber de Rebus]
Heinrich von Segusia, Lectura siue Apparatus domini Hostiensis super quinq[ue] libris Decretalium, Bd. 2, Straßburg 1512
[Heinrich von Segusia, Lectura super libris Decretalium]
Hugo von Saint Cher, Evangelii secundum Mattheum, Postilla Bd. 6, Basel 1501/2
[Hugo von Saint Cher, Postilla]
Isidor von Sevilla, Etymologiarum sive Originum Libri XX Lindsay, W.M. (Ed.), 2 Bde., Oxford 1911
[Isidor von Sevilla, Etymologiae]
Johannes von Salisbury, Metalogicon IV (Ed. Hall) (Corpus Christianorum, Continuatio Mediaevalis 98), Turnhout, 1991
[Johannes von Salisbury, Metalogicon]
Jordan von Sachsen. Von den Anfängen des Predigerordens, Hoyer W. (Hg.), Leipzig 2003
[Jordan von Sachsen, Anfänge des Predigerordens]
Meyer, J., Aus der Materialsammlung, abgedruckt in: Scheeben, Chro-

nologie des Lebens, 156–158
[Meyer, Materialsammlung]

Petrus de Prussia, Vita B. Alberti, Doctoris Magni, Antwerpen 1621
[Petrus de Prussia, Vita Alberti]

Siger de Brabant, Impossibilia, in: Siger de Brabant, Écrits de Logique, de Morale et de Physique, (Philosophes Médiévaux 14), Louvain 1974 (Ed. Bazan)
[Siger de Brabant, Impossibilia]

Tholomeus von Lucca, Historia Ecclesiastica Nova (Ed. Clavuot), Hannover 2009
[Tholomeus von Lucca, Historia]

Vincent von Beauvais, Speculum maius I, (Nachdruck Graz 1965)
[Vincent von Beauvais, Speculum maius]

Vincentius Justinianus, Compendiosa vitae descriptio B. Alberti, Bibliae Mariae Opus a B. Alberto Magno Conscriptum. Nunc primum in lucem edita opera et studio. Köln 1625
[Vincentius Justinianus, Compendiosa vitae descriptio]

1.3 Dokumente

Acta capitulorum generalium Ordinis Praedicatorum I: Ab anno 1220 usque ad annum 1303, Reichert, B. M. (Hg.), Rom 1898 (Monumenta Ordinis Fratrum Praedicatorum Historica 3)
[Acta capitulorum]

Chartularium Universitatis Parisiensis, I, (Ed. Denifle, H. ; Chatelain, Ae.), Paris 1899
[Chartularium Universitatis Parisiensis]

Constitutiones antique Ordinis Fratrum Predicatorum, in: Thomas, A. H., De oudste constituties van de Domenicanen – Voorgeschiedenis tekst, bronnen, ontstaan en ontwikkeling (1215–1237), (Bibliothèque de la Revue d'Histoire ecclésiastique 42), Leuven 1965
[Constitutiones antique]

Quellen zur Geschichte der Stadt Köln, Bd. 2–3, Ennen, L. (Hg.), Köln 1863 u.1867
[Ennen, Quellen]

Ungedruckte Dominikanerbriefe des 13. Jahrhunderts, Fink, H. (Hg.), Paderborn 1891
[Fink, Ungedruckte Dominikanerbriefe]

Urkundenbuch für die Geschichte des Niederrheins oder des Erzstifts Cöln, Bd. 2, Lacomblet, Th. (Hg.), Düsseldorf 1846 [Lacomblet, Urkundenbuch]

1.4 Zitierte Handschriften

Berlin, Staatsbibliothek, lat. fol. 879
Erlangen, Univers. Bibl., cod. 263
Neapel, BN VIII c 37
Paris, Bibl. Nat. Nouv. Acq. Lat. 338
Pommersfelden, Gräflich Schönbornsche B 103
Vatikan, Vat. lat. 718
Vatikan, Vat. lat. 723
Vatikan, Chigi E IV 109
Wolfenbüttel, Herzog August Bibl., cod. 11b

2 Forschungsliteratur

2.1 Bibliographische Werke und Forschungsberichte

Anzulewicz, H., Neuere Forschung zu Albertus Magnus. Bestandsaufnahme und Problemstellungen, in: *Recherches de Théologie et Philosophie médiévales* 66 (1999), 163–206

Anzulewicz, H., Zur Hermeneutik der neueren Albertus Magnus-Forschung, in: *Acta Mediaevalia* 25 (2014), 23–45 [Anzulewicz, Zur Hermeneutik]

Honnefelder, H., Albertus Magnus und die kulturelle Wende im 13. Jahrhundert – Perspektiven auf die epochale Bedeutung des großen Philosophen und Theologen (Lectio Albertina 13), Münster 2012

Miteva, E., Some Recent Contributions in the Study of Albert the Great's Ethics, Quaestio 10 (2010), 348–358

Resnick, I. M. u.a., Albert the Great: A Selectively Annotated Bibliography (1900–2000) (Medieval and Renaissance Texts and Studies 269), Tempe (Arizona) 2004

2.2 Sammelbände und Reihen

Albertus-Magnus-Institut (Hg.), Lectio Albertina (bisher erschienen: 15 Bde.), 1999ff.

Entrich, M. (Hg.), Albertus Magnus. Sein Leben und seine Bedeutung, Graz 1982
[Entrich, Albertus Magnus]

Honnefelder, L. (Hg.), Albertus Magnus und der Ursprung der Universitätsidee. Die Begegnung der Wissenschaftskulturen im 13. Jahrhundert und die Entdeckung des Konzepts der Bildung durch Wissenschaft, Berlin 2011
[Honnefelder, Albert und die Universitätsidee]

Honnefelder, L. u.a. (Hg.), Albertus Magnus und die Anfänge der Aristoteles-Rezeption im lateinischen Mittelalter. Von Richard Rufus bis zu Franciscus de Mayronis (Subsidia Albertina 1), Münster 2005
[Honnefelder, Albertus Magnus und die Aristoteles-Rezeption]

Honnefelder, L. u.a (Hg.), Via Alberti. Texte-Quellen-Interpretationen (Subsidia Albertina 2), Münster 2009
[Honnefelder, Via Alberti]

Meyer, G. u.a. (Hg.), Albertus Magnus. Doctor Universalis 1280/1980 (Walberger Studien. Philosophische Reihe 6), Mainz 1980
[Meyer, Doctor Universalis]

Resnick, I. M., A Companion to Albert the Great. Theology, Philosophy, and the Sciences (Brill's Companions to the Christian Tradition 38), Leiden u.a. 2013

Ruffini, E. (Hg.), Alberto Magno. Atti della Settimana Albertina Celebrata in Roma 9–14 Nov. 1931, Rom 1932
[Ruffini, Alberto Magno]

Senner, W. u.a. (Hg.), Albertus Magnus. Zum Gedenken nach 800 Jahren: Neue Zugänge, Aspekte und Perspektiven (Quellen und Forschungen zur Geschichte des Dominikanerordens, Neue Folge 10), Berlin 2001
[Senner, Zum Gedenken]

Weisheipl, J. A. (Hg.), Albertus Magnus and the Sciences. Commemorative Essays, Toronto 1980
[Weisheipl, Albertus Magnus and the Sciences]

2.3 Zitierte Einzelbeiträge

Aertsen, J. A., Medieval Philosophy as Transcendental Thought. From Philip the Chancellor (ca. 1225) to Francisco Suárez (Studien und Texte zur Geistesgeschichte des Mittelalters 107), Leiden 2012 [Aertsen, Medieval Philosophy]

Anzulewicz, H., Das Testament des Albertus Magnus nach der Abschrift des Narcissus Pfister (Clm 4384), in: Schmidt, S. (Hg.), Rheinisch – Kölnisch – Katholisch. Beiträge zur Kirchen- und Landesgeschichte sowie zur Geschichte des Buch- und Bibliothekswesens der Rheinlande (Libelli Rhenani 25), Köln 2008, 163–180 [Anzulewicz, Testatment]

Anzulewicz, H., De forma resultante in speculo. Die theologische Relevanz des Bildbegriffs und des Spiegelmodells in den Frühwerken des Albertus Magnus. Eine textkritische und begriffsgeschichtliche Untersuchung (Beiträge zur Geschichte der Philosophie und Theologie des Mittelalters. Neue Folge 53/1–2), Münster 1999 [Anzulewicz, De forma resultante]

Anzulewicz, H., Die Emanationslehre des Albertus Magnus: Genese, Gestalt und Bedeutung, in: Honnefelder, Via Alberti, 219–241 [Anzulewicz, Emanationslehre]

Anzulewicz, H., Einleitung, in: Albertus der Große, Liber de natura et origine animae – Über die Natur und den Ursprung der Seele (Übersetzt und eingeleitet von Anzulewicz, H.) (Herders Bibliothek der Philosophie des Mittelalters 10), Freiburg 2006, 9–34 [Anzulewicz, Über die Natur und den Ursprung der Seele]

Anzulewicz, H., Einleitung, in: Albert der Große. Über die Prinzipien der fortschreitenden Bewegung, (Herders Bibliothek der Philosophie des Mittelalters 35), Freiburg 2014, 11–46 [Anzulewicz, Prinzip der fortschreitenden Bewegung]

Anzulewicz, H., Entwicklung und Stellung der Intellekttheorie im System des Albertus Magnus, in: *Archives d'histoire doctrinale et littéraire du Moyen Âge* 70 (2003), 165–218 [Anzulewicz, Intellekttheorie des Albertus Magnus]

Anzulewicz, H., Magie im Verständnis Alberts des Großen, in: Atucha, I. u.a. (Hg.), *Mots médiévaux offerts à Ruedi Imbach* (Textes et Études du Moyen Âge 57), Porto 2011, 419–431 [Anzulewicz, Magie]

Anzulewicz, H., Pseudo-Dionysius Areopagita und das Strukturprinzip des Denkens von Albert dem Grossen, in: Die Dionysius-Rezeption im Mittelalter (Rencontres de Philosophie Médiévale 9), Boiadjiev, T. u.a. (Hg.), Turnhout 2000, 251–295
[Anzulewicz, Pseudo-Dionysius Areopagita und das Strukturprinzip des Denkens von Albert dem Grossen]

Arendt, W. Die Staats- und Gesellschaftslehre Alberts des Großen (Deutsche Beiträge zur Wirtschafts- und Gesellschaftslehre 8), Jena 1929
[Arendt, Staats- und Gesellschaftslehre]

Aris, M.-A., Albertus Magnus, in: Ax, W. (Hg.), Lateinische Lehrer Europas, Köln 2005, 313–329
[Aris, Albertus Magnus]

Asúa, M. de, Minerals, Plants and Animals from A to Z. The Inventory of the Natural World in Albert the Great's philosophia naturalis, in: Senner, Zum Gedenken, 389–400
[Asúa, Minerals Plants and Animals]

Balss, H., Albertus Magnus als Biologe. Werk und Ursprung, Stuttgart 1947
[Balss, Albertus Magnus als Biologe]

Bertelloni, F., *Regimen ipsius – regimen alterius*. Individuum und Gesellschaft in den Quellen des Prologus zu „Super Ethica" des Albertus Magnus, in: Aertsen, J. A. u.a. (Hg.): Individuum und Individualität im Mittelalter (Miscellanea Medievalia 24), Berlin u.a. 1996, 479–492
[Bertelloni, Regimen ipsius – regimen alterius]

Blankenhorn, B., How the Early Albertus Magnus Transformed Augustinian Interiority, in: *Freiburger Zeitschrift für Philosophie und Theologie* 58,2 (2011), 351–386
[Blankenhorn, Early Albertus Magnus]

Bono, J. J., Medical Spirits and the Medieval Language of Life, in: *Traditio* 40 (1984), 91–130
[Bono, Medical Spirits]

Bullido del Barrio, S., »Non est in aliquo opere modus nobilior« – De muliere forti ein Werk Alberts des Großen?, in: Honnefelder, Via Alberti, 385–427
[Bullido del Barrio, De muliere forti]

Burckhardt, J., Conrad von Hochstaden (Werke 8), München 2004
[Burckhardt, Conrad von Hochstaden]

Burger, M., Albertus Magnus: Kritische Anfragen an das Werk des Pseudo-Dionysius Areopagita, in: Die Dionysius-Rezeption im Mittelalter (Rencontres de Philosophie Médiévale 9), Boiadjiev, T. u.a. (Hg.), Turnhout, 2000, 297–316
[Burger, Kritische Anfragen]

Burger, M., Albertus Magnus. Theologie als Wissenschaft unter der Herausforderung aristotelisch-arabischer Wissenschaftstheorie, in: Honnefelder, Albert und die Universitätsidee, 97–114
[Burger, Theologie als Wissenschaft]

Burger, M., Codex 30 der Dombibliothek Köln. Ein Arbeitsexemplar für Thomas von Aquin als Assistent Alberts des Großen, in: Finger, H. (Hg.), *Mittelalterliche Handschriften der Kölner Dombibliothek.* (Libelli Rhenani 12), Köln 2005, 190–208
[Burger, Codex 30]

Burger, M., Die Bedeutung der Aristotelesrezeption für das Verständnis der Theologie als Wissenschaft bei Albertus Magnus, in: Honnefelder, L. (Hg.), Albertus Magnus und die Aristoteles-Rezeption, 281–305
[Burger, Aristotelesrezeption]

Burger, M., Einleitung, in: Albertus Magnus, Super Dionysii Mysticam Theologiam. Über die mystische Theologie des Dionysius Areopagita (Eingeleitet und übersetzt von M. Burger) (Fontes Christiani 59), Freiburg 2014, 7–63
[Burger, Über die mystische Theologie]

Burger, M., fides et ratio als Erkenntnisprinzipien der Theologie bei Albertus Magnus, in: Honnefelder, Via Alberti, 37–58
[Burger, fides et ratio]

Burger, M., Lex divinitatis – Albertus Magnus kommentiert Dionysius Areopagita, in: Speer, A.(Hg.): Das Gesetz – The Law – La Loi (Miscellanea Medievalia 38), Berlin u.a. 2014, 316–333
[Burger, Lex divinitatis]

Chenu, M.-D., La théologie comme science au XIIIe siècle (Bibliothèque Thomiste 33), Paris, 1957
[Chenu, Théologie comme science]

Collins, D. J., Albertus, Magnus or Magus? Magic, Natural Philosophy, and Religious Reform in the Late Middle Ages, in: *Renaissance Quarterly* (63) 2010, 1–44
[Collins, Albertus Magnus or Magus]

Corbini, A., La teoria della Scienza nel XIII Secolo. I commenti agli analitici secondi (Corpus Philosophorum Medii Aevi Testi e Studi 20), Firenze 2006
[Corbini, Teoria della Scienza]

Cramer, V., Albert der Große als Kreuzzugs-Legat für Deutschland 1263/1264 und die Kreuzzugs-Bestrebungen Urbans IV (Palästina-Hefte des Deutschen Vereins vom Heiligen Lande 7–8), Köln 1933
[Cramer, Albert der Große als Kreuzzugs-Legat]

Craemer-Ruegenberg, I., Albertus Magnus (Dominikanische Quellen und Zeugnisse 7), Leipzig 2005[2]
[Craemer-Ruegenberg, Albertus Magnus]

Craemer-Ruegenberg, I., Die Seele als Form in einer Hierarchie von Formen. Beobachtungen zu einem Lehrstück aus der De anima-Paraphrase Alberts des Großen, in: Meyer, Doctor Universalis, 59–88
[Craemer-Ruegenberg, Die Seele]

Davy, M. M., Les sermons universitaires Parisiens de 1230–1231. Contribution à l'histoire de la prédication médiévale (Études de philosophie médiévale 15), Paris 1931
[Davy, Sermons universitaires]

De Leemans, P., Introduction, in: Ders., Aristoteles, De Motu Animalium (Aristoteles Latinus XVII 1.III), Brüssel 2011
[De Leemans, Introduction Aristoteles]

De Libera, A., Der Universalienstreit. Von Platon bis zum Ende des Mittelalters, München 2005
[De Libera, Universalienstreit]

De Libera, A., Métaphysique et noétique. Albert le Grand, Paris 2005
[De Libera, Métaphysique et noétique]

Donati, S., Albert des Großen Konzept der scientiae naturales: Zur Konstitution einer peripatetischen Enzyklopädie der Naturwissenschaften, in: Honnefelder, Albert und die Universitätsidee, 354–381
[Donati, Scientiae naturales]

Dufeil, M.-M., Guillaume de Saint-Amour et la polémique universitaire parisienne 1250–1259, Paris 1972
[Dufeil, Guillaume de Saint-Amour]

Ennen, E., Kölner Wirtschaft im Früh- und Hochmittelalter, in: Kellenbenz, H. u.a. (Hg.), Zwei Jahrtausende Kölner Wirtschaft Bd.

1. Von den Anfängen bis zum Ende des 17. Jahrhunderts, Köln 1975, 87–193
[Ennen, Kölner Wirtschaft]

Ernst, St., Philosophische Ethik im Rahmen der Theologie bei Albertus Magnus, in: Senner, Zum Gedenken, 287–301
[Ernst, Philosophische Ethik]

Fauser, W., Albertus-Magnus-Handschriften. 1. – 4. Fortsetzung, in: *Bulletin de philosophie médiévale* 24–27 (1982–1985), 115–129, 100–120, 127–161, 110–151
[Fauser, Albertus-Magnus-Handschriften]

Fauser, W., Die Werke des Albertus Magnus in ihrer handschriftlichen Überlieferung (Ed. Colon. Subsidia I)
[Fauser, Albertus Magnus in handschriftlicher Überlieferung]

Flasch, K., Meister Eckhart. Die Geburt der „Deutschen Mystik" aus dem Geist der arabischen Philosophie, München 2006
[Flasch, Meister Eckhart]

Flasch, K., Theorie der Philosophiehistorie (Philosophie hat Geschichte Bd. 2), Frankfurt a.M. 2005
[Flasch, Theorie der Philosophiehistorie]

Flüeler, Ch., Alexander von Hales „Summa theologica", in: Volpi, F. (Hg.), Großes Werklexikon der Philosophie Bd. 1, Stuttgart 2004, 34–35
[Flüeler, Alexander von Hales Summa]

Flüeler, Ch., Rezeption und Interpretation der Aristotelischen *Politica* im späten Mittelalter (2 Bde.) (Bochumer Studien zur Philosophie 19), Amsterdam u.a. 1992
[Flüeler, Rezeption und Interpretation]

Freed, J. B., St. Albert's Brother Henry of Lauingen O.P., in: *Archivum Fratrum Praedicatorum* 48 (1978), 63–70
[Freed, St. Albert's Brother]

Fries, A., Zur Entstehungszeit der Bibelkommentare Alberts des Großen, in: Meyer, Doctor Universalis, 119–139
[Fries, Bibelkommentare]

Füllenbach, E. H., Albertus Magnus als Bischof von Regensburg (Analecta Coloniensia 10/11), Köln 2012, 131–150
[Füllenbach, Bischof von Regensburg]

Gaul, L., Alberts des Großen Verhältnis zu Plato. Eine literarische und philosophiegeschichtliche Untersuchung (Beiträge zur Geschichte der Philosophie und Theologie des Mittelalters 12/1), Münster 1913 [Gaul, Alberts des Großen Verhältnis zu Plato]

Gauthier, R. A., Preface, in: Sancti Thomae de Aquino, Expositio libri Posteriorum (Opera omnia I*2) Rom u.a., 1989, 1–88 [Gauthier, Preface]

Geyer, B., Albertus Magnus, in: Heimpel, H. u.a. (Hg.), Die Grossen Deutschen Bd. I, Berlin 1956, 201–216 [Geyer, Albertus Magnus]

Geyer, B., Der alte Katalog der Werke des hl. Albertus Magnus, in: Miscellanea Giovanni Mercati Bd. 2 (Letteratura mediovale), Città del Vaticano 1946, 398–413 (Separatum 1–16) [Geyer, Der alte Katalog der Werke]

Geyer, B., Die ursprüngliche Form der Schrift Alberts des Großen De Animalibus nach dem Kölner Autograph, in: Geisteswelt des Mittelalters. Studien und Texte, Lang, A. u.a. (Hg.), Münster 1935, 578–590 [Geyer, Die ursprüngliche Form]

Grabmann, M., Der Einfluss Alberts des Grossen auf das mittelalterliche Geistesleben, in: Ders., Mittelalterliches Geistesleben. Abhandlungen zur Geschichte der Scholastik und Mystik Bd. 2, München 1936 (Nachdruck Hildesheim 1984), 324–412 [Grabmann, Der Einfluss Alberts]

Grauert, H., Magister Heinrich der Poet in Würzburg und die römische Kurie (Abhandlungen der Königlich Bayerischen Akademie der Wissenschaften 27, 1–2), München 1912 [Grauert, Magister Heinrich der Poet]

Groten, M., Köln im 13. Jahrhundert. Gesellschaftlicher Wandel und Verfassungsentwicklung (Städteforschung. Reihe A, Darstellungen 36), Köln 1995 [Groten, Köln im 13. Jhd.]

Groten, M., Albertus Magnus und der Große Schied (Köln 1258) – Aristotelische Politik im Praxistest (Lectio Albertina 12), Münster 2011 [Groten, Großer Schied]

Hamesse, J., Le dossier Aristote dans l'œuvre de Vincent de Beauvais. À propos de l'éthique, in: Vincent de Beauvais. Intentions et réceptions d'une œuvre encylopédique au Moyen Âge, Paulmier-Foucart, M. u.a. (Hg.) (Cahiers d'études médiévales. Cahier

spécial 4), Saint-Laurent u.a. 1990, 197–217
[Hamesse, Dossier Aristote]

Hamesse, J., *Spiritus* chez les auteurs philosophiques des 12e et 13e siècles, in: Spiritus. IVo Colloquio Internationale Roma, 7–9 gennaio 1983, Fattori, M. u.a. (Hg.) (Lessico Intellectuale Europeo 32), Rom 1984, 157–190
[Hamesse, Spiritus]

Hellmeier, P. D., Anima et intellectus. Albertus Magnus und Thomas von Aquin über Seele und Intellekt des Menschen, (Beiträge zur Geschichte der Philosophie und Theologie des Mittelalters. Neue Folge 75), Münster 2011
[Hellmeier, Anima et intellectus]

Herborn, W., Sozialtopographie des Kölner Kirchspiels St. Kolumba im ausgehenden 13. Jahrhundert, in: Kellenbenz, H. u.a. (Hg.), Zwei Jahrtausende Kölner Wirtschaft Bd. 1. Von den Anfängen bis zum Ende des 17. Jahrhunderts, Köln 1975, 205–215
[Herborn, Sozialtopographie des Kölner Kirchspiels St. Kolumba]

Hödl, L., Opus naturae est opus intelligentiae. Ein neuplatonisches Axiom im aristotelischen Verständnis des Albertus Magnus, in: Niewöhner, F. u.a. (Hg.), Averroismus im Mittelalter und in der Renaissance, Zürich 1994, 132–148
[Hödl, Opus naturae est opus intelligentiae]

Hossfeld, P., Albertus Magnus als Naturphilosoph und Naturwissenschaftler, Bonn 1983
[Hossfeld, Albertus Magnus]

Hossfeld, P., „Allgemeine und umfassende Natur" nach Albertus Magnus, in: *Philosophia naturalis* 18 (1980), 479–492
[Hossfeld, Allgemeine und umfassende Natur]

Honnefelder, L., Metaphysik als „Erste Wissenschaft": Die kritische Rezeption der aristotelischen Metaphysik durch Albert den Großen, in: Honnefelder, Albert und die Universitätsidee, 332–353 u. 520–524
[Honnefelder, Metaphysik]

Honnefelder, L., Weisheit auf dem Weg der Wissenschaft: Albert der Große und die Geburt der wissenschaftlichen Weltsicht, in: Ders., Woher kommen wir? Ursprünge der Moderne im Denken des Mittelalters, Berlin 2008, 51–84 u. 323–334
[Honnefelder, Weisheit]

Hoye, W. J., Mystische Theolgie nach Albert dem Großen, in: Senner, Zum Gedenken, 587–603
[Hoye, Mystische Theolgie]

Hufnagel, A., Zur Echtheitsfrage der Summa theologiae Alberts des Großen, *Theologische Quartalschrift* 146 (1966), 68–39
[Hufnagel, Zur Echtheitsfrage]

Isenmann, E., Die deutsche Stadt im Mittelalter 1150–1550, Köln 2014
[Isenmann, Die deutsche Stadt im MA]

Jorissen, H., Die Entfaltung der Transsubstantiationslehre bis zum Beginn der Hochscholastik (Münsterische Beiträge zur Theologie Band 28/1), Münster 1965
[Jorissen, Transsubstantiationslehre]

Jorissen, H., Der Beitrag Alberts des Großen zur theologischen Rezeption des Aristoteles am Beispiel der Transsubstantiationslehre (Lectio Albertina 5), Münster 2002
[Jorissen, Theologische Rezeption des Aristoteles]

Köhler, Th. W., Der Tiervergleich als philosophisch-anthropologisches Schlüsselparadigma – der Beitrag Alberts des Großen, in: Senner, Zum Gedenken, 437–454
[Köhler, Tiervergleich als Schlüsselparadigma]

Köhler, Th. W., De quolibet modo hominis. Alberts des Großen philosophischer Blick auf den Menschen (Lectio Albertina 10), Münster 2009
[Köhler, De quolibet modo hominis]

Köhler, Th. W., Homo animal nobilissimum. Konturen des spezifisch Menschlichen in der naturphilosophischen Aristoteleskommentierung des dreizehnten Jahrhunderts (2 Bde.) (Studien und Texte zur Geistesgeschichte des Mittelalters 94), Leiden u.a. 2008–2014
[Köhler, Homo animal nobilissimum]

Köhler, Th. W., „Processus narrativus“. Zur Entwicklung des Wissenschaftskonzepts in der Hochscholastik, in: *Salzburger Jahrbuch für Philosophie* 39 (1994), 109–127
[Köhler, Processus narrativus]

Köhler, Th. W. „Scientia perfecta“. Zur Konzeption philosophischer Erschließung empirischer Gegenstandsbereiche im 13. Jahrhundert, in: Aertsen, J. A. u.a. (Hg.), Was ist Philosophie im Mittelalter? (Miscellanea Mediaevalia 26), Berlin u.a. 1998, 749–755
[Köhler, Scientia Perfecta]

Kolping, A., Die handschriftliche Verbreitung der Meßerklärung Alberts des Großen. Ein Beitrag zum Einfluß Alberts auf das mittelalterliche Geistesleben, *Zeitschrift für katholische Theologie* 82 (1960), 1–39
[Kolping, Meßerklärung Alberts des Großen]

Kolping, A., Zum Doppeltraktat über die Eucharistie unter dem Namen des Albertus Magnus, *Theologische Revue* 83 (1987), 13–20
[Kolping, Doppeltraktat]

Köpf, U., Die Anfänge der theologischen Wissenschaftstheorie im 13. Jahrhundert (Beiträge zur historischen Theologie 49), Tübingen 1974
[Köpf, Anfänge theologischer Wissenschaftstheorie]

Layer, A., Namen und Ehrennamen Alberts des Großen, in: Historischer Verein Dillingen an der Donau (Hg.),Albert von Lauingen. 700 Jahre † Albertus Magnus, Lauingen 1980, 41–43

Le Goff, J., Geld im Mittelalter, Stuttgart 2011
[Le Goff, Geld im Mittelalter]

Legner, A., Kölner Heilige und Heiligtümer. Ein Jahrtausend europäischer Reliquienkultur, Köln 2003
[Legner, Kölner Heilige]

Lehmann, K., Zum Begriff der Theologie bei Albertus Magnus (Lectio Albertina 8), Münster 2006
[Lehmann, Zum Begriff der Theologie]

Leibold, G. u.a. (Hg.), Theologie als Wissenschaft im Mittelalter. Texte, Übersetzungen, Kommentare, Münster 2006
[Leibold, Theologie als Wissenschaft]

Lipke, St., Die Bedeutung der Seele für die Einheit des Menschen nach De homine, in: Senner, Zum Gedenken, 205–219
[Lipke, Die Bedeutung der Seele]

Loe, P. von, De vita et scriptis B. Alberti Magni, in: *Analecta Bollandiana* 19–21 (1900–1902), 257–284, 274–316, 361–371
[von Loe, De vita et scriptis]

Lohr, Ch. H., The new Aristotle and »science« in the Paris arts faculty (1255), in: Weijers, O. u.a. (Hg.), L'enseignement des disciplines à la Faculté des arts (Paris et Oxford, XIIIe–XVIe siècles) (Studia artistarum 4), Turnhout 1997, 251–267
[Lohr, New Aristotle]

Lohrum, M., Überlegungen zum Geburtsjahr Albert des Großen, in: Senner, W. (Hg.), Omnia disce. Kunst und Geschichte als Erinne-

rung und Herausforderung, Köln 1996, 162–167
[Lohrum, Überlegungen zum Geburtsjahr]

Meier, U., Mensch und Bürger. Die Stadt im Denken spätmittelalterlicher Theologen, Philosophen und Juristen, München 1994
[Meier, Mensch und Bürger]

Meyer, R., »Hanc autem disputationem solus Deus determinare potwest«. Das Buch Hiob als disputatio bei Albertus Magnus und Thomas von Aquin, in: Honnefelder, Via Alberti, 325–383
[Meyer, Das Buch Hiob]

Möhle, H., Albertus Magnus und die Vielheit der Wissenschaften, in: Honnefelder, Albert und die Universitätsidee, 301–331 u. 511–520
[Möhle, Vielheit der Wissenschaften]

Möhle, H., Der Wille in der Intellekttheorie Alberts des Großen, in: Honnefelder, Via Alberti, 111–134
[Möhle, Der Wille in der Intellekttheorie]

Möhle, H., Metaphysik als Theologik? Rezeption und Transformation der „Metaphysik" bei Albertus Magnus, in: Krieger, G. (Hg.), Die „Metaphysik" des Aristoteles im Mittelalter – Rezeption und Transformation, erscheint demnächst
[Möhle, Metaphysik als Theologik]

Möhle, H., Zum Verhältnis von Theologie und Philosophie bei Albert dem Großen. Wissenschaftstheoretische Reflexionen während der Gründung des Studium generale in Köln, in: Schmidt, S. (Hg.), Rheinisch – Kölnisch – Katholisch. Beiträge zur Kirchen- und Landesgeschichte sowie zur Geschichte des Buch- und Bibliothekswesens der Rheinlande (Libelli Rhenani 25), Köln 2008, 147–162
[Möhle, Zum Verhältnis von Theologie und Philosophie]

Müller, J., Natürliche Moral und philosophische Ethik bei Albertus Magnus (Beiträge zur Geschichte der Philosophie und Theologie des Mittelalters. Neue Folge 59), Münster 2001
[Müller, Natürliche Moral]

Müller, J. *Felicitas civilis* und *felicitas contemplativa*: Zur Verhältnisbestimmung der beiden aristotelischen Glücksformen in den Ethikkommentaren des Albertus Magnus, in: Honnefelder, Via Alberti, 295–322
[Müller, Felicitas civilis]

Murano, G., Opere diffuse per exemplar e pecia (Textes et Études du Moyen Âge 29), Turnhout 2005
[Murano, Opere diffuse]

Noone, T., Albert the Great on the Subject of Metaphysics and Demonstrating the Existence of God, in: *Medieval Philosophy and Theology* 2 (1992), 31–52
[Noone, Albert the Great]

Olszewski, M., St. Albert the Great's Theory of interpretation of the Bible, in: Senner, Zum Gedenken, 367–378
[Olszewski, St. Albert]

Pelster, F., Kritische Studien zum Leben und zu den Schriften Alberts des Großen (Ergänzungshefte zu den Stimmen der Zeit, 4. Heft, 2. Reihe: Forschungen), Freiburg i.B. 1920
[Pelster, Kritische Studien]

Perler, D., The Soul and its Parts, in: Arlig, A. (Hg.), *Medieval Mereology*, Turnhout, erscheint demnächst
[Perler, The Soul]

Pies, E., Löhne und Preise von 1300 bis 2000. Abhängigkeit und Entwicklung über 7 Jahrhunderte (Quellen zur Familienforschung 3), Wuppertal 2003
[Pies, Löhne und Preise]

Rieder, K., Das Leben Bertholds von Regensburg, Freiburg 1901
[Rieder, Berthold von Regensburg]

Rigo, C., Zur Redaktionsfrage der Frühschriften des Albertus Magnus, in: Honnefelder, Albertus Magnus und die Aristoteles-Rezeption, 325–374
[Rigo, Zur Redaktionsfrage]

Runggaldier, E., Die menschliche Seele bei Albertus Magnus. Ein nicht-reduktionistischer Beitrag zum Leib-Seele-Problem (Lectio Albertina 11), Münster 2010
[Runggaldier, Die menschliche Seele]

Scheeben, H. Ch., Albert der Große. Zur Chronologie seines Lebens (Quellen und Forschungen zur Geschichte des Dominikanerordens in Deutschland 27), Vechta 1931
[Scheeben, Chronologie des Lebens]

Scheeben, H. Ch., Albertus Magnus (Religiöse Schriftenreihe 8), Bonn 1932
[Scheeben, Albertus Magnus]

Scheeben, H. Ch., De Alberti Magni discipulis, in: Ruffini, E.(Hg.), Alberto Magno, 179–212
[Scheeben, De Alberti Magni discipulis]

Schieffer, R., Albertus Magnus. Mendikantentum und Theologie im Widerstreit mit dem Bischofsamt (Lectio Albertina 3), Münster 1999
[Schieffer, Albertus Magnus]

Schieffer, R., Die frühesten Bischöfe aus dem Dominikanerorden, in: Felten, F. J. u.a. (Hg.), Vita Religiosa im Mittelalter (Berliner historische Studien 31), Berlin 1999, 405–419
[Schieffer, Bischöfe aus dem Dominikanerorden]

Schmidt, H.-J., Politische Theorie und politische Praxis. Albertus Magnus und die städtische Gemeinde, in: Senner, Zum Gedenken, 343–357
[Schmidt, Politische Theorie]

Schmidtbonn, W., Albertus Magnus. Pilger des Herzens, Frankfurt a. M. 2008
[Schmidtbonn, Albertus Magnus]

Schneyer, J. B., Alberts des Großen Augsburger Predigtzyklus über den hl. Augustinus, in: *Recherches de Théologie ancienne et médiévale* 36 (1969), 100–147
[Schneyer, Predigtzyklus]

Senner, W., Alberts des Großen Verständnis von Theologie und Philosophie (Lectio Albertina 9), Münster 2009
[Senner, Theologie und Philosophie]

Senner, W., Albertus Magnus als Gründungsregens des Kölner Studium generale der Dominikaner, in: Aertsen, J. A. u.a. (Hg.), Geistesleben im 13. Jahrhundert (Miscellanea Mediaevalia 27), Berlin u.a. 2000, 149–169
[Senner, Albertus als Gründungsregens]

Senner, W., Blühende Gelehrsamkeit, Köln 1998
[Senner, Blühende Gelehrsamkeit]

Söder, J., Νοῦς θύραθεν. Über Natur und Vernunft im Ausgang von Aristoteles, in: Honnefelder, Albertus Magnus und die Aristoteles-Rezeption, 375–398
[Söder, Über Natur und Vernunft]

Speer, A., Lichtkausalität. Zum Verhältnis von Dionysischer Lichttheologie und Metaphysik bei Albertus Magnus und Thomas von

Aquin, in: Die Dionysius-Rezeption im Mittelalter (Rencontres de Philosophie Médiévale 9), Boiadjiev, T. u.a. (Hg.), Turnhout, 2000, 343–372
[Speer, Lichtkausalität]

Steel, C., Der Adler und die Nachteule. Thomas und Albert über die Möglichkeit der Metaphysik (Lectio Albertina 4), Münster 2001
[Steel, Der Adler und die Nachteule]

Stehkämper, H., Pro bono pacis. Albertus Magnus als Friedensmittler und Schiedsrichter, in: *Archiv für Diplomatik* 23 (1977), 297–382
[Stehkämper, Pro bono pacis]

Stehkämper, H., Albertus Magnus. Ausstellung zum 700. Todestag, Köln 1980
[Stehkämper, Albertus Magnus]

Stehkämper, H., Albertus Magnus und politisch ausweglose Situationen in Köln, in: Senner, Zum Gedenken, 359–373
[Stehkämper, Politisch ausweglose Situationen in Köln]

Strauch, D., Der Große Schied von 1258. Erzbischof und Bürger im Kampf um die Kölner Stadtverfassung (Rechtsgeschichtliche Schriften 25), Köln u.a. 2008
[Strauch, Der Große Schied]

Sturlese, L., Die deutsche Philosophie im Mittelalter. Von Bonifatius bis zu Albert dem Großen (748–1280), München 1993
[Sturlese, Dt. Philosophie im MA]

Sturlese, L., Vernunft und Glück. Die Lehre vom „intellectus adeptus“ und die mentale Glückseligkeit bei Albert dem Großen (Lectio Albertina 7), Münster 2005
[Sturlese, Vernunft und Glück]

Suchla, B. R., Dionysius Areopagita. Leben – Werk – Wirkung, Freiburg i.B. 2008
[Suchla, Dionysius Areopagita]

Thomassen, B., Metaphysik als Lebensform. Untersuchungen zur Grundlegung der Metaphysik im Metaphysikkommentar Alberts des Großen (Beiträge zur Geschichte der Philosophie und Theologie des Mittelalters. Neue Folge 27), Münster 1985
[Thomassen, Metaphysik als Lebensform]

Tugwell, S., Albert and Thomas, Selected Writings (The Classics of Western spirituality), New York 1988
[Tugwell, Albert and Thomas]

Vijgen, J., The Status of Eucharistic Accidents „sine subiecto“. An Historical Survey up to Thomas Aquinas and Selected Reactions (Quellen und Forschungen zur Geschichte des Dominikanerordens in Deutschland. Neue Folge 20), Berlin 2013
[Vijgen, Eucharistic Accidents]

Wendehorst, A., Albertus Magnus und Konrad von Hochstaden, in: *Rheinische Viertelsjahrs-Blätter* 18/1–2 (1953), 30–54
[Wendehorst, Albertus Magnus]

Weisheipl, J. A., Albert der Große – Leben und Werk, in: Entrich, Albertus Magnus, 9–60
[Weisheipl, Leben und Werk]

Weisheipl, J. A., The life and works of St. Albert the Great, in: Weisheipl, Albertus Magnus and the Sciences, 565–577
[Weisheipl, Life and works]

Weisheipl, J. A., Thomas von Aquin. Sein Leben und seine Theologie, Graz u.a., 1980
[Weisheipl, Thomas von Aquin]

Wieland, G., Albert der Große. Der Entwurf einer eigenständigen Philosophie, in: Kobusch, T. (Hg.), Philosophen des Mittelalters. Eine Einführung, Darmstadt 2000, 125–139
[Wieland, Albert der Große]

Wieland, G., Ethica – Scientia Practica. Die Anfänge der philosophischen Ethik im 13. Jahrhundert (Beiträge zur Geschichte der Philosophie und Theologie des Mittelalters. Neue Folge 21), Münster 1981
[Wieland, Ethica]

Wieland, G., Untersuchungen zum Seinsbegriff im Metaphysikkommentar Alberts des Großen (Beiträge zur Geschichte der Philosophie und Theologie des Mittelalters. Neue Folge 7), Münster 1992
[Wieland, Untersuchungen zum Seinsbegriff]

Wieland, G., Zwischen Natur und Vernunft. Alberts des Großen Begriff vom Menschen (Lectio Albertina 2), Münster 1999
[Wieland, Zwischen Natur und Vernunft]

Wielockx, R., Zur »Summa Theologiae« des Albertus Magnus, in: *Ephemerides Theologicae Lovanenses* 66 (1990), 78–110
[Wielockx, Summa Theologiae]

Winkler, N., Albert der Große – De intellectu et intelligibili. Eine intellekttheoretische Wiederentdeckung aus dem 13. Jahrhundert,

in: *Bochumer Philosophisches Jahrbuch für Antike und Mittelalter* 15 (2012), 71–130
[Winkler, Albert der Große]

Zimmermann, A., Albertus Magnus und der Lateinische Averroismus, in: Meyer, Doctor Universalis, 465–493
[Zimmermann, Albertus Magnus]

Register

1 Personen

(Erfasst sind Personen bis einschließlich des 15. Jhs.)

2 Sachen

(Es wird nur auf die einschlägigen Vorkommnisse der Sachbegriffe und deren Synonyme verwiesen.)